21 世纪高职高专旅游管理专业系列

Modern Ho… …agement

现代饭店管理

主　编　范运铭

WUHAN UNIVERSITY PRESS
武汉大学出版社

图书在版编目(CIP)数据

现代饭店管理/范运铭主编.—武汉：武汉大学出版社,2006.2
21世纪高职高专旅游管理专业系列教材
ISBN 978-7-307-04842-3

Ⅰ.现… Ⅱ.范… Ⅲ.饭店—企业管理—高等学校:技术学校—教材 Ⅳ.F719.2

中国版本图书馆CIP数据核字(2005)第141302号

责任编辑:路小静　　责任校对:程小宜　　版式设计:支　笛

出版发行：武汉大学出版社　(430072　武昌　珞珈山)
(电子邮件：cbs22@whu.edu.cn　网址：www.wdp.com.cn)
印刷:武汉珞珈山学苑印刷有限公司
开本：720×1000　1/16　印张:13.625　字数:243千字　插页:1
版次:2006年2月第1版　2010年10月第3次印刷
ISBN 978-7-307-04842-3/F·967　定价:18.00元

21 世纪高职高专旅游管理专业系列教材

总　序

旅游是一种愉快而美好的活动，是人类社会生活的一项重要内容。随着我国旅游业的迅速发展，旅游在社会经济生活中的作用和影响越来越大，旅游院校的旅游教育与研究也在长足发展，并且为旅游业的各个部门培养输送了大批的专业人才。我国的旅游高等职业教育有别于传统的旅游高等普通教育模式，更突出旅游人才规模的专业技能性和岗位指向性，着力于体现旅游专业设置的职业性、教学内容的实用性，强调教学主体的"双元化"即旅游产业部门和教育部门的有效合作、教师队伍的"双师身份"和完备的实训手段。然而,目前各地虽然已出版了一批高职高专旅游专业教材,但从整体上看,旅游高等职业教育的教材建设仍然满足不了旅游形势和旅游高职高专教育发展的需要。

武汉大学出版社策划的丛书“21 世纪高职高专旅游管理专业系列教材”,是按照教育部关于《高职高专教育基础课程教学基本要求》和《高职高专教育专业人才培养目标及规格》的要求,为了适应当今蓬勃发展的旅游高职高专教育的需要,覆盖了旅游高职高专教育的基础课程和专业主干课程,充分体现高职高专培养旅游人才的特点、目标及特色而出版的教材。全套丛书由桂林旅游高等专科学校等拥有雄厚旅游管理专业师资队伍以及较高教学水平的十几所高职高专院校共同参与编写,作者均是从事旅游教学和研究的中青年学者,有的在国外做过研究和学习,有更好的机会了解国内外的情况,使用最新资料和例证,能反映旅游业的最新动态。全套丛书共计 14 册,此套丛书内容精炼,符合高职高专旅游专业教学目的、教学内容深度和广度的要求,实用性强,紧扣高职高专教育培养人才的实用性特点,注重可操作性。

我们期望本套教材的出版,能为旅游高职高专的教材建设尽微薄之力,更好地为广大旅游高职高专院校的师生服务。

桂林旅游高等专科学校　校长:李丰生

前　言

随着旅游业的发展，旅游职业教育和饭店业都面临着前所未有的发展机遇和严峻的挑战，为了贯彻国务院关于深化教育改革，全面推进素质教育的精神，落实有关“十五”国家级规划教材（高职高专教育）建设的规划，在武汉大学出版社的具体指导下，由四川省旅游学校范运铭担任主编，武汉职业技术学院李俊参编（第五章），编写了《现代饭店管理》一书。

进入21世纪以来，我国的星级饭店已达1.2万多家，硬件与软件已基本接近国际先进水准，国际著名的饭店管理集团也纷纷抢滩中国市场，我国饭店市场竞争激烈。为了使教材能更好地反映饭店业发展的现状和趋势，以及先进管理理论、技术和方法在饭店管理中的应用，适应高职高专旅游管理专业的专业教学和企业培训的需要，《现代饭店管理》的作者通过考察和座谈等多种方式，充分了解院校教学及饭店培训对教材的需要，注重吸收中外饭店管理的最新研究成果，贴近饭店管理的实践，力求体现教材先进性、实用性、科学性和正确性的特点。

为了适应高职高专（两年制）教学模式的改革，本书在编写的内容上做了一些尝试。例如增加了"饭店规划与设计"一章，过去类似教材很少涉及，但又是饭店经营管理中实用和非常重要的部分；又如，删除有关饭店直接对客部门管理知识的介绍，避免与各直接对客部门（前厅、客房、餐饮等）的教材重复。

在本书的编写中，参阅了国内外同行的有关教材和资料（参考文献见书后），在此谨向有关文献的编著者表示感谢。同时，由于作者水平和时间有限，教材难免存在缺点和错误，恳请国内同仁和广大读者指正，以便今后及时修改。

编　者

目 录

第一章
饭店管理概述

饭店的基本功能是向客人提供食宿，满足其旅居生活的需要，所以饭店的基本定义就是为旅客提供住宿和餐饮服务的场所，同时，它又是一座压缩了的“城”，一个有声有色的小社会，一个多行业的高密集型的综合体。一个城市星级饭店的多少以及档次的高低，又代表了一个城市的形象和接待水平。

第一节 饭店及其产品的特点

饭店是旅游业的重要组成部分，是旅游业赖以生存和发展的三大支柱之一。饭店是指能够以夜为时间单位向旅游客人提供有餐饮及相关服务的住宿设施，按不同习惯，它也被称为宾馆、酒店、旅馆、旅社、客舍、度假村、俱乐部、大厦、中心等。

一、饭店产品的构成

作为向旅客提供食宿及其他服务的饭店是一个综合性的企业。所谓企业是指从事经济活动，以获得利润的经济单位，也就是通过生产或销售产品获取利润。饭店经营的也是一种产品，不过饭店提供的产品不是一种简单的具体产品，而是一种特殊的综合产品，即有形的设施、空间、产品和无形的服务、时间和氛围。

（一）饭店的产品是客人的一段食宿经历

从顾客角度讲，饭店的产品是一段食宿经历。顾客的这段食宿经历是一个组合产品，它由三个部分构成。

（1）物质产品。顾客实际消耗的物质产品，如食品、饮料、床单、毛巾、香皂等。

（2）感觉上的享受。它是通过住宿设施的建筑物、家具、用具等来传递的。顾客通过视觉、听觉、嗅觉、味觉等所感受到的物质享受。

（3）心理上的感受。顾客在心理上所感觉到的利益，例如地位感、舒适感、满意程度、享受程度等。

顾客在饭店这段食宿经历质量的好坏，主要取决于饭店产品的物质形态，如建筑物、家具、部件、食品、饮料以及其他无形形态，即提供的各种服务及氛围等，也取决于顾客主观的经历和看法。

从饭店的角度讲，饭店产品是饭店有形设施设备和服务氛围的综合。

（二）饭店产品是饭店硬件和软件的综合体

（1）饭店的位置。饭店所处的位置，是指它是否位于交通便利地带、市中心或中心商务区、旅游景区或度假区等。这些都是顾客选择饭店的重要因素。饭店只要能充分利用位置的优势向客人推销，往往就能吸引客人，取得较佳效果。例如上海天鹅信谊宾馆，虽非地处市中心，但却处于上海鲁迅公园正门右侧，距公园仅 20 余米，客人在客房可鸟瞰公园秀丽的风景，犹如饭店的私家花园，这一特殊位置就成为饭店的优势之一。

（2）饭店的设施。饭店设施指饭店的建筑规模，饭店的各类客房、商务套间、豪华套间、总统套房，各类别具特点的中餐厅、西餐厅、风味厅、快餐厅、面包房、点心房、康乐中心，包括保龄球、台球、麻将室、歌舞厅、卡拉 OK、游泳池、商务中心、美容院、按摩室、桑拿浴室、健身房以及公共的休息场所、卫生间等。齐全的设施也是构成饭店产品的重要条件。

（3）饭店的服务。饭店的服务包括训练有素、端庄大方、懂得礼仪、恭敬待客的服务员，操作熟练、动作轻盈利落、主动热情、善为客人处理意外情况的现场管理员，以及能讲标准、流利的国际语言，不厌其烦地解答客人的问讯人员。良好的服务，应该说是饭店产品中最为重要的部分。

（4）饭店氛围。氛围是客人对饭店的一种感受。例如，现代化装饰的豪华设施，中国民族风格（古色古香、园林风格）的饭店建筑，配上不同的格调、不同档次的壁画、艺术品，错落有致的花草布置，以及与之相适应的服务员的传统服饰打扮，对各国客人都有特殊的吸引力。

（5）饭店的形象。饭店通过销售与公关活动在公众中所形成的良好形象，涉及饭店的历史、知名度、经营思想、经营作风、产品质量与信誉度等诸多因素。品牌是最有影响的活广告。

（6）饭店的价格。价格也是产品的组成部分之一。

二、饭店产品的特点

（一）生产与消费同步

在商品社会里，商品由生产到消费不是直接的，而是要经过商业这个流通环节才能到达消费者手中，例如，生产电冰箱的工厂把电冰箱生产出来后，先要进入流通领域，经过商店的商业活动，把电冰箱卖出去，到达顾客手中。电冰箱的生产是工厂的事，而消费则是顾客的事情。电冰箱的生产过程与顾客是分离的，顾客看到的和感受到的只是最终产品。所以一般商品是先生产后消费，不受顾客即时需要的限制，工厂能够主动地调整生产的产量、时间和节奏。而饭店出售的产品却不存在这样“独立”的生产过程，它要受顾客即时需要的限制，生产过程和消费过程几乎是同生同灭的。顾客必须参加到服务的生产过程中，服务者、顾客、设施同时出现或结合，才能生产出服务产品，例如客人到饭店的餐厅就餐，只有当客人坐到餐椅上，厨师和员工才能凭借厨具、托盘、杯具等就餐工具为客人服务，客人的消费过程与厨师和员工的服务过程在时间和空间上是同步进行的。就餐过程完成，客人离开餐厅，生产和消费也同时结束。

（二）不可储存性

一般企业的产品交换是买者获得使用价值，卖者失去使用价值，产品的所有权发生转让。饭店和一般企业不一样，它是出租饭店的客房、餐厅等服务设施，并同时提供服务，但不发生所有权转让。客人买到的只是某一段时间的使用权，而不是所有权。以每晚租金280元的饭店房间为例，如果全天此房间租不出去，那么，这280元的价值就无法实现，也就是说，它的价值具有不可储存性，价值实现的机会如果在规定的时间内丧失，便一去不复返。所以饭店业的行家把客房称为“易坏性最大的商品”、“只有24小时寿命的商品”。

从饭店服务生产能力的构成来看，一部分为劳动者或管理人员，业主为他们支付报酬，如果不能发挥其劳动能力，业主就会白白地为他们支付工资；另一部分为固定资产，如饭店的建筑主体、装饰、装修、设施设备等，固定资产的折旧每天都在发生，其价值也具有时间性。如果顾客“缺席”，就会造成服务生产能力闲置，从而形成服务能力的易逝性。

饭店产品的价值和生产能力的不可储存性，要求饭店必须采用更加灵活的定价策略和提高企业的形象，形成自己的品牌。这就是为什么饭店业普遍以“顾客第一”为经营信条，并在经营时，有时甚至以低于成本的价格销售饭店商品，而不愿饭店设施闲置的根本原因。

（三）受人的因素影响很大，具有不可捉摸性

与有形产品相比，首先，服务是一种经历，饭店服务是无形的，服务质量的好坏不能像其他商品那样用机械或物理的性能指标来衡量。来自不同国家和地区的不同类型的客人，他们所处的社会经济环境不同，经历不同，消费水平和结构不同，对服务接待的要求也不尽相同，因此客人对服务质量的感受往往带有较大的个人色彩和特点，服务水平要受服务接受者认知的影响。例如，同样住饭店，有的人尽量要求舒适、豪华，却不计房费高低，有的人情愿委屈一点，而只求价钱便宜；有的人愿意身居闹市，有的人要求住野外的帐篷，接近大自然。这就使饭店服务的质量受人的因素影响很大，因此，饭店提供服务质量的好坏取决于顾客们各自的需要和自身的特点。饭店的服务人员和管理人员不能忽视这一点，不能以自己的想象或不符合顾客需求的服务质量标准来对待旅客。同时，饭店要尽量使自己的服务产品有形化，为整个服务经历增加可感知性，例如，法国雅高集团就将其服务描述为“法国式”，凯悦饭店集团则将自己的服务描述为“凯悦感知”等。

其次，一般的产品可以摆在柜台里，让顾客自由选择，认为满意才购买；而饭店的许多产品却具有不可捉摸性。客人在购买这些产品前，对产品看不见、摸不着，往往易产生“担风险”的心理，因而不利于饭店产品的销售。例如：某个顾客前往餐厅就餐，不可能要求服务员先展示一遍如何服务操作，而只能在用餐完毕，也即服务与消费同时结束后，才能感受到饭店服务质量的好坏。饭店服务对每一位顾客来说都是“一次性”的，往往是“一锤定音”，不能像工业产品那样，做得不好，可以重新返工，饭店的任何一个环节和服务人员出了问题，对饭店产品所造成的损失常常是难以弥补的。饭店产品不可捉摸性还有一个重要的含义是：客人在购买饭店产品以

前，通常不可能对这个产品的质量和价值做出准确的判断。由此必然产生下述结果，饭店和它的人员所拥有的信誉在顾客中的作用远比工厂的信誉在产品市场上的作用重要，它是客人对饭店产品的质量进行判断时的一个重要依据。

（四）具有综合性和季节性

现代旅游是一种休闲享受的消费形式，首先，饭店必须提供满足旅客的吃、住、行、游、购、娱的多种产品和服务。饭店产品同时具有生存、享受和发展3种功能。旅客外出旅行，有了食宿的地方，这是生存的主要条件，在客人住店期间，优美的饭店环境，完善的服务设施，服务人员热情、周到的服务，这对旅客是一种享受。客人投宿饭店期间，参加会议及学术交流或工作学习，参观旅游，既开阔眼界，增长才干，又陶冶了心志。这些都是以饭店产品为基础的，所以饭店的产品是必须能够满足顾客多层次消费的综合性产品。

其次，旅游本身受季节、气候等自然条件和各国的休假制度影响比较大。在国际上，各国的休假大多在夏季和秋季，因此饭店产品的销售具有明显的季节性，淡、旺季客人多寡差别很大，往往造成旅客住店大起大落的差异。

明确饭店产品的特点，目的在于掌握饭店产品的内在规律，并针对这些特点，努力避免和克服不足，把握经营的最佳时机。例如，我们掌握了饭店的服务工作具有不可捉摸性，就会认识到：饭店产品吸引顾客的主要魅力在于客人的感受如何，从而重视提高服务的质量，对不同类型的客人采取针对性的服务。每个饭店都应贯彻“宾客至上、服务第一”的宗旨。

三、饭店的类型

由于旅游者的旅行目的和动机不一，其旅游需求也各不相同，为了满足各类旅游者的需要，出现了不同类型和不同等级的饭店。

饭店分类一般有两大目的：一是有利于推销，使饭店能明确推销对象和所处市场，从而更有效地制定计划，更集中地进行广告宣传，同时也能使宾客在选择饭店时有比较明确的目标；二是便于比较，一家饭店经营效益的好坏，要与同一类型的饭店相比较才有意义，特别是当饭店企业运用饭店行业的各种统计资料分析市场动向、研究竞争对策和制定经营方针时，同类饭店的比较显得格外重要。

饭店的分类没有统一的标准，一般可根据饭店的位置、等级、体制、客源市场、管理方式、规模等多种因素而定。

(一) 根据饭店客人的特点划分

1. 商务性酒店 (Commercial Hotel)

商务性酒店也称暂住型饭店，是一个国家饭店业的主体，主要为从事商业活动或其他公务活动而外出的人服务，一般位于城区，靠近商业中心。商务客人消费水平较高，文化修养较好，重视服务质量，对价格敏感度不强，因而商务型饭店较其他类型饭店档次普遍要高。近年来，随着商务客源市场的不断扩大，新型商务饭店大量崛起，有无专业化的商务楼层及其服务水平的高低已成为衡量一个饭店档次的重要标志。

商务型饭店的特色主要体现在4个方面。

(1) 客房设施。

商务客人喜欢安静的个人空间，因此客房一般为豪华的大床单人间，套房也相当流行，因为套房里的客厅可用来作为处理各种业务的工作间。客房里除了有舒适的办公用桌和照明设备、易于连接的网络接口和电源插座外，越来越多的饭店还提供传真机、电脑等现代办公设备，使客人在客房内就能享受到商务中心般的服务。

(2) 行政楼层。

行政楼层也称商务楼层，是商务型饭店的一大特色，即饭店划出一个或几个楼层专门用以接待高级商务客人。行政楼层设有专门的服务台，隶属于前厅，称"前厅驻客房办事处"。客人可以在楼层入住登记，接待人员集前台登记、结账、餐饮、商务中心及客房贴身管家等服务于一身。楼层设有专门的客人活动室、商务洽谈室，免费提供咖啡、茶水、点心、水果等，供客人休息、会客、商务洽谈之用。有的还设有小型厨房，为客人提供简单餐饮。

(3) 商务设施。

新型商务中心除提供传真、复印等传统服务项目外，还提供其他文书服务设备，如电脑工作站、打印机、蜂窝电话、各种可兼容软件等，并且提供24小时服务。很多饭店还推出秘书服务、管家服务，为客人提供或推荐训练有素的服务人员协助工作和照顾起居。此外，会议设施、商务洽谈室也一应俱全。不少高星级的饭店还为商务客人提供无线上网的设施。

(4) 餐饮娱乐设施。

商务客人交际应酬活动较多，附设的宴会厅和高雅的正餐厅是商务型饭店的又一大特色。饭店可通过创办特色餐饮来吸引客人在店内安排就餐活动，为消除客人工作的劳顿，娱乐健身设施也一应俱全。

商务客人多为散客，除通常的销售渠道外，饭店应加强与商业企业及政府机构的联系，力争扩大客源市场。针对商务客人重住率较高的特点，饭店应注意完善客史档案，并提供和发放贵宾卡（VIP 卡）、允诺入住一定次数便给予优惠等服务。运用荣誉宾客奖励俱乐部、会员制俱乐部形式，争取更多的商务客人成为“稳定的睡眠者”。

2. 度假型饭店（Resort Hotel）

度假型饭店也称休养地饭店，主要接待以度假、休息和娱乐为目的的客人。度假型饭店最重要的设施是娱乐、康体设施，如室内保龄球馆、游泳池、音乐酒吧、舞厅、棋牌室等，并经营诸如滑雪、骑马、狩猎、垂钓、潜水、划船等娱乐项目。传统的度假型饭店多位于海滨、山区、温泉、海岛、森林等地，而现代度假饭店越来越靠近城市，有的甚至就在市中心。很多度假型饭店通过开发游乐项目建立了高尔夫俱乐部、温泉浴中心等新型服务部门，成为客人短期度假的场所。

大众度假旅游的兴起，使得度假型饭店不再仅仅是接待贵族富商的豪华饭店，以大众消费为主要对象的低档度假型饭店逐渐成为主流。

为体现休闲氛围，度假型饭店的客房常掩映在绿阴之间。为适应家庭度假旅游的需要，客房备有多种房型，如两间卧室的套房、带加床的三口之家客房等。很多饭店还在客房内增设了厨房设备，设置了供几套客房合用的活动室。

度假型饭店多受气候和时间的影响，淡旺季十分明显。如旅游胜地的度假型饭店随旅游季节的变化而出现淡旺季；市郊的度假型饭店在周末宾客盈门，而平时门可罗雀，造成人员和设施的闲置浪费，也给饭店的经营带来困难，因而，合理使用劳动力和灵活经营显得格外重要。大多数度假型饭店使用季节性工人和钟点工以降低劳动成本，并在淡季以优惠价招徕生意。

作为度假公寓出租的共管公寓（也称定时分享式住宅或分时度假饭店）在西方国家的盛行，给旅游胜地的度假型饭店带来了很大的冲击。共管公寓是由多名买主共同投资建造或购买并共同享用的度假住宿设施，根据投资比例确定各位买主每年可以使用的时限及分红比例。在自己使用的时限内，买主可以独家享用，也可以出租，还可以与其他地方的类似设施交换使用。公寓的管理、维修及出租等事宜通常委托专门的公司代办。共管公寓个人投资少，使用方便，无后顾之忧，适合喜欢到同一地方度假的中上收入家庭。共管公寓的发展，加剧了度假型饭店之间的竞争。

3. 会议型饭店（Convention Hotel）

会议型饭店主要接待各种会议团体，为举办商业、贸易展览及学术会议提供服务。会议型饭店通常建在大都市、政治经济文化中心或交通便利的旅游胜地。饭店除具备相应的食宿设施外，还应有较大的公共场所，如规格不等的会议室、展览厅或多功能厅等；配备投影仪、录放像设备、扩音设备、先进的通信及视听设备，接待国际会议的饭店还要配备同声传译系统。

饭店开展会议接待业务的主要原因是，会议可被安排在客房出租率较低的时期，如周末和淡季，而且大多数与会客人通常在店内就餐，消费水平较高。一些会议型饭店还设立会议销售部门，并且配备专门的会议接待人员，通过帮助会议主办者组织和协调各项会议事务，以确保饭店提供高效、满意的会议服务。

从世界范围来看，大型会议，尤其是国际会议业务往往被较大的饭店集团所控制。这些饭店集团拥有大批会议销售人员，他们想方设法与全国性、国际性的大协会负责人交往并通过他们招徕业务。

近年来，会议型饭店、度假型饭店与商务型饭店呈现出相互结合的发展趋势，并成为当今饭店业的一大特色。

4. 旅游型饭店（Tourist Hotel）

旅游型饭店又称观光型饭店，以接待观光旅游者为主，通常位于旅游胜地或城市中心。其消费主体为团队旅游者，中档饭店居多，适合大众消费。客房多为标准间，餐饮以团体餐为主，可以使用套菜菜单。观光型旅游团队逗留期短，行动统一，时间上安排紧凑，因此，接待入住、行李服务、叫醒服务、就餐安排等工作就显得尤为重要，饭店的接待人员必须与旅行社保持紧密联系，积极配合上述工作的开展。旅游型饭店在建筑装潢、服务风格、菜点设计等方面必须突出民族和地方特色，以满足观光型旅游者的猎奇心理。商品部应着重推销本地有特色的旅游商品。

旅游型饭店能否建立稳定的客源市场依赖于所在地的旅游吸引力，因此在促销过程中应大力宣传所在地的旅游吸引物。由于旅游地的旅游具有季节性，因此，旅游型饭店淡旺季较为明显，同样需要在淡季灵活经营。

在我国旅游业发展初期，观光旅游团队大多为国际旅游者，因此旅游型饭店发展迅速，直至供给过剩。现在，随着旅游者类型的多元化，许多旅游型饭店调整了结构，以寻求更好的发展机会。

5. 长住型饭店（Resident Hotel）

这类饭店与客人之间有特殊的合约关系，二者通过签订协议或租约，对居住时间、服务项目等事项做出明确的约定。

长住型饭店的客人多为商业集团、公司或国外企业及公司的代办机构的人员。居住时间少则几个月，多则半年或一年以上。饭店需要营造温馨的家庭氛围，使客人感到“有家庭生活之乐趣，无家庭生活之累赘”。通常只提供住宿、餐饮和娱乐等基本服务，组织、设施和管理较其他类型饭店简单。

目前，中国纯属长住型的饭店不多，除了“写字楼”型饭店外，其余多在商务型饭店中将客房的一部分租给商社或公司，除住宿外，还是办公地点和业务活动中心。近几年来，由于商住两用楼、外销房和写字楼的大量建造，大批饭店的商务长住客开始从饭店分流，长住型饭店面临日趋激烈的竞争形势。

6. 汽车饭店（Motels）

汽车饭店是随着私人汽车的增多与高速公路网的建成而逐渐出现的一种新型的住宿设施。早期的汽车饭店设施简单、规模较小，为家庭式经营，建在公路边，以接待驾车旅行者为主。20 世纪 50 年代后期，汽车饭店有了较大的发展，并形成了一定标准的定型汽车饭店，主要建在城市边缘的主干公路或高速公路沿线上，有免费的停车场，出入方便，住宿手续简便，服务项目有限，价格低廉。美国是这类饭店最普及的国家。20 世纪 60 年代初期，汽车饭店与一般饭店并驾齐驱，“美国饭店协会”也就在这个时期更名为“美国饭店与汽车饭店协会”。

近几年来，汽车饭店逐渐向市区发展，设施也日趋豪华、完善，多数能提供现代化的综合服务，店内氛围比其他饭店轻松随意，收费也相对较低，深受大众欢迎。

按国际惯例，高速公路沿途每 200 公里就应有 1 家汽车饭店，中国几乎还未出现真正意义上的汽车饭店。不过，近几年来，中国高速公路发展迅猛，驾车旅行渐成风尚。可以预见，汽车饭店在中国有着巨大的潜在市场。

7. 机场饭店（Airport Hotel）

机场饭店最初主要为乘飞机的客人暂时停留提供食宿服务。随着航空事业的发展，航空公司凭借自身优势介入饭店业，机场饭店业不断壮大。航空公司不仅在机场附近建立饭店，而且在大城市建立饭店连锁系统，将交通和住宿结合在一起，成为饭店业竞争中的又一支重要力量。

8. B&B 家庭式饭店

这是一种家庭式的可向客人提供住宿和早餐的饭店。“B&B”是英文“Bed and Breakfast”的缩写，意为“住宿和早餐”。它最早流行于欧洲，后逐渐传到美国。目前，美国各地都设有专门从事“B&B”家庭式饭店订房服务的公司，旅游手册上也常有许多这种饭店的名称和电话号码，旅客可提前三四天预订房间。“B&B”家庭式饭店发展迅速，受到许多旅游者的欢迎，其原因是：（1）经济实惠，房价较低。在美国每晚 24～26 美元不等，还可以得到一顿好的早餐；（2）自由自在，无拘无束，又可大饱口福；（3）

不收小费，主人和客人以友情为重，而不是设法向客人索要钱财。

9. 青年旅馆（Youth Hotel）

青年旅馆主要是为青年学生或“背包旅行者”提供住宿和自助式食品的饭店，其主要设施为上下铺的高低床，楼层有公共洗手间和浴室，另外有少量的付费洗衣机及炉具。公共设施条件简陋，但因收费低，所以深受旅行的青年学生及“背包旅游者”的欢迎。

10. 经济型饭店（Economy Hotel）

经济型饭店经济实惠，以客房经营为主，主要对象为一般的商务客人和出公差的客人。经济型饭店一般为连锁化品牌经营，有自己独立的预订系统，其主要的特点是洁净、方便、安全、经济，房价在80～220元/间（人民币）。例如我国首旅集团的如家快捷叫做“一星的墙、二星的堂、三星的房、四星的床”，比较典型地说明了经济型饭店的特点。

（二）根据饭店资金来源划分

1. 独资饭店

独资饭店指由一个人或一家企业单独出资建造的饭店。从所有权来讲，饭店完全归个人所有，独立经营管理，独享利润，独担风险。我国的饭店既有外商独资饭店（外资饭店），也有我国自己投资的饭店。

2. 合资饭店

合资饭店指由两个或两个以上的人或企业共同出资、共同经营、共同管理、共同负责的饭店，通常以股份形式或契约形式进行权利和利润分配。

3. 合作饭店

合作饭店指通过各种非股权方式合营的饭店。由双方提供资金、物资和服务，但不作为股本投入饭店，盈利按合同规定分配，风险按合同规定由单方或双方不同程度地分担，合作双方的权利、责任、义务和还本付息方式在协议中明确规定。合作形式可分为合作建造、合作经营管理或合作技术投资等。

酒店类型的划分还可依据饭店的所有权、饭店计价方式、饭店规模的大小来进行划分，由于一家饭店常常具有多种特点，往往可以同时被归入上述任何一种。同时，一家饭店不可能是单一的客源市场，因此要确定一家饭店的类型，应根据该饭店的主要特点，根据其接待的主要客源及相应的设施设备和服务项目，即最能将其区别于其他饭店的特点来进行划分。

四、饭店的等级

饭店等级的高低主要反映的是不同层次的客源的不同需求，标志着建筑、装饰、设施设备、服务项目、服务水平与这种需求的一致性和住店客人的满意程度。世界各国政府或旅游组织，通常根据饭店的位置、环境、设施设备和服务等情况，按照一定的标准和要求对饭店进行定级，并用特定的标志，在饭店的显著位置公之于众，这就是饭店的定级或等级制度。

（一）饭店定级的目的

饭店等级的评定，各国的要求和标准各有不同，评定机构也不一样，但其根本的目的是一致的。

1. 有利于保护消费者的利益

消费者在选择饭店前都希望对酒店类型及档次有一定的了解，并根据自己的需求和消费能力来作出选择。对饭店进行定级可以有效地指导消费者选择饭店，同时也促使饭店自觉地按自己的等级和标准提供相应的服务，满足客人的需求，保障消费者的利益。

2. 有利于饭店发展走上规范化和科学化的道路

饭店的等级是对其设施与服务质量的评定。饭店被评定等级后，扩大了自己的知名度，其社会形象、品牌以及在进行市场营销时便有了客观的依据；同时，也促使饭店不断地按照自己的等级完善自己的设施设备及服务质量，提高管理水平。

3. 便于进行行业管理

对饭店进行等级评定，解决了对饭店进行分档次管理的问题，便于国家的政府机构和组织对饭店进行规范管理，达到维护国家形象、维护消费者利益、指导饭店业持续发展的目的。

（二）饭店定级的方法

国际饭店业中，一般以等级或星级来标定一家饭店的级别，如法国的饭店分为“1～5 星”五级，意大利的饭店采用“豪华、1～4 级”制，瑞士饭店为“1～5 级”，奥地利饭店使用“A1、A、B、C、D”级，还有的国家和地区则采用“豪华、舒适、现代”或“乡村、城镇、山区、观光”等定级制。在美国，由于复杂的政治和社会结构，至今尚未有统一的、被普遍接受的饭店等级标准，较有影响的是美国汽车协会及美国汽车石油公司分别制定并使用的“五花”和“五星”等级制。

饭店定级的标准不尽相同，做法也各不一样，大致有三种类型：一是由官方确定统一定级标准，如中国、法国、西班牙和意大利；二是由非官方组织核定饭店等级，如英国由英国饭店协会、英国旅游局、英国汽车饭店协会和皇家汽车俱乐部联合对全国饭店实施分等定级工作；三是国家对饭店没有统一定级标准，如美国等。

五、我国旅游饭店的星级评定

1989年，中国国家旅游局在世界旅游组织专家、西班牙旅游企业司司长费雷罗先生的协助下制定了《中华人民共和国评定旅游涉外饭店星级的规定和标准》，于1989年9月1日开始执行。当时，同时使用的还有原商业部颁布的饭店定级标准，后经国家技术监督局批复，1993年9月1日，正式公布《旅游涉外饭店星级的划分及评定》为国家标准，自1993年10月1日起执行。1997年10月，国家技术监督局批准国家旅游局重新修订的《旅游涉外饭店星级的划分与评定》为推荐性国家标准，代替1993年起执行的标准，新标准于1998年5月1日起实施。

2003年6月，经国家质量监督检验检疫总局批准，国家旅游局将重新修订的《旅游饭店星级划分与评定》（以下简称《第三标》）作为推荐性国家标准，代替1998年起执行的标准。新标准于2003年10月1日起实施。

（一）划分和依据

《第三标》规定，用星的数量和颜色表示饭店的等级。星级分为五个等级，即一星级、二星级、三星级、四星级、五星级（含白金五星级）。最低为一星级，最高为白金五星级。星级越多，表示旅游饭店的档次和等级越高。作为星级的补充，开业不足一年的饭店可以申请预备星级，其等级与星级相同。

星级评定的目的是使我国的饭店既有中国特色，又符合国际标准，保护旅游经营者和消费者的利益。其依据是饭店的建筑装饰、设施设备及管理、服务水平，具体评定方法按《第三标》颁布的设施设备评分标准，设施设备的维修保养评定标准、清洁卫生质量、服务质量等项标准执行。星级划分条件和检查评分细则相结合，全面考核、综合平衡，其中检查评分细则由国家旅游局制定并组织实施。饭店星级的取得表明该饭店所有建筑物、设施设备及服务项目均处于同一水准。

（二）适用范围

我国各种经济性质的旅游饭店在正式开业一年以后都可以参加星级评定，正式开业不足一年的饭店可以申请预备星级。政府鼓励饭店参加星级评定，但尊重饭店意愿，采用自愿报名的形式。

（三）评定组织和权限

（1）全国旅游饭店星级评定的责任机关是国务院旅游行政管理部门，其职责是领导与监督各级饭店星级评定机构开展工作。

（2）国务院旅游行政管理部门设全国旅游饭店星级评定机构，统筹全国旅游饭店星级评定工作，授权并督导省级以下旅游饭店星级评定机构开展旅游饭店星级评定工作，组织实施五星级饭店的评定与复核工作，保有对各级旅游饭店星级评定机构所评饭店星级的否决权。

(3) 省、自治区、直辖市旅游饭店星级评定机构，按照全国旅游饭店星级评定机构的授权和督导，组织本地区旅游饭店星级评定与复核工作，保有对本地区下级旅游饭店星级评定机构所评饭店星级的否决权，并承担推荐五星级饭店的责任；同时，负责将本地区所评星级饭店的批复和报告书上报全国旅游饭店星级评定机构备案。

(4) 其他城市或行政区域旅游饭店星级评定机构，按照全国旅游饭店星级评定机构的授权和所在地区省级旅游饭店星级评定机构的督导，实施本地区旅游饭店星级评定与复核工作，保有对本地区下级旅游饭店星级评定机构所评饭店星级的否决权，并承担推荐较高星级饭店的责任；同时，负责将本地区所评星级饭店的批复与评定检查资料逐级上报全国旅游饭店星级评定机构备案。

(四) 评定标准

我国旅游饭店星级评定标准共有 4 个方面。

1. 项目一

旅游饭店星级的划分条件：即必备项目和选择项目两部分。必备项目主要从功能布局、建筑、装饰、公共信息图形符号、设施、文字、语言、前厅、客房、餐厅及吧室、厨房、会议康乐设施、公共区域等方面的硬件和软件条件对各类星级饭店进行评定；对三星级、四星级、五星级的饭店则加设选择项目，分设综合类别、特别类别两大类，要求三星级、四星级、五星级、白金五星级饭店在总共 74 项中分别至少具备 10 项、26 项、33 项和 37 项。

2. 项目二

旅游饭店设施设备评定标准，即硬件得分。采用评分表的形式。包括 10 个方面的内容：(1) 地理位置、周围环境、建筑结构、功能布局；(2) 公用系统；(3) 前厅；(4) 客房；(5) 餐饮；(6) 会议展览设施及商务中心；(7) 公共及健康娱乐设备；(8) 安全设施；(9) 员工设施；(10) 其他。在这一项评定标准中，确定了饭店各类设施设备各个档次的规定分、应得分和实得分。同时也规定了一至五星级饭店各自星级的最低得分：一星级饭店为 70 分；二星级饭店为 120 分；三星级饭店为 220 分；四星级饭店为 330 分；五星级饭店为 420 分。

3. 项目三、项目四

旅游饭店设施设备的维修保养及清洁卫生评定标准及检查表，该标准列有8大类161个项目，每个项目分为检查标准与检查分数，评定时根据实际的得分计算得分率。各星级饭店的规定得分率为：一～二星级90%；三星级92%；四～五星级95%。除了综合得分率必须达到规定标准外，周围环境；楼梯、电梯厅、存衣处、走廊等公共场所；公共卫生间；前厅、客房；餐厅、酒吧、厨房、公共娱乐及健身设备等部分的评分也必须达到相应的得分率。

4. 项目五

服务质量评定检查表。

该标准列有8大类86个项目，也以得分率的形式评定。各星级饭店的规定得分率与项目三和项目四相同。除了综合得分率必须达到规定标准外，在服务员的仪容仪表、前厅服务、客房服务、餐厅酒吧服务4个项目上也须达到相应的得分率。

（五）星级评定基本步骤

（1）申请：饭店向相应评定权限的旅游星级饭店评定机构递交星级申请材料；申请四星级以上的饭店，应按属地原则逐级递交申请材料。

（2）受理：接到饭店星级申请报告后，相应评定权限的旅游饭店星级评定机构应在核实申请资料的基础上，于14天内做出受理与否的答复。

（3）检查：受理申请后，旅游饭店星级评定机构应在一个月内以明查和暗访的方式安排星级检查员对饭店进行评定检查。

（4）评审：接到检查报告后一个月内，旅游饭店星级评定机构应根据检查员的意见对申报星级的饭店进行评审，评审的主要内容包括审定申请资格、核定申请报告、认定本标准的达标情况、查验违规及事故、投诉的处理情况等。

（5）批复：对于经评审认定达到标准的饭店，旅游饭店星级评定机构应给予评定星级的批复，并授予相应星级的标志和证书。评定批复的星级饭店可以享有五年有效的星级及其标志使用权。预备星级饭店有效期为一年。对于经评审认定达不到标准的饭店，旅游饭店星级评定机构不予批复。

（6）复核：对已经评定星级的饭店，旅游饭店星级评定机构每年派检查员按标准进行复核。对严重降低星级标准或复核认定达不到相应标准的星级饭店，星级评定机构可根据情节轻重给予相应的处分，直至取消星级，并在相应范围内公布处理结果。

随着全社会经济发展水平和对外开放程度的迅速提高，旅游饭店星级评定标准将会不时地进行修订，以促进旅游饭店业的管理和服务更加规范化和专业化，使饭店业的发展既符合中国的实际又与国际发展趋势保持一致。

（六）世界最佳饭店评定

为了促进全球饭店业的发展，欧美等西方国家的一些权威机构根据自己制定的标准和方法，定期对某一档次的饭店进行评定，选出最佳饭店。

1. 世界最佳饭店评定机构

世界上评定最佳饭店的权威机构很多，如美国的《公共机构投资人》杂志社、《商务旅游者》杂志社，英国伦敦的《旅游业》杂志社、《公务旅行》杂志社，英国的《欧洲货币》杂志社等。其中以美国的《公共机构投资人》杂志社最为著名，影响最大。

《公共机构投资人》杂志社是美国一家颇有威望的金融杂志社。它每年从世界各地挑选100位著名的银行界人士组成评委，请他们对饭店进行评分（最高分为100分）。这些人必须是经常外出旅行的人，每年在世界各地著名饭店逗留的时间不少于80天。评议工作十分认真，有时评委要到杂志社集中讨论，最后根据分数确定世界最佳饭店的位次。当然，被评饭店的范围多限于那些服务于商务、公务旅游者的城市大饭店，对被评饭店来说，该评定活动无疑为其提供了一次很好的宣传、促销机会。

2. 世界最佳饭店评定标准

由于饭店种类、档次和服务对象不同，设施、设备、环境不同，因而要在全世界范围内评出最佳饭店不是一件容易的事，至今世界上尚未有统一的衡量标准。但是，各大国际饭店集团、各大饭店、各新闻机构以及社会各界专家普遍认为，对饭店的评价主要是以其设施设备和服务质量为依据的，因而总结出下列10项标准。

（1）要有一流的服务员，一流的服务标准。

（2）客房、餐厅、大堂、会议室、公共场所等各个场所洁净、舒适，陈设高雅，环境宜人。

（3）使客人有“宾至如归”之感。

（4）能提供多种服务项目。

（5）能提供当地的美味佳肴，并有本饭店独具一格的菜品。

（6）选址恰当，最好在城市的政治、经济、文化中心，或是交通便利的风景名胜区，以方便宾客活动。

（7）应独具风格，在建筑设计、外部造型和内部设施、装修和陈设等方面富有特色。

（8）曾有名人下榻和就餐。

（9）是举办重要宴会的场所。

（10）很注意微小的服务与装饰，追求细节的完美。

第二节　饭店管理的概念

现代饭店是在传统的住宿和饮食产业的基础上发展起来的。在21世纪的今天，饭店业在国民经济中发挥着越来越重要的作用，与传统的生产加工产业相比，饭店业最具特色，有着不同的管理要求和特别的管理领域。

一、饭店管理的基本含义

饭店管理就是利用资源，达到预订的经济目标过程，或者说是充分利用和调动饭店的人、财、物、时间、信息，以有效地实现预订的经济目标的过程。

（一）饭店管理的一般目标

管理是实现目标的过程，饭店管理要实现的目标一般包括以下4个方面。

1. 赢利

从事正当、合法的饭店经营活动，获取最大限度的利润，关心业主的利益是饭店管理的首要目标。

2. 不断提高员工的工资福利待遇

饭店的全体员工是企业之本。饭店要想获取利润，必须关爱员工，充分调动和激发员工的积极性和责任感，包括随着企业的发展不断提高员工的工资福利待遇。

3. 提供顾客信赖的产品

“顾客是饭店的衣食父母”，饭店必须关注顾客的需要，并满足顾客在物质、精神和发展方面的需要才能使企业赢利。如果不能提供顾客信赖的合格产品，其结果是饭店自身的倒闭。

4. 成为本地区的模范商户

满足顾客需要，不仅要从客人的角度出发，还应考虑社会的需要，符合国家的法律、法令、法规、资源保护、能源利用等多方面的要求，成为本地区模范的商户，才能使企业得到持续的发展。

（二）饭店管理的基本内容

饭店管理的目标是为了实现利润最大化。为此，饭店必须面向市场，积极参与市场竞争，最大限度地使用饭店的各种资源，在不断提高饭店服务质量的基础上，使饭店获得健康稳定的发展。因而，饭店管理的基本内容至少涉及以下几个方面。

1. 饭店经营战略的选择

任何饭店经营战略都包括饭店经营目标以及实现该目标的重要措施。作为饭店管理者，应该以环境分析与饭店内部条件分析得到的结论为依据，确定企业经营的短期与长期经营目标，本着扬长避短的原则，拟订企业的经营计划与实施步骤。

2. 饭店组织与制度的创新

饭店管理的基础是组织和制度的建设，这是保证饭店正常运行的基本条件。由于饭店经营环境的改变，相应的企业经营目标与策略也会出现变化，饭店的组织结构与管理制度绝不能一成不变。为此，饭店管理者必须在现代管理思想的指导下，科学地设计饭店组织结构，合理确定饭店部门的机构设置与管理层次。

3. 合理配置经济资源

在社会主义市场经济条件下，饭店的各种经济资源，包括资金、劳动力、土地、管理者，都只能通过市场获得。在饭店经营战略确定后，摆在经营者面前的首要任务就是根据要素市场的供求，合理配置各种经济资源，使其发挥最充分的作用。饭店资金筹措不当、投资决策失误等，都会严重影响饭店的经济效益。

4. 饭店市场营销管理

饭店市场营销活动包括饭店产品的设计、价格制定、营销渠道设计、饭店促销等。饭店市场营销活动的核心是引导和创造需求。它要求饭店管理者在市场营销分析与策划的基础上开展市场营销的组织与执行活动，并做好市场营销的控制工作。

5. 饭店服务质量控制

饭店服务质量控制的核心是在市场营销的基础上留住顾客，营造一大批企业的忠诚客人。它要求饭店管理者树立顾客导向的质量观念，开展整体质量管理活动，并进行持续的质量改进工作，包括依据顾客需求与饭店质量的管理目标，建立饭店服务质量标准体系，通过对顾客满意度的测评来不断提高饭店的服务质量。

6. 饭店人力资源的开发与利用

人力资源管理在饭店管理中有着特殊的意义和作用。饭店管理从某种意义上说就是对人的管理。饭店必须将人力资源的开发和利用放在重要的位置上，不断提升员工的满意度。饭店人力资源管理包括：通过考核和选择，对饭店人员进行科学的配备；根据饭店管理的要求，进行严格的劳动成本控制；运用各种科学的激励方法和手段合理挖掘人才的潜力，并不断对员工进行科学培训工作。

7. 饭店绩效评估

如何获得最佳经济效益是饭店全部经营管理活动的目的所在，饭店的投入与产出，最终都应通过货币形式在企业财务中反映出来。绩效分析不仅仅是饭店财务部门的任务，任何一个饭店管理者都应该懂得企业绩效分析的基本原理，从而实现管理者对经营成果的及时和准确了解，同时有效地控制与监督企业的经营活动过程，并通过饭店的绩效分析及时发现问题，进一步提高经营管理的水平。

二、饭店管理的职能与属性

（一）饭店管理系统

一般来说，管理系统就是具有管理功能、实施管理活动的系统。管理职能可以理解为管理系统所具有的功能和职责。

饭店管理系统是人们为了实现一定的目标，互相结合、指定职责、明确岗位、交流信息、协调行动的人工系统，该系统有五大要素：人员、职责、权力、信息、时间。五大要素合成的饭店管理系统要发挥管理的职能，必须根据系统对象的要求，将五大要素组合成系统结构。饭店管理系统的结构由决策指挥中心、执行系统、操作系统、监督系统和反馈系统组成（如图 1-1 所示）。

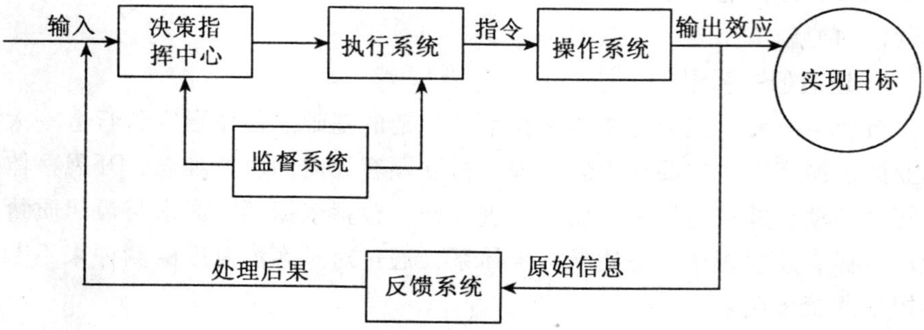

图 1-1　饭店管理系统

（二）饭店的管理职能和过程

如前所述，饭店管理工作的过程是由一系列相互关联、连续进行的活动所构成的，这些活动包括计划、组织、领导、控制等，它们成为饭店管理的基本职能。

1. 计划

计划是指工作或行动之前预先拟定的具体内容和步骤。简而言之，计划就是确定该完成的任务。企业的存在是为了实现某种特定的目的（这个目的一般以一个或一组目标来表示），因此就得有人来规定企业要实现的目标和实现目标的行动方案。这就是管理的计划职能。

2. 组织

管理的组织职能决定企业要开展的活动是什么，这些活动如何分类组合，由哪些职位和部门来承担这些工作活动，谁向谁汇报工作，以及各种决策应放在哪一层次上制定或执行，等等。组织职能或组织工作的结果，就形成了各种正式组织文件，如饭店组织图、职务说明书等。

3. 领导

每一个企业都是由人力资源同其他资源有机结合而成的，人是企业组织活动中惟一具有能动性的因素。管理的领导职能包括激励下属，指导和指挥他们的活动，选择最有效的沟通渠道，以及营造良好的组织氛围等。

4. 控制

为了确保企业目标以及为此制定的行动方案的顺利实现，管理者必须自始至终地根据计划目标派生出来的控制标准，对企业各项活动的进展情况进行检查，发现或预见偏差后及时采取措施予以纠正，这是管理工作中的狭义的控制职能。广义的控制职能还包括根据企业内外环境的变化，对计划目标和控制标准进行修改或重新制定。

以上饭店管理的各项职能，构成了饭店管理者要发挥管理职能的四项基本工作。这些工作或职能，从理论上说，是按一定的顺序发生的。也就是说，对管理者来说，合乎常理的第一步工作是制定计划，然后是建立组织结构、配备人员，接着是指导和指挥员工们付诸行动，最后是控制整个局面，使之朝着既定目标前进。这几个步骤构成了饭店管理工作的一个不断循环的过程（如图 1-2 所示）。

在饭店管理的计划、组织、领导和控制工作循环中，贯穿全过程的有决策和创新这两项新近得到重视的职能。这两项职能严格地说并不是独立的管理职能，而是从原有四个基本管理职能中分离出来的，是对原有四个职能的某些方面的共同内容的专门强调。如图 1-2 外围的圆框所示，决策和创新各

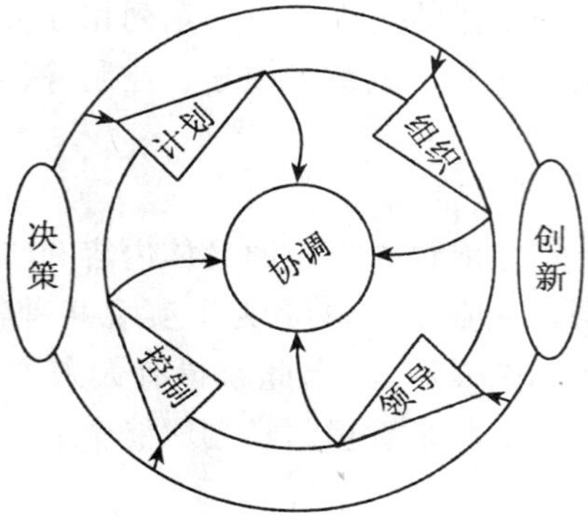

图 1-2　管理职能关系示意图

自都渗透于管理的四个基本职能中，而且彼此之间也相互渗透。如决策方案的拟定需要有创新的思想，而创新方案的选择就是一种决策。饭店管理者从某种意义上可以被看做决策者，从另一种意义上也可被看做创新者，或者说是具有企业家精神的管理者。

另外，企业的管理者，无论从事广泛意义上的决策和创新活动，还是开展计划、组织、领导和控制等各项基本职能活动，其目的都是为了更好地取得协调。所谓协调，就是指企业的一切要素、工作或活动都要和谐地配合，以便于企业整体目标得到顺利实现。协调是管理活动力图实现的根本要旨。饭店管理者的任务，说到底就是协调企业的各个部分以及企业与环境的关系，以便更好地实现企业的目标。协调包括企业内部各方面的协调，企业与外部环境的协调，以及现时需要与未来需要之间的协调等，因此，协调被称为“管理中的管理”。

三、饭店管理的属性

（一）饭店管理的共性

饭店管理集聚了企业管理的共同属性，这些属性可以概括为以下几个方面。

（1）饭店作为企业，也要生产产品，这就是饭店产品；要生产产品就需要生产系统，需要制定相应的生产工艺流程与标准。

（2）饭店作为企业，产品的生产是为了满足顾客需要，因此，消费者的需要是饭店产品设计与生产的基本依据；这一任务的完成是由饭店的营销及其他一线部门在了解市场需求的基础上共同完成的。

(3) 企业的产品要在市场上赢得竞争力和满足企业的需要，就必须依靠质量管理来保证自己所生产的产品的质量。

(4) 作为企业的饭店，正常的组织运作是企业生产的基本保障，因此，饭店要实现企业的目标，就必须建立起有效运作的管理体系和组织机构。

(5) 饭店从事的是每天与客人打交道的工作，饭店又是一个劳动密集型的企业，因此，“以人为本”是企业的核心；如何发挥企业中人的积极性，也是饭店必须通过自己的人力资源系统来解决和保证的。

(6) 企业的业务运行过程是时刻伴随着“财流”的，各个环节都涉及物品与现金等有价媒介，因此，做好财务分析与财务控制，是保证饭店能够按照企业规律运作的一个基本条件。

(7) 任何生产都要涉及生产的设施、设备，设施、设备的质量和功能直接关系到产品的质量与生产效率，为此，设施、设备管理是饭店从事正常生产和生产质量的保证。

(8) 人们所从事的任何工作都有一个不容打折扣的方面，这就是安全；“安全重于泰山”，因此做好安全工作是任何一个企业管理者的基本任务。

(9) 企业是在发展中求生存的，企业若是只关心眼前的利益和工作，忽视长远利益和发展战略的制定与操作，损失的将是企业的长远利益和战略利益，这是企业在发展中应高度重视的一个问题。

(二) 饭店管理的特殊性

1. 手工操作和人际交流是饭店服务的主要手段

饭店一直被归为劳动密集型企业，经济的发展和科技的进步，使许多工作可以借助各种工具完成，但饭店是一种接待行业，客人需要饭店提供面对面的服务，因此，最为关键的工作依然是要通过人的手工操作和人际交流来完成，这是饭店业不同于一般传统制造业的一个基本特点。

饭店是微观管理型企业。饭店的基本功能是向客人提供食宿服务，饭店的每一件工作都非常具体，又非常专业，“饭店无小事”。饭店管理人员及服务人员技术技能的高低，代表着饭店的档次和形象。饭店每一个层次的管理者必须有能力对下属进行专业培训和督导，都必须成为饭店服务与管理的“内行”。

2. 饭店管理必须与国际水平接轨

我国的饭店业是最早与国际先进水平接轨的行业之一。我国的旅游饭店不同于一般的饭店，国家颁布的《旅游饭店星级评定标准》(GB/T14308—2003)，正是参照国际上的饭店等级标准制定的；我国已加入 WTO，这就决定了旅游饭店经营管理活动必须参与国际竞争，遵守国际惯例，符合国际标准。

3. 饭店的经营必须要价值规律与人际关系规律并重

价值规律是市场经济运行的基本规律，其核心是“等价交换”原则。饭店经营管理活动当然要按照价值规律进行：一方面，客人付了钱就应得到相应的服务，享受到相应的食宿，饭店不能企图用劣质的产品和服务来获得客人高额的代价，同时，饭店也应获得相应的利润。但饭店又是一个接待型企业，被称为“好客工业”，是与“人”打交道的行业。顾客到饭店购买的是一段经历和享受，对客人的尊重、满足客人的心理需求是人际关系规律的关键所在，一个饭店要讲经济效益，也要讲社会效益。客人选择一家饭店，在硬件条件相同的情况下，客人会首先选择那些把客人的需求放在第一位、与客人交朋友、真诚地为客人服务的饭店。人与人之间的关系不仅仅是金钱与物质的关系，美国饭店管理专家理查德·斯威说，客人“是和我们一样有血有肉，有感情、亲善友好、是给酒店恩惠的人”。对客人的尊重、理解、宽容、友好、真诚相待，尽量满足客人的物质需求和心理需求，是一个饭店获得经济效益和社会效益，能持久发展的根本。价值规律与人际关系规律并重，才能使饭店得到持续的发展。

4. 饭店是打造“文明社会”的基地

饭店是一个城市的标志，是一个国家文明程度的缩影。饭店的文化氛围非常重要，饭店本身所能达到的文化水准，决定了它究竟被什么层次的客人所选择和接受，饭店应创造非常有品位的物质生活规范，培养文明顾客。

第三节　饭店管理的理论基础

饭店管理是企业管理的一个分支，同时饭店管理又是从饭店本身的业务特点和经营管理的特点出发而形成的一门独立的学科。饭店管理把管理学的一般原理及其方法运用于饭店管理实践，形成了饭店管理理论。饭店管理者要进行有效的管理，就必须了解人类管理思想的发展过程，了解饭店管理的理论来源。

管理理论的演变过程大体经历了古典管理、行为管理、定量管理、系统和权变管理这样 4 个主要阶段。

一、古典管理思想

古典管理思想是 19 世纪末 20 世纪初产生的科学管理思想，使管理实践活动从经验管理跃升到一个崭新的阶段。对科学管理思想的产生发展做出突出贡献的人物主要有泰罗、法约尔、韦伯，他们分别对生产作业活动的管理、组织的一般管理、行政性组织的设计提出了成体系的管理理论。

（一）科学管理理论

美国的弗雷德里克·泰罗是最先突破传统经验管理格局的先锋人物，被称为“科学管理之父”。泰罗出生于美国费城一个富裕的律师家庭，从小醉心于科学研究和科学试验。他18岁进入钢铁厂当工人，任过技工、工头、车间主任、总工程师等职。长期的亲身对生产现场活动的观察，使泰罗认识到：落后的管理是造成生产率低下、工人“磨洋工”和劳资冲突的主要原因。他在1911年出版了《科学管理原理》一书，提出了通过对工作方法的科学研究来提高生产效率的基本理论和方法。在这本书中泰罗总结出了4条基本的科学管理原理。

（1）通过动作和时间研究法对工人工作过程的每一个环节进行科学的观察分析，制定标准的操作方法，用以规范工人的工作活动和工作定额。

（2）细致地挑选工人，对他们进行专门的培训，使他们能按照标准方法进行操作，以提高生产劳动的效率。

（3）真诚地与工人们合作，以确保劳资双方都能从生产效率的提高中得到好处。为此，泰罗建议实行“差别工资制”，对完成工作定额的工人按较高的计件工资率水平来计算和发放工资，对完不成定额的工人则按较低的计件工资率来计算和发放工资。通过金钱的激励，促使工人最大限度地提高生产效率。而在生产效率提高幅度超过工资增加幅度的情况下，雇主也就从“做大的馅饼”中得到了更多的效益。

（4）明确管理者和工人各自的工作和责任，实现管理工作与操作工作的分工，并进而对管理工作也按具体职能的不同进行细分，实行职能制组织设计，并贯彻例外管理原则。

泰罗提出科学管理思想，目的是要改变传统的一切凭经验办事（工人凭经验操作机器，管理人员也凭借经验进行管理）的落后状态，使经验的管理变成一种“科学的”管理。泰罗的主张被认为是管理思想史上的一次“革命”。它使劳资双方关注的焦点从盈余的分配比例转到了如何设法通过共同努力把盈余的绝对量做大，从而使盈余分配比例的争论成为不必要；同时，泰罗还提出了如何提高劳动生产率的一系列科学的作业管理方法。

（二）组织管理理论

当泰罗及其追随者正在美国研究和倡导生产作业现场的科学管理原理和方法时，在大西洋彼岸的法国诞生了关于整个组织的科学管理的理论，被后人称为“一般管理理论”或“组织管理理论”。与泰罗等人主要侧重研究基层的作业管理不同，“一般管理理论”是站在高层管理者角度研究整个组织的管理问题。该理论的创始人是亨利·法约尔，他是法国一家大矿业公司的总经理。以自己在工业领域的管理经验为基础，法约尔在1916年出版了《工业管理与一般管理》一书，提出了适用于组织管理五大职能和有效管理的十四条原则。

法约尔将工业企业中的各种活动划分成6类：技术活动、商业活动、财务活动、安全活动、会计活动和管理活动。管理活动是企业运营中的一项主要的活动。法约尔认为，管理活动本身又包括计划、组织、指挥、协调、控制五个要素。管理不仅是工业企业的有效运营所不可缺少的，它也存在于一切有组织的人类活动之中，是一种具有普遍性的活动。法约尔认为，管理的成功不完全取决于个人的管理能力，更重要的是管理者要能灵活地贯彻管理的一系列原则。这些原则是：

（1）劳动分工。法约尔认为，实行劳动的专业化分工可提高雇员的工作效率，从而增加产出。

（2）权责对等。权责对等即管理者必须拥有命令下级的权力，但这种权力又必须与责任相匹配，不能责大于权或者权大于责。

（3）纪律严明。雇员必须服从和尊重组织的规定，领导者以身作则，使管理者和员工都对组织规章有明确的理解并实行公平的奖惩，这些对于保证纪律的有效性都非常重要。

（4）统一指挥。这是指组织中的每一个人都应该只接受一个上级的指挥，并向这个上级汇报自己的工作。

（5）统一领导。每一项具有共同目标的活动，都应当在一位管理者和一个计划的指导下进行。

（6）个人利益服从整体利益。任何雇员个人或雇员群体的利益，不能够超越组织整体的利益。

（7）报酬。对雇员的劳动必须支付公平合理的报酬。

（8）集权。集权反映下级参与决策的程度。决策制定权是集中于管理决策层还是分散给下属，这只是一个适度的问题，管理决策层的任务是找到在每一种情况下最合适的集权程度。

（9）等级链。从组织的基层到高层，应建立一个关系明确的等级链系统，使信息的传递按等级链进行；不过，如果顺着这条等级链沟通会造成信息的延误，则应当越级报告和横向沟通，以保证重要信息的畅通无阻。

（10）秩序。无论是物品还是人员，都应该在恰当的时候处在恰当的位置上。

（11）公平。管理者应友善和公正地对待下属。

（12）人员稳定。每个人适应自己的工作都需要一定的时间，高级雇员不要轻易流动，以免影响工作的连续性和稳定性。管理者应制定规范的人事计划，以保证组织所需人员的供应。

（13）首创性。应鼓励员工发表意见和主动地开展工作。

（14）团结精神。强调团结精神将会促进组织内部的和谐与统一。

法约尔提出的一般管理的要素和原则，实际上奠定了后来在20世纪50年代兴盛起来的管理过程研究的基本理论基础。

（三）行政组织理论

行政组织理论是科学管理思想的一个重要组成部分，它强调组织活动要通过职务或职位而不是个人或世袭地位来设计和运作。这一理论的创立者是德国社会学家马克斯·韦伯，他从社会学科中提出了所谓“理想的”行政性组织，为20世纪初的欧洲企业从不正规的业主式管理向正规化的职业性管理过渡，提供了一种纯理性化的组织模型，对当时新兴资本主义企业制度的完善起到了划时代的作用，后人称韦伯为“组织理论之父”。

韦伯是德国柏林大学的一位教授。他认为，理想的行政性组织应当以合理—合法权力作为组织的基础，而传统组织则以世袭的权力或个人的超凡权力为基础。所谓合理—合法权力，就是一种按职位等级合理地分配、经规章制度明确规定并由能胜任其职责的人依靠合法手段而行使的权力，通称职权。以这种权力作为基础，韦伯设计出了具有明确的分工、清晰的等级关系、详尽的规章制度和非人格化的相互关系、人员的正规选拔及职业定向等特征的组织相比，犹如机械化生产与非机械化生产之比，在精确性、稳定性、纪律性和可靠性方面具有绝对的优势。正因为如此，行政组织被后来人通称为“机械式组织”。

以上介绍的三种管理理论，虽然研究各有不同的侧重，但它们有两个共同的特点：一是都把组织中的人当做“机器”来看待，忽视“人”的因素及人的需要和行为，所以有人称此种管理思想下的组织实际上是“无人的组织”；二是都没有看到组织与外部的联系，关注的只是组织内部的问题，因此是处于一种“封闭系统”的管理中。由于这些共同的局限性，20世纪初在西方建立起来的这三大管理理论都被统称为古典管理思想。

二、行为管理思想

古典管理思想把人看做简单的生产要素，即像机器一样的“工具人”，只考虑如何利用人来达成组织的目标，忽视了人性的特点。20世纪20年代中期以后，人际关系学说和行为管理理论的产生，开始注意到“人”具有不同于“物”的因素的许多特殊方面，需要管理决策层采取一种不同的方式来加以管理。对“人”的因素的重视，首先应该归功于梅奥和他在霍桑工厂所进行的试验。

（一）霍桑试验与人际关系学说

霍桑试验是在美国西方电气公司的霍桑电话机厂进行的，试验最初开始于 1924 年。当时试验的目的，是根据科学管理理论中关于工作环境影响工人的劳动生产率的假设，进行照明度与生产效率关系的研究，试图通过照明强弱变化与产量变化之间关系的研究为合理设定工作条件提供依据。结果却发现，工作环境条件的好坏与劳动生产率的提高并没有必然的联系，因为无论照明度是升是降，还是维持不变，参与试验的人员的劳动生产率都获得明显提高，这是已有的管理理论所无法解释的。梅奥基于这种结果，进行了一系列的后续的调查、试验和采访，结果表明人的心理因素和社会因素对生产效率有极大的影响。梅奥在 1933 年出版的《工业文明中的人的问题》一书中，对霍桑试验的结果进行了系统总结。

（1）员工是“社会人”，具有社会心理方面的需要，而不只是单纯的追求金钱收入和物质条件的满足。比如照明度试验中，参加试验的人员就是因为感到自己受到了特别关注，所以表现出了更高的生产效率。因此，企业管理者不能仅着眼于技术经济因素的管理，还要从社会心理方面去鼓励工人提高劳动生产率。

（2）企业中除了组织外还存在非正式组织。正式组织是管理决策层根据实现组织目标的需要而设立的，非正式组织则是人们在自然接触过程中自发形成的。正式组织中人的行为遵循效率的逻辑，而非正式组织中人的行为往往遵循感情的逻辑，合得来的聚在一起，合不来的或不愿与之合的就被排除在组织外。哪些人是同一非正式组织的成员，不是取决于工种或工作地点的相近，而完全取决于人与人之间的关系。非正式组织是企业中必然会出现的，它对正式组织可能会产生一种冲击，但也可能发挥积极的作用。非正式组织的存在，进一步证实了企业是一个社会系统，受人的社会心理因素的影响。

（3）新的企业领导能力在于通过提高员工的满意度来激发“士气”，从而达到提高生产率的目的。

梅奥的这些结论导致了人们对组织中的“人”的一种全新认识。在此之后，人际关系运动在企业界蓬勃开展起来，致力于人的因素研究的行为科学家也不断涌现。其中有影响的代表人物及其主张包括马斯洛的需要层次论、赫茨伯格的双因素理论、麦格雷戈的X—Y理论等。

(二) 亚当斯的公平理论

公平理论是由美国的斯达西·亚当斯于1965年提出的一种激励理论。这一理论从工资报酬分配的合理性、公平性对职工积极性的影响方面，说明了激励必须以公平为前提。亚当斯的公平理论认为，人之能否获得激励，不仅取决于他们得到了什么，而且取决于他们看见或以为别人得到了什么。人们在得到报酬之后会做一次“社会比较”，不仅比较自己的劳动付出与所得报偿，而且还要将自己的劳动付出与所得到报偿之比与他人的劳动付出与所得报偿之比相比较，如果二者比例相等，感到公平，会具有激励作用；如果自己的劳动付出与所得报偿之比低于他人，就会感到不公平，从而产生不满，形成负激励。亚当斯其后提出的社会比较公平关系模式是：

$$\frac{\text{自己所得报偿}}{\text{自己劳动付出}} = \frac{\text{他人所得报偿}}{\text{他人劳动付出}}$$

心理学的研究表明，不公平感会使人的心理产生紧张不安状况，从而影响人们的行为和动机，导致生产积极性的下降和生产效率的降低，旷工率、离职率相应增加。根据公平理论，在管理中必须充分注意不公平因素对人心理状态及行为动机的消极影响，在工作任务、工资、奖励的分配以及对工作成绩的评价中，应力求公平合理，努力消除不公平、不合理的现象，才能有效地调动职工的积极性。

(三) 马斯洛的需要层次论

马斯洛认为对人的鼓励可能通过满足需要的方法来达到。他把人的需要分为五种：生理的需要、安全的需要、社交的需要、尊重的需要和自我实现的需要。上述这五种需要是分层次的，对一般人来说，在较低层次需要未得到满足以前，较低层次的需要就是支配他们行为的主要激励因素，一旦较低层次的需要得到了满足，下一层次的需要就成为他们新的主要激励因素了。根据这种理论，管理者应当了解下属人员的主要激励因素（即满足的需要）是什么，并设法把实现企业的目标和满足职工个人的需要结合起来，以激发职工完成企业目标的积极性。

(四) 赫茨伯格的双因素理论

赫茨伯格通过对200名工程师、会计师的询问调查，研究出在工作环境中有两类因素起着不同的作用。一类是保健因素，诸如公司的政策，与上级、同级和下级的关系，工资、工作条件以及工作安全等。在工作中如果缺乏这些因素，工人就会不满意，就会缺勤、离职，但这些因素的存在本身，并不起很大激励作用。另一类是激励因素，他们主要是：工作本身有意义，工作能得到赏识，有提升机会，有利于个人的成长和发展等。保健因素主要涉及的是工作的外部环境，激励因素主要涉及的是工作本身。赫茨伯格双因素理论把激励理论与人们的工作和工作环境直接联系起来了，这就更便于管理者在工作中对职工进行激励。

（五）弗鲁姆的期望值理论

弗鲁姆认为，人们从事某项行为的积极性的大小、动机的强烈程度是与期望值和效价成正比的。这个理论可用下列公式来表示。

激发力量＝期望值×效价

在这里，激发力量是指对员工为了达到某个目标（例如涨工资、提升、工作上的成就）而进行的行为的激励程度。期望值是该员工根据个人经验判断能够成功地达到该目标的可能性，即概率。效价是指达到该目标对于满足该员工个人需要的价值。根据这个理论，管理者为了增强员工对做好工作的激励力量，就应当创造条件使员工有可能选择对他来说效价最高的目标，同时设法提高员工对实现目标的信心。

（六）斯金纳的强化理论

斯金纳认为强化可分为正强化和负强化两种。如果对某个人的行为给予肯定和报酬（如表扬、提升或发奖金等），就可以使这种行为巩固起来，保持下去，这就是正强化；相反，如果对某个人的行为给予否定或惩罚（如批评、罚款或处分等），就可以使这种行为减弱、消退，这就是负强化。这种理论认为通过正、负强化，可以达到控制人们的行为按一定方向进行的目的。

（七）麦格雷戈的 X 理论和 Y 理论

麦格雷戈认为管理者在如何管理下属的问题上基本上有两种做法：一种是专制的办法，另一种是民主的办法。他认为这两种不同的做法是建立在对人的两种不同假设基础上的。前者假设人先天就是懒惰的，他们生来就不喜欢工作，必须用强迫的办法才能驱使他们工作；后者假设人的本性是愿意把工作做好，是愿意负责的，问题在于管理者怎样创造必要的环境和条件，使工人的积极性能真正发挥出来。麦格雷戈把前一种假设称为 X 理论，把后一种假设称为 Y 理论。

总之，行为管理思想的产生，改变了人们对管理的思考方法，它使管理者把员工视为是需要予以保护和开发的宝贵资源，而不是简单的生产要素，从而强调从人的需求、动机、相互关系和社会环境等方面出发，研究管理活动的执行结果对组织目标和个人成长的双重影响。

行为管理思想之所以会产生，是因为前期的科学管理思想尽管在提高劳动生产率方面取得了显著的成绩，但由于它片面强调对工人进行严格的控制和动作的规范化，忽视了工人的情感和成长的需要，从而引起工人的不满和对社会的责难。在这种情况下，科学管理已不能适应新的形势，需要有新的管理理论和方法来进一步调动员工的积极性，从而提高劳动生产率。毕竟组织是由一群人所组成的，管理者是通过他人的工作来达成组织的目标的，因此需要对骑墙人类工作的行为进行研究，所以，行为管理思想提出后，在实践中很快得到广泛的重视和应用。但现实中由于人的行为的复杂性，使得在实际中对行为进行准确的分析和预测非常困难，因此，行为科学的研究结论在某种程度上说，还是与现实有一定距离的。另外，行为科学的研究更多的是围绕个体或群体进行的，对个体或群体的过度重视有时使人不免感到：行为管理思想虽然是在强调“组织中的人”，但实际中往往容易出现“无组织的人”的片面做法。

三、定量管理思想

定量管理思想是在第二次世界大战中产生和发展起来的。当时，英美军队为了解决战争中的一些问题，建立了由各种专家组成的运筹研究小组，这一做法取得了巨大的成效。例如，英国通过数学家建立的资源最优分配模型，有效地解决了如何以有限的皇家空军力量来抵抗庞大的德国空军的问题。定量研究所取得的成效，在第二次世界大战后引起了企业界的关注，特别是当运筹研究专家在第二次世界大战后纷纷到公司就业以后，定量研究方法便日益在企业管理中得到推广应用。

定量管理思想的核心，是把运筹学、统计学和电子计算机用于管理决策和提高组织效率。通过将科学的知识和方法用于研究复杂的管理问题，可以帮助组织确定正确的目标和合理的行为方案，因此，有不少人就直接将数量方法在管理中的应用称做“管理科学”。但这种定量管理思想只是管理学的一个重要组成部分，并不代表作为整门学科的“管理（科）学”。可以认为，定量管理思想与其说是探求管理本身的科学，不如说是努力把科学应用于管理。正是在这一意义上，将其称之为定量（数量）管理思想。

时代的发展要求管理人员改进他们的决策和管理方法，以求更合理地分配资源，取得更多的积极效果。因此，定量管理思想在管理决策中得到了广泛的运用，特别是辅助管理者作出有关计划和控制方面的决策。定量管理思想的特点是：力求减少决策中的个人主观成分，依靠建立一套决策程序和数学模型来寻求决策工作的科学化；各种可行方案均以效益高低作为评判的依据，有利于实现决策方案的最优化；广泛使用电子计算机作为辅助决策的手段，使复杂问题能在较短时间内得到优化的解决方案，但定量管理思想并不能很好地解释和预测组织中成员的行为，有时还受到实际情境难以定量化的限制。

四、系统和权变管理思想

在前述几种管理思想进一步发展的同时，随着社会经济的迅速发展和科学技术的进步，许多新的管理思想不断地涌现出来，以致在20世纪60年代后出现了“管理理论的丛林”。在观点纷呈、百花齐放的局面中，有两朵最引人注目的“花朵”，那就是系统管理思想和权变管理思想，它们被认为“管理理论丛林”中占主导地位的现代管理思想。

系统和权变管理思想的最大特点是，强调管理者要把其所在的组织看做一个开放的系统，因此要研究组织内外对管理活动有重大影响的环境或情境因素，希望通过对这些影响因素的研究，找到各种管理原则和理论的具体适用场合。这两种管理思想实际上是相互关联、相互促进的。

（一）系统管理思想

20世纪60年代中期到70年代中期，从系统角度分析组织与管理问题的思想、理论和方法得到了迅速的发展。所谓“系统”，就是由若干相互依存的部分，以一定的形式组合而成的一个整体。如图1-3所示，每一个系统都包括4个基本方面。

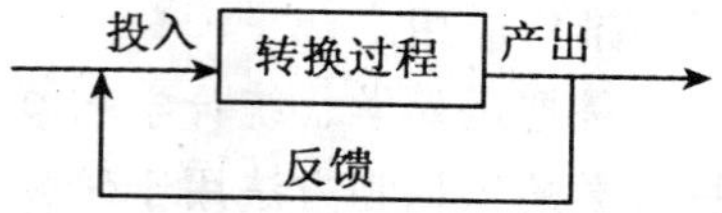

图1-3　系统的一般模型

（1）投入：从周围环境中获得这个系统所需要的输入物——资源。

（2）转换：通过技术和管理等过程促进输入物向输出物的转化。

（3）产出：向环境提供其转换处理后的输出物——产品或劳务。

（4）反馈：即环境对组织所提供的产品或劳务作出的反馈。

系统管理思想认为，组织作为一个转换系统，是由相互依存的众多要素组成的。例如，一个企业是由生产部门、市场营销部门、采购部门、财务和人事部门等所组成。生产部门生产产品质量的好坏，直接影响到产品在市场上销售的情况；采购部门所采购来的原材料质量的好坏与成本的高低，会影响到生产部门的产品质量和产品成本，进而影响销售和利润等。局部最优不等于整体最优，管理人员的作用就是确保组织中各部分能得到相互的协调和有机的整合，以实现组织的整体目标。

系统管理思想还认为，组织是一个开放的系统。按照系统理论的观点，系统有两种基本类型：一种是封闭型系统，一种是开放型系统。封闭型系统不受环境的影响也不与环境发生关系。前期的科学管理思想和行为管理思想都倾向于把组织作为封闭系统，没有注意到环境的影响作用。而系统管理思想则认为，现代管理者必须把组织视为一个开放的系统，也即与周围环境产生相互影响、相互作用的系统。现实中企业是不可能作为封闭系统来运作的，像劳动力市场中供应的劳动力的素质和工资水平、外部资金的宽裕程度、政府的政策、用户的需求变化等，都会影响到企业的经营状况。正因为如此，一个组织的成败，就往往取决于其管理者能否及时察觉环境的变化，并及时作出正确的反应。

（二）权变管理思想

权变管理思想可以看做系统管理思想向具体管理行动的延伸与应用。所谓“权变”，就是相机而变、随机制宜、随机应变的意思。权变管理思想强调，管理者在采取管理行动时，需要根据具体环境条件的不同采取相应不同的管理方式。早期的管理研究由于持封闭系统观点，看不到其所面临的特定环境的日益复杂多变，导致封闭式的管理在实际中越来越行不通。于是，20世纪60年代后期开始流行权变管理思想。这种思想认为，组织的管理应根据其所处的内外部环境条件的变化而变化。世界上没有一成不变的、普遍适用的“最佳的”管理理论与方法。

例如，古典管理思想主张，要提高劳动生产率就必须进行分工，但在许多情况下，分工有可能造成协调成本的上升，导致组织总生产效率的降低；机械式的行政组织虽然在20世纪初可能是一种理想的组织结构形式，但在现代高新技术企业的管理中，其他更有机的组织结构形式或许就有更好的效果；行为管理思想基于对人性的另一种认识，所以提出的管理方法、主张就往往与古典管理思想相悖。孰是孰非，孰优孰劣，没有必要（实际也很难）强行作出区分。“对X问题，一定要采取X行动”的思考方式未免过于片面和绝对化。权变管理思想提倡管理者要将这种单线的思考方式转变为多线的思考方式，也即“对X问题，假如是在f情况之下，就采取Y行动；但假如是在g情况之下，则采取Z行动”，其中f、g就是影响管理行动的环境变量，也称为情境因素或权变因素。

可以看出，权变管理思想在继承以前的各种管理思想的基础上，把管理研究的重点转移到了对管理行动有重大影响的环境因素上，希望通过对环境因素的研究，找到各种管理原则和理论的具体适用场合。权变管理思想的产生，实际上是适应了当代经济活动的国际化、组织的大规模化和组织环境的复杂多变等新形势而提出的对管理方式多样性和灵活性的要求。它告诉管理者，不仅需要掌握处理问题的多种模式和方法，还必须清楚这些模式和方法究竟要在什么样的条件下使用才会取得最好的效果。任何管理模式和方法都不可能是普遍最佳的，而只可能是最合适、最适用的。适合的，才会是有效的，因此，管理者不但要注重学习和开发管理的新模式、新方法，还应该通过实践和自身的体会领悟各种模式或方法适用的场合，以便能将管理的学问变成其卓越的管理业绩。

第四节 饭店集团

饭店集团在国外一般称做饭店联号、饭店公司（Hotel Company），以区别于单体饭店（Independent Hotel）。饭店集团是以经营饭店为主的联合经营的经济主体。它在本国或世界各地以直接或间接方式控制多个饭店，以相同的商标和店名、统一的经营程序、同样的服务标准和管理风格与水准进行联合经营。饭店集团是现代饭店管理的发展趋势。

一、饭店集团联合形式

饭店集团是第二次世界大战以后发展起来的，特别是20世纪50年代，各类饭店集团获得了巨大的发展，目前在世界范围内国际性的饭店集团已多达数百家；每个集团拥有的饭店少则数十家，多则上千家。据统计，全世界至少有57%以上的饭店以各种形式隶属于某个集团，成员饭店25%～30%的客源是由集团提供的。国际上饭店集团的经营模式主要采取联合的形式。联合的形式有横向联合、纵向联合和各种经营联合。

（一）横向联合

横向联合就是饭店与饭店之间的互相联合，一切饭店集团都是以横向形式联合起来的。横向联合有两种形式。

（1）Hotel Group：以饭店业为核心，以经营饭店产品为主要业务，通过产权交易、资产融合、管理模式输出、管理人员派遣和计算机预订系统等制度相互关联的经营主体。例如世界著名的美国香格里拉饭店集团、法国雅高集团等。

（2）Hotel Chain：单一性经营饭店业。强调饭店的个体性和明晰产权界定下的特许权转让、管理合同输出等方式而相互关联的经营主体。例如著名的美国万豪国际公司、美国喜来登国际饭店集团、希尔顿饭店公司等。

（二）纵向联合

纵向联合有两种：一是后向联合，即饭店与供应商联合。这从饭店角度出发可以保障供应，例如有些饭店与酒厂联营。我国天津凯悦饭店与家具厂、装潢厂合资并开办农场，保障经营所需要的物资供应。二是前向联合，即饭店与销售商联合。例如饭店与航空公司联合，航空公司可以保障游客到目的地有住处，而饭店靠航空公司带来客源。有的饭店还与旅行社联合，饭店集团开设旅行社，将游客送到各地的饭店中。

纵向联合的企业集团中，“联合”和“一体化”可以大大降低各成员单位之间存在的交易成本，提高经营利润，减少风险。

二、饭店集团经营管理的模式

世界上一些大的饭店集团，长期以来在经营管理中形成了各具特色的管理模式，并用以规范集团内各饭店的硬件设施和服务行为，通过管理人员的派遣、定期或不定期的检查、现场督导等措施，迅速扩大自己的“领地”和市场，据 Hotels 杂志统计，在 2001 年全球 100 家饭店集团的排名表上，我国最大的饭店集团上海锦江饭店集团位居 58 名，位居前十位的饭店集团依次是：美国圣达特、英国的六洲饭店公司、美国马里奥国际公司、法国雅高集团、美国选择国际饭店公司、美国希尔顿饭店公司、美国最佳西方国际公司、美国喜来登国际饭店集团、美国卡尔森国际饭店集团、美国凯悦饭店/凯悦国际公司。

（一）经营管理模式的基本内涵

一个完整的管理模式至少包括四个层次的内容：管理理念；贯彻管理理念的部门化组织架构；科学管理运作系统；作业程序与标准。

1. 管理理念

管理理念是指一个企业带有个性的组织经营管理活动的思想或观念。它包括企业的经营理念、企业精神、经营信条、企业风格文化、经营哲学与方针策略、经营姿态、行为准则以及饭店对企业合作各方面关系的准确把握等。企业精神标语是其具体表征。例如希尔顿饭店公司的“以最少的费用，享受最多的服务”；麦当劳的“Q. S. C. V. L”准则，即“质量、服务、卫生、价值、位置”；上海锦江饭店集团的“宾客至上，服务至上，礼仪第一，信誉第一”等，其鲜明的管理理念无不贯穿于企业经营的始终。

2. 组织架构

组织架构主要是指人们在企业活动中通过专业化分工协作而建立起来的工作关系结构与模式。一方面，它表现为一定的组织形式，即组织管理体系的结构；另一方面，它又再现为一定的过程，即合理配置和运用资源，不断协调企业系统内部各方面的矛盾，以逐步实现企业既定目标的过程。同时，根据集团内外环境重大变化或战略的发展调整，进行组织的变更与调整。组织设计的成果具体体现在组织图（Organization Chart），职位说明书（Position Description）和组织手册（Organization Manual）上。例如，近年来国内外饭店业出现的扁平式组织机构（Flat Struture），通过减少组织层次，服务授权，即把服务员放在金字塔的顶端授予一定的权力，其他各层人员均向他们服务的方式，确保第一线员工能在客人面前迅速、灵活地进行服务，及时处理服务中出现的问题，满足客人的需求；同时，又使服务人员在一定的管理制度和规范以内灵活地进行操作和处理事项，以提高集团的生产效率及协调程度。

3. 科学管理运作系统

科学管理运作系统主要是指对管理工作中的基本事项、要素关系、运作规程及其相应的联系方式进行原则性的规定和构建协调的网络。它通过管理人员岗位工作说明书，管理人员工作关系表、指令与反馈渠道，管理人员工作项目核检表、专门的质量管理文件、工作用表和质量管理记录等制度来加以确立。

4. 作业程序与标准

标准是对重复性的事物和概念所做出的统一规定。程序是做事的先后次序。作业的程序和标准主要包括工作的质量标准、服务提供规范和质量控制规范。这些程序和标准以公司使用书、员工手册、经理手册、管理制度、工作规程等企业文化体现出来。

总之，一个集团的管理理念只有在被相应的组织载体进行程序化、标准化和规范化以后，通过科学的管理运作系统，才能作为生产要素和成长维度对集团的发展作出应有的贡献。

（二）经营管理模式的发展

经营管理模式的发展主要是通过成立集团所属的饭店管理公司，对外输出管理而实现的。

1. 投资管理

饭店集团利用自己的资本，以投资或集资的形式建造或购买新的饭店，然后由集团利用其成熟的管理模式派员管理。这样的饭店就成为集团的全资企业，在以后的发展中，也可能成长为集团的核心企业。这种方式的优点是集团可以通过与所属饭店的产权所有关系获得财务上的利益，但是它需要集团大量的资本，建设周期长，所承担的风险也较大。在饭店集团的早期历史上，这是一种被经常采用的方式。

若集团中有一家饭店经营失败，而饭店的资产又不足以偿清债务时，其他饭店的生产可能会受到影响，甚至有可能被用来偿还债务。

2. 控股管理

饭店集团通过对某一家饭店的股份控制而将其纳入自己的范围。一般来说，饭店集团在目标饭店股权单一的情况下，只要拥有目标饭店 51% 以上的股权，就可以控制该饭店。在股权日益分散化的今天，这一数字可能还要小得多。这样的饭店将接受集团的监督和决策，成为集团的一个分公司饭店。但是，由于集团对它并不拥有全部产权，分公司饭店具有独立的法人地位。集团在按股份分享分公司饭店赢利的同时，还会使得集团享有管理模式优先输出权的好处，这样，原本只能建造一家全资饭店的资金，现在可以控制数家饭店。这种结构的优越性是风险小，一旦某个分公司饭店经营失败，母公司不过只损失了投于分公司饭店的股份。

3. 租赁管理

租赁管理是指饭店集团承租不属于本集团产权控制范围的饭店，取得对该饭店的经营管理权，该饭店便成为饭店集团的一员，但所有权仍属该饭店。租赁的形式有以下几种。

（1）直接租赁形式。直接租赁是承租的公司使用饭店的建筑物、土地、设备等，每月交纳一定的租金。在租借时，有的公司只租借大楼和土地，而所有者仍拥有饭店的设备和家具、用具。一家饭店要经营成功需要一段较长的时间，故在租赁合同中要规定租赁的年限，以免饭店集团在其经营成功之际，所有者将饭店收回。

（2）分享赢利的租赁形式。在饭店行业中，有许多饭店集团采用分享经营成果的租赁形式。企业所有者愿意以收入或利润分成作为租金。因为各国都存在通货膨胀，土地和建筑物的价值也会随之增值，根据收入或利润分成可以消除通货膨胀的影响。根据收入或利润来计算租金，其计算方法一般有以下三种：

①按总收入的百分比计算。比如向出租者交纳总收入 20% 的租金。

②按经营利润的百分比计算。比如，将 80% 的经营利润作为租金向出租者交纳。

③按总收入和经营利润混合百分比计算。比如向出租者交纳60%的经营利润和5%的总收入作为租金。

一般来说，出租企业者不愿意承担风险，比较喜欢根据总收入的一定百分比来计算租金。

（3）出售—回租形式。出售—回租式租赁是企业在将饭店产权转让给他方的同时，又要求他方将饭店租回再继续经营的形式。企业出售饭店产权出于不同的动机，有些企业拥有饭店产权但急需使用现金，因此需将饭店资产转变成现金；有些企业想减少风险而不愿在经营某饭店的同时拥有这家饭店的产权；还有些企业是依赖贷款建造的饭店，负债沉重，故不想拥有产权。这些公司将产权出售给另一公司时，要求仍然经营该饭店，这就必须签订出售—回租协议，承租经营的饭店集团必须定期向饭店的业主交纳租金。对产权的卖方来说，这不失为一种筹措资金、扩大经营规模的方法。这种租赁形式在国际上比较流行。

4. 委托管理

委托管理，又称管理合同关系。在饭店市场上，那些不善于或不愿意经营饭店的业主以签订管理合同的方式把饭店让给集团管理公司来经营。该饭店使用集团的名称，采用集团的管理模式，并成为饭店公司的一员。在这种情况下，对饭店集团来说，就形成了所谓的委托管理。有时，集团也会对所要管理的饭店进行少量的投资，以此作为取得管理权的条件。按集团收取管理费用方式的不同，委托管理可以有以下几种具体形式：

（1）收取占饭店总收入一定比例的管理费。例如，有的饭店以总收入的5%作为管理费。

（2）收取占饭店总收入一定比例的基本管理费，再加上利润的百分之几。例如，有的饭店以3%的总收入加上10%的经营利润作为管理费。

（3）收取一笔固定费用，再加上一部分鼓励性管理费。

管理合同关系与租赁关系有某些相同之处，如饭店的所有权和经营权分开，收取租金和收取管理费采取相似的分成方法，但这两种关系性质不同。在租赁关系中，经营饭店的公司在经营上完全独立于企业所有者，饭店的职工属于经营公司，他必须对职工负责。经营公司还必须承担经营饭店的风险，如果经营亏损（比如租金大于经营利润），则亏损由经营公司承担。在管理合同关系中，管理公司是饭店产权所有者的代理人，它代理所有者经营饭店，不承担经营风险。饭店的职工是所有者公司的职工，所有者公司应该向职工负责；管理公司是代所有者公司管理企业和职工。

管理合同是一种互惠合同。对于管理公司来说，这是一种以较小的投资扩展饭店集团的方法。因为不直接投资建设饭店或购买股份，就可以在世界各地扩展饭店网点，饭店集团的预订系统和销售势力得以发展，饭店集团的声誉得以扩大。对于聘用管理公司的企业来说，由于管理公司具有管理饭店的成功经验，由他们来管理企业成功的希望较大。我国有不少合资饭店就是聘用饭店集团管理公司来管理的。聘用国外管理公司，可以学习国外先进的管理经验，利用饭店集团发达的预订系统和强大的销售力量来扩大自己的客源，拓展国际市场。但是，它也有一些不足之处：一是大量外汇和资金外流；二是聘请国外管理集团需要支付巨额的外方管理人员的工资和管理费。

5. 饭店名使用权转让

饭店名使用权转让（Franchising），又称特许经营权转让，是指饭店集团将其拥有的具有知识产权性质的著名饭店产品商标、成熟定型的饭店管理技术和先进的客房预订系统的使用权出售给某饭店所有者，收归其为集团一成员，并借此获取利润的一种经营管理模式，即出让者企业出让某一已经出名产品的权利。近年来，饭店名使用权转让不仅在美国而且在世界上发展很快。出让者企业应先树立饭店形象、扩大声誉，然后才能向其他公司转让经营同名饭店的权利。在转让饭店名使用权的同时，出让者要为接受饭店名使用权的公司制定经营饭店的标准程序和方法，提供技术、市场营销方面的帮助，使接受者饭店成为饭店集团的一员，并能在经营质量方面名副其实。

世界上最成功的饭店名出让公司是假日饭店集团，它有1 600多个转让名的饭店，其他饭店集团如希尔顿、马里奥特、哈瓦特·约翰逊、拉马达等在转让领域中也很成功。

饭店名使用权的接受者有责任确保企业达到饭店集团规定的经营标准。这些标准包括设备、设施的规格和质量等硬标准及设备的保养、服务项目的质量等软标准。接受者企业应向转让者交纳转让费，转让费包括转让初始交纳的一次性转让费，这笔费用数量较大，另外每月还要交纳一定的费用。这笔费用的交纳方式各异，有的每月交纳固定数额的费用加上预订系统预订客房的部分预订费；有的根据饭店总销售额的一定百分比计算；有的根据客房销售额的一定百分比计算。

在选择出让饭店名使用权的公司时，要分析该饭店集团的名气、预订系统的效率，同时还要考虑该集团有无同等的竞争饭店和互相推荐客源的饭店。

三、饭店集团化经营的优势

由于饭店集团往往由一个公司总部和若干家饭店组成，相对各独立经营的单体饭店而言，具有一定的优势。

(一) 品牌优势

品牌是企业对自己产品和服务规定的商业名称和标志。国际饭店集团统一使用的商标和标志向宾客承诺了某种预期的服务质量，这对饭店集团及其成员在竞争中扩大知名度和市场规模起着举足轻重的作用，特别是当旅游者在一个陌生的环境中消费时，标志和品牌能在很大程度上尽快树立起消费者对产品和服务的信心。

在使用统一的标志和品牌方面，国际饭店集团已经形成了各自统一的、完善的、以视觉识别系统 VI 为视觉传达形式的 CIS 企业形象识别系统。国际饭店集团的 VI 系统包括集团名称和标志、品牌、企业造型、象征图案、标准色等，一般都采用简洁明了、易于识记的名称和相应的图形标志，如假日、喜来登、希尔顿，等等，这些集团的所有成员都采用所属集团的名称和标志，各成员饭店只在其名称和标志后面注明自己的地点。另一种是由多个规模较小的饭店连锁集团所组成的大型饭店集团，其成员有自己的集团名称与标志，同时又使用统一的标志，如 2001 年在世界饭店集团中排名第四的选择国际饭店集团，共有 3 476 家饭店、近 30 万间客房，主要针对低档住宿市场，其成员有住宿旅馆、舒适旅馆、质量旅馆、号角旅馆、经济客栈和罗德威旅馆几个集团，它们在使用各自集团标志的同时，又统一使用选择国际饭店集团的标志。

品牌是企业对自己的产品和服务规定的商业名称和标志，进行多元化经营或市场细分化经营的国际饭店集团，通常还在它们的企业名称后面加上产品和服务的品牌名称和标志，表明其各种不同类型的产品，这样做有利于各个品牌的市场宣传、品牌联想、质量预期和感知，同时，也成为许多国际饭店集团占领市场的有力武器。例如，福特饭店集团于 1991 年更名为礼物 PLC 集团，在全球范围内将所属饭店划分为三个不同的品牌：福特之家——经济型饭店联号；福特驿站——现代化饭店联号；福特之冠——高档商务饭店联号。另外，福特饭店集团还针对不同的细分市场发展了拥有自主产权的饭店联号，每一家都有自己的名字、风格和特点。如福特遗产饭店是一系列遍布英国的独特而又古老的饭店，从有历史背景的马车旅社到豪华的古代建筑都被翻修一新，向宾客提供传统的殷勤服务、美味佳肴和当地的特色啤酒；豪华福特联号则是一系列第一流的国际饭店，提供传统欧洲风格的、高水平的服务，例如，瑞士日内瓦的伯格斯饭店、华沙的布里斯脱饭店和马德里里兹饭店等。

（二）规模经济优势

国际饭店集团为了保证产品和服务的质量水平，通常都由集团总部的物资采购部门集中购买所属饭店的设备和原材料，使之规格化、标准化。这种定期的统一批量购买，使得各饭店的物资采购成本大大降低，从而提高了经营利润。

国际饭店集团经营业务的大范围扩展，使其能迅速捕捉到所辖区域的市场机会，同时，能利用当地资源，加之当地特色，来更好地满足消费者的需求，实现“全球化的思想，本地化的经营”（如表 1-1 所示）。

表 1-1　　**各饭店集团的经营思想**

饭店集团	经营思想
假日	一切为顾客着想，质优价廉
喜来登	物有所值，于细微处见精神
华美达	求实创新，与众不同
希尔顿	高效、诚实、守信、承担责任
马里奥特	家庭的气氛和服务，不浪费时间
地中海俱乐部	娴熟的技巧，开朗的性格，面向世界
文华东方	取悦顾客、团队精神、利益共享，承担责任
四季	贴近顾客
里兹—卡尔顿	淑女、绅士们为淑女、绅士们服务

饭店集团在资本筹集和投资开发方面的优势也是不言而喻的。建造现代饭店需要巨额投资，包括建筑、装潢、设备、技术、人员的招募和培训、营运及广告等费用。筹集这些费用对一个独立的饭店而言是非常困难的，而国际饭店集团则可以利用本身雄厚的资本和良好的声誉在较短的时间内筹集到资金，投入到市场前景看好的项目上去，如假日饭店集团就曾创下 1 天在全球开业 5 家饭店的世界纪录。另外，在国际饭店市场中，一个集团被另一个集团收购已司空见惯，如果没有雄厚的实力作基础是不可能做到这一点的。国际饭店集团投资方式的多元化也使得投资风险分散，从而提高了企业的抗

风险能力。

（三）人力资源优势

国际饭店集团十分重视人力资源开发，一些以管理合同为主要扩张形式的饭店，如希尔顿集团，更是将优秀的管理人才看成是饭店利润的主要来源。进入20世纪90年代以来，由于高科技的挑战和经营管理环境的变化，国际饭店业普遍面临着缺乏合格人力资源的问题，这使得争夺人才的竞争变得日益激烈。

国际饭店集团在人力资源方面的优势首先表现在员工的教育培训上。许多饭店集团都在自己的总部或地区中心建立了培训基地和培训系统，如假日饭店集团开办了假日大学，希尔顿在美国休斯顿大学设立了饭店管理学院，用于轮训各成员饭店的管理人员和培训新生力量。

另外，统一管理和安排人力资源也是饭店集团所特有的优势。由总部统一领导的人力资源部门负责在全世界范围内招聘、考评各级员工，并为他们制定工资福利计划，建立能力和绩效档案以及职业生涯发展计划。国际饭店集团一般都建立了庞大的人力资源内部市场网络，这比盲目地在外部市场招聘更能有效地使用具有不同能力和文化背景的员工，因为内部的考评和升迁制度更能准确、科学地反映各个员工在能力和努力上的差别，并能给予适当的激励。同时，国际饭店集团也注意更多地使用本地的员工和管理人员，使他们既具有国际管理的意识和标准，又理解当地文化和相关人群（客人和员工）的特殊性，从而能充分利用本地的人力资源开展管理和营销活动。

（四）市场信息优势

信息对于任何一个企业来说都是非常重要的。许多经济学家将信息看做一种投入到生产中的重要资源。对于国际饭店集团来说，如何快速、准确地获得全球范围内的信息并迅速作出反应是其获得竞争优势的主要手段。20世纪70年代全球仅有4家饭店使用计算机，而现在几乎没有哪家饭店不使用计算机。计算机技术在饭店业中的应用主要分为HMS、CRS和GDS三个不同的阶段。

HMS是指饭店管理系统（Hotel Management System），于20世纪80年代初开始在国际饭店得到普及，主要用于预订、客房、客账的管理，但一般仅限于内部管理，小型饭店多采用HMS系统。

CRS即中央预订系统（Center Reservation System），是饭店集团为控制客源而应用的本集团内部的电脑预订系统。喜来登集团早在1958年就开始使用电子预订系统，同时也是首家在集团内使用计算机中央预订系统的饭店，该系统于1970年开通，目前办事机构遍布全球。另一家较早采用这一技术的是假日集团，它于1965年建立了假日电信网（Holidex—I），从20世纪70年代至今该系统得到不断更新，时至今日，假日集团已拥有自己的专用卫星，客人今天住在假日饭店里可随时预订世界任何地方假日饭店的客房，并在几秒钟内得到确认。目前的Holidex—Ⅱ系统每天可以处理7万个订房业务，仅次于美国政府的通信网，成为世界上最大的民用计算机网。其他饭店集团如福特集团、雅高集团、华美达集团等，也都有自己集团内部的CRS。

进入20世纪90年代，GDS全球预订系统（Global Distribution System）成为国际饭店业争相采用的新技术。GDS是一种共享的信息网络系统。虽然中小型的独立饭店企业有可能在网络上扩大自己的市场范围，但就目前来看，大的国际饭店集团仍享有网络技术带来的更大利益。这是因为，大的饭店集团较之小的饭店更有实力支付使自己的庞大预订系统与GDS兼容所需的必要的大规模投资，因此大集团更有可能开发出能够掌握顾客信息的系统。而中小型的独立饭店则可能支付不起上网所需的费用，从而不得不丧失更多的市场份额。但随着电脑网络技术的飞速发展及信息费用的进一步下降，这一局面有望得到改观。越来越多的独立饭店开始选择GDS并加入相应的饭店组织以求在激烈的市场竞争中生存和发展，这使得建立在网络基础上的饭店联合组织有可能成为更加巨大的集团。

四、饭店集团在中国的发展

改革开放以来，中国旅游业成就辉煌，旅游已成为国民经济中发展最快、最具生机和活力的新兴产业之一。旅游饭店作为旅游业的支柱产业，经过二十多年的发展历程，数量从少到多，产业规模从小到大，管理和服务水平从低到高，同样取得了辉煌的成就，旅游业与饭店业的发展也极大地促进了我国自己饭店集团的形成与发展，同时，随着我国加入世界贸易组织，中外经贸和人员的交流日益频繁，中国综合国力进一步提高，作为旅游大国的地位进一步加强。越来越多的国外饭店集团把中国作为进一步扩张的主要市场。

（一）国外饭店集团在中国的发展模式

饭店行业是集中度非常高的行业，在全世界范围内，200家最大的饭店集团基本上垄断了饭店市场或者说主要饭店的市场。这种垄断和主导主要体现在以下几个方面：一是有统一的管理模式，在市场上形成了统一的标准，形成了消费者的高度信任感；二是有统一的品牌，这样统一的品牌遍及世界，使消费者感到非常方便；三是有统一的饭店销售和组织网络，大的饭店集团内部彼此之间供应的客源一般可占到30%以上。由于集团经营在这三个方面的优势，使国际性的跨国集团在国际竞争中处于有利地位。

这些跨国饭店集团自中国改革开放以来就开始瞄准中国这个潜在的大市场，并逐步进入这个市场。1984 年北京丽都假日饭店作为国际饭店管理集团进军的第一步，之后各个集团相继进入。到目前为止，大的饭店集团基本上在中国都有了自己的网点，并且在逐步向网络化发展。现在规模最大的假日集团（已被六洲国际饭店公司购买）在中国已经管理了 30 余家饭店；香格里拉集团把重心放在了中国大陆，目前香格里拉集团已经管理了国内 20 余家饭店，成为在中国发展最迅猛的酒店管理集团之一。新世界酒店集团在中国已经管理了 8 家饭店，准备在下一个十年内在中国管理 50 家饭店。目前，国内的高星级饭店多数是由国际饭店管理集团经营管理，他们凭借着在信息收集与客房预订、宣传促销与管理、培训等多方面的优势，使其在中国管理的市场份额和经济效益各方面都处于我国饭店业的领先地位。

在表 1-2 中所显示出来的合资饭店中拥有 500 间客房以上的饭店和五星级饭店基本上是由跨国饭店集团进行管理的。可以看出，合资饭店的数量占饭店数量的 15.7%，客房数占了 22%，但利润数占了 81%。在合资饭店中，500 间客房以上的饭店利润数占了 97.5%，五星级饭店占了 62.3%，所以 500 间客房以上的饭店和五星级饭店利润率分别高达 18.86% 和 18.71%。

表 1-2　　中国旅游饭店业利润集中化情况①　　（单位:%）

		饭店数	客房数	营业收入	利润	收入利润率
国有饭店		66.4	64.7	42.0	24.2	2.36
合资饭店		15.7	22.0	43.9	81.0	8.46
合资饭店	500 间客房以上的饭店	1.8	15.0	23.7	97.5	18.86
	5 星级饭店	1.0	4.2	15.2	62.3	18.71

（二）国际饭店集团在中国的发展模式

从国际饭店集团几十年在中国的发展过程来看，大体上形成了一个模式，这个模式就是培训起步，资金开路，技术主导，占领市场。

① 资料来源：据《中国旅游统计年鉴》资料整理。

（1）培训起步是国际饭店集团充分发挥自己优势的方式之一。通过培训，一方面扩展了这些跨国集团的管理模式；另外一方面培养了在中国市场上再开拓的代理人。因此，这种培训也通过多种形式表现出来，有的是组织人员到海外培训；有的是在国内已形成的网点基础上大规模培训。

（2）资金开路。这些饭店集团在市场上销售的主要是其饭店管理模式，所以一般来说，不存在投资参股的问题。但是在中国的市场上，饭店的业主多数都有资金方面的要求，所以，近年来这些饭店集团为了适应中国的国情，逐步采用资金开路的方式。香格里拉集团所管理的饭店基本上都是由香格里拉集团全资建设或参股建设的饭店，其余的则采用以资金带管理的方式。比如喜来登集团和美国的摩根投资银行合作，准备筹集3亿美元开拓中国市场；雅高集团也计划在欧洲的投资市场上建立中国饭店发展基金，数额也是3亿美元。国际饭店集团通过与资金市场的结合，挟带巨额资金进军中国市场，以形成大规模发展的态势。

（3）技术主导。管理技术、管理模式是国际饭店集团最终的优势，因此，国际饭店集团在拓展的过程之中，尤其是在中国市场拓展的过程之中，虽然可以采取多种方式，但是核心还是技术。国际饭店集团正是通过技术主导的方式来达到占领中国饭店市场的目标。就目前的状况来说，中国高档饭店的市场基本上已经被国际饭店管理集团把握了主导权。在中国的饭店业市场上，已形成了一个新的格局，即国际竞争国内化，国内市场国际化。所谓国际竞争国内化，就是由于跨国饭店集团的大规模进入，使国际竞争在国内市场上已经普遍发生，国内的饭店管理者用不着走出国门，就可以深刻地感觉到竞争的激烈。所谓国内市场国际化，正是由于中国有一个庞大的旅游市场的存在，所以才引起了世界各国的关注。目前，这个国内市场也已经在很大程度上国际化。海外资金的进入要求回报，经营所形成的一部分利润势必要汇出去。国际管理的进入、大量的海外来华客人要求国际化的管理和国际化的服务，也使国内市场的相当一部分直接国际化。

总之，饭店管理跨国公司进军中国目前已经达到了相当的规模，在市场上也形成了相应的份额，在竞争中保持着优势的地位。就目前来说，这种态势并没有停止，而且有进一步发展的趋势。

（三）我国饭店集团发展的特点

中国改革开放后，旅游业与饭店业的发展也极大地促进了国内自己饭店集团的形成。饭店集团的发展，体现了所有权与经营权的分离和饭店管理的专业化与商品化，它代表了先进的生产管理模式与发展方向。集团在追求规模经济效益的同时，也有利于提高落后地区饭店企业的管理水平和帮助部分效益不好的国有饭店走出困境，并有利于推广先进的饭店管理模式。因此，饭店集团和饭店管理公司的发展，得到了政府行政管理部门的肯定和大力推广。1993年国家旅游局颁布了《饭店管理公司管理办法》（旅办发1993第075号），鼓励国内饭店管理公司的发展，推广饭店管理公司科学化的管理方式和集团化的经营模式。截至2002年底，我国已正式批准成立了40余个饭店管理公司。其中，既有在我国饭店业中起步较早、知名度较高的上海锦江集团、建国集团、白天鹅酒店管理公司等，也有近几年发展起来的，如北京首旅集团、北京东方酒店管理有限公司、大连亚洲酒店管理有限公司、上海衡山集团饭店管理公司等。

1. 我国饭店集团的特点

我国饭店集团具有如下特点：

（1）依托于经营成功的饭店。我国饭店集团多数依托某一经营成功的饭店发展起来，经营者希望将他们成功经营某一饭店的经验能够推广起来，如白天鹅、汕头金海湾、上海锦江宾馆莫不如此。

（2）集中在经济与旅游业发达地区。我国饭店集团多数集中在旅游业发达与经济发达地区，如北京、上海、福建、珠江三角洲地区，广大的中西部地区则很少。

（3）形成了具有特点的管理模式。我国饭店集团也积累了一定的经验，形成了具有特点的管理模式，如富有东方情感的服务模式。

（4）饭店集团以星级饭店为主。我国大多数饭店集团的成员为星级饭店，尤其是三星级以上饭店。

（5）经济型连锁酒店正在兴起。目前以北京首旅集团和上海锦江国际集团的锦江之星为代表的经济型连锁酒店正在兴起，如家快捷在全国有80余家连锁店，锦江之星在全国有100多家连锁店。

2. 我国饭店集团的不足之处

从总体上看，我国饭店集团规模较小，发展的地域性不广，扩张较慢，在全国有影响的饭店集团很少，在管理规模和档次上还处于初级阶段。近几年，国家旅游局公布的数据表明，星级饭店营业收入前十强和外汇收入前十强，大部分隶属于国际连锁饭店集团，在各类星级饭店的评比活动中，国际饭店集团隶属饭店的成绩始终引人注目。海外饭店集团，以其先进的管理经验、雄厚的人才和技术优势以及国际连锁经营网络，占据了我国合资饭店和四、五星级高档饭店的大部分市场。从战略上看，我国饭店集团与饭店管理公司，除存在旅游企业集团普遍存在的集团财务控制能力不足、战略规划与战略管理能力不足外，还主要有以下不足之处。

（1）服务与经营模式不够成熟。目前，我国饭店管理公司的管理，多限于服务规范、服务操作程序与质量标准，集团业务能力不足，如对管理对象的采购、借贷、培训与财务资助方面的能力很弱，服务与经营模式仍不够成熟与稳定，缺乏一套科学的经营管理运作体系。

（2）管理体制上存在缺陷。目前，我国的饭店集团在处理集团与管理公司的关系、形成资产连接纽带或形成集团核心层、紧密层、松散层的母子公司体制等方面，缺乏应有的规范，核心层也缺乏强有力的控制能力，组织管理体制存在缺陷，未形成企业集团规范的组织体制。

（3）缺乏先进的预订销售系统。我国的饭店集团营销能力不足，销售、预订网络也不发达，尤其缺乏中央预订系统、国际销售网络、信息系统与价格政策，在国际促销上无法与外国同行抗衡，无法实现集团内的统一营销、统一对外广告宣传、互相推荐客源等，也缺乏集团范围内的营销规划。

（4）资金运作能力弱。我国大部分饭店集团由于资金短缺，财务融资能力不强，无法筹集足够的资金发展，制约了集团的发展。

（5）集团扩张形势单一。我国大多数集团成员以自有、参股、委托经营的居多，特许经营权转让形式较少，集团扩张的形式比较单一。

以上原因，导致了我国饭店集团扩张缓慢，在与国外饭店集团抗争中处于劣势。我国饭店集团必须努力学习外国饭店集团市场化运作的成功经验，加快改革步伐，缩小与外国饭店集团的差距，形成我国饭店集团的管理特色，按照我国的国情，努力走出一条深化发展、创新发展的路子。

思考与练习

1. 什么是饭店？饭店的产品有何特点？

2. 饭店管理的一般目标是什么？

3. 试述饭店管理的共性与特殊性。

4. 管理理论的演变经历了哪几个主要的阶段？管理理论的发展给现代饭店管理带来了哪些启迪？

5. 我国星级饭店的划分与评定有何目的？我国旅游饭店星级评定标准有哪几个方面？

6. 国外饭店管理集团经营管理模式有哪几种基本类型？

7. 怎样理解饭店集团的优势？试分析聘用国外饭店集团管理的利弊？

8. 国外饭店集团在中国发展的基本模式是什么？你认为当前我国饭店集团的发展存在哪些问题？

第二章 饭店的战略管理

以战略为导向的管理就是战略管理。战略管理一词来源于军事用语，是指有关战争全局的计划和策略。饭店战略管理兴起于20世纪70年代末，其根本原因在于外部经营环境和市场竞争的严峻形势越来越要求企业内部加强管理。战略管理指明了饭店长期行动的方向，并为内部职能的管理提供了行动指南。

第一节 饭店战略管理的基本内容

1965年，美国经济学家安索夫的《企业战略论》问世后，企业战略管理日益受到重视。作为服务行业的饭店，开始把管理的重心从满足饭店内部职能领域的有效管理转移到制定及重视企业的总目标和总策略上，使企业适应外部环境的变化并保持稳定的增长。

一、饭店战略管理的基本类型

如果说饭店内部管理职能是决定如何做，即如何以最佳方式完成一项工作；战略管理则是企业确定做什么，即确定企业自身发展目标和决定一个组织应该做些什么。

(一) 饭店战略管理的概念

企业战略是指有关企业全局性或决定性的谋划，是企业为生存和发展而确定的企业目标，以及为了实现目标所采取的各项政策的有机结合体。饭店战略管理就是制定饭店企业战略并予以实施的过程，它包括三个部分：战略分析——管理人员利用战略分析了解组织的战略地位；战略选择——它涉及对行为过程的模拟、评价和选择；战略实施——使战略发挥作用。

战略在组织内是分层的，可以将战略分为三个层次。

(1) 公司战略 (Corporate Strategy)。公司战略是战略管理的第一个层次，它关系到公司的整个经营范围，涉及时间为5~10年。公司战略要确定组织在哪些行业中经营，从事何种业务，追求什么样的战略目标和发展方向，同时从组织的结构和财务的角度考虑该如何经营，怎样将资源分配给各业务单位等。

(2) 竞争战略或企业战略 (Business Strategy)。竞争战略是管理的第二个层次，它要解决如何在市场中竞争的问题，涉及时间为1~5年。其目的是确定企业应开发哪些产品或服务、提供给哪些市场、满足顾客的程度以及达到组织的目标——如远期盈利能力、市场增长速度或提高效率等。其战略的核心是确定企业的核心竞争力，以及维持和发展竞争优势。如果一个企业是多角化经营，有多样的产品组合，企业战略还应包括确定战略业务单位(SBU)，以及如何协调和控制这些战略业务单位。

(3) 经营战略 (Operational Strategy)。经营战略是战略管理的第三个层次，时间在一年内，这一战略更具体、详细。它谋划的是企业的不同职能——营销、融资、生产、人力资源、行政管理、研究开发等如何为其他层次战略服务的经营战略。这些服务对于提高组织竞争力是很重要的。在大多数企业内，成功的企业战略在很大程度上依赖于经营层所采取的决策和经营层的一些活动，依赖于经营和战略的有机结合。这一层次的核心在于实施战略计划，将其细化为每一个职能领域应该采取的措施，以实现组织的长期目标。企业不同职能的战略应相互协调，同时又要和企业战略、公司战略相一致。与其他层次的战略相比，经营战略变化较快，易受竞争者行动的影响。

（二）饭店战略管理的基本类型

饭店战略管理的类型一般可按效果和性质来加以划分。

1. 按效果划分

（1）发展战略。即饭店把发展的目标定为扩大市场范围和饭店规模，增加利润，优化人力资源结构等方向的开拓型战略。它是饭店战略管理的核心。

（2）维持战略。即饭店为了对付市场需求减少而采取提高质量代替增加产量，以保持饭店利润、维持现状的战略。

（3）撤退战略。即饭店或集团由于某种原因而退出市场，放弃某个产品线，尽量收回资金，以减少损失的战略。

2. 按性质划分

（1）稳定型战略——饭店着重于维持现有产品和市场的状况。一家地处旅游胜地的饭店，如果它只是满足于维持目前占有的散客市场份额，而对于不断上升的会议市场无动于衷，那么我们就可以认为它所采取的就是一种稳定型的战略。

（2）反应型战略——在稳定型战略的基础上，存在着部分变革行为。采取这一类型战略的饭店可能会为现有的产品进行一些局部的革新，如更新现有的客房设备，增加餐饮的品种等，但不会引入新的产品或进入新的客源市场。

（3）先导型战略——强调向产品系列和相关市场的纵深发展。如假日集团把原先为中等阶层服务的饭店产品加以系列化，分别设计了假日、假日快捷、假日皇冠、假日花园、假日皇冠度假、假日阳光度假六大类产品，构成一个相对完善的产品线，以供应不同的市场。

（4）探索型战略——超越过去的经营范围，向新的产品领域和新的国内及国际市场进行拓展。这些新的产品和市场领域已经存在，持有探索型战略的饭店或集团会在自身资源已经具备的条件下，向这些领域迈进。

（5）创新型战略——着重于自我创造新产品和开发新市场。与探索型战略不同的是，饭店或饭店集团战略指向的产品和市场是以前没有出现过的新领域，而需要饭店自己设计和制造。这一战略的风险性要大于其他所有类型的战略。

探索型战略和创新型战略会倾向于向传统的饭店产品市场以外的市场和非服务业市场渗透，从而走向多角化经营。

二、饭店战略的构成要素

一般来说，饭店的经营战略应包括以下要素。

（一）饭店使命

这一要素实际上是为了回答战略中的核心定位问题——“我们的饭店应该是什么样的饭店”。只有那些能够正确地认识到自己使命的饭店，才能制定出行之有效的战略规划。正如威斯汀饭店集团在《威斯汀饭店公司经营管理宗旨说明书》中认为的那样：“饭店公司，在某种意义上像人一样，它的经营管理也需要以某种宗旨为指导。”又如希尔顿饭店集团在《希尔顿公司使命书》中倡导“我们的使命是：被确认为是世界上最好的第一流饭店组织，持续不断地改进我们的工作，并使为我们的宾客、员工、股东利益服务的事业繁荣昌盛。”

（二）饭店的经营范围

在确定了饭店的使命以后，战略管理者要根据饭店现有的内部资源条件确定企业的经营范围。对于一个饭店或饭店集团来说，面对着许许多多的市场需求产品选择，如饭店建筑设计、饭店管理公司、饭店销售网络；度假市场、会议市场、商务散客市场；青年市场、老年市场；国内市场、欧洲市场、北美市场等，可以说，任何一个饭店或饭店集团不可能使自己的经营范围覆盖所有的市场和产品类别，因此，确定经营范围就成了饭店战略管理者的主要任务之一。

（三）饭店的产品和市场

这是饭店生存和发展的立足点。确定了饭店的经营范围，还要进一步地进行市场细分和产品设计，集中发挥自己的资源优势是制定饭店战略的基本原则。这一原则也应该贯彻到饭店的产品设计中去，对于那些体现饭店的档次，但目前获利能力不大的饭店产品，如恒温的室内游泳池等，如果暂时不具备这一产品所要求的资金、人力资源、管理水平方面的条件，就不要急于求成，仓促上马。

（四）饭店目标

这一要素是指饭店在战略规划期内期望达到的目的，如击败竞争对手、扩大市场占有率、技术创新、退出饭店市场等。饭店目标与饭店使命的关系是：使命是内在的、永恒的、原则性的；而目标则是外在的、阶段性的、具体化的，并且目标是在饭店使命的指导下设定的。目标要符合可达到性、可操作性和可核检性的要求。

（五）战略战术

战略战术是完成饭店目标的具体途径和手段，它要根据饭店或饭店集团在市场上的地位来加以确定。

（六）战略退路

这是常常容易被许多饭店战略管理者忽略的一个战略要素。市场竞争常常带有对抗的性质，战略就是应付这种对抗的指导方针。既然是对抗，就有可能胜利，也有可能失败，如果没有失败的考虑，一旦失败来临，战略管理者就会陷入手足无措的状态；反之，如果在制定战略时就充分考虑到了战略失败的可能性，并给出相应的反应预案，就会在各种情况下都能够掌握市场竞争的主动权，甚至自己的市场地位受到严重威胁的时候，战略退路也能保证饭店根据相应的预案有序地从竞争市场上暂时撤退，以尽可能地减少由此带来的损失。

三、饭店的战略运作模式

依据饭店的市场地位和在竞争中所处的位置，可以分为领导者饭店、挑战者饭店、追随者饭店和专业户饭店，不同类型的饭店在选择和实施战略时所采用的模式也各不相同。

（一）领导者战略

当某一饭店处于市场领导者的地位时，它很可能是某一市场的垄断者，即它的生产规模、品牌、市场占有率、服务和管理模式等各项指标已达到一定程度，以至于其他任何一家饭店的行为都不可能对它构成威胁。实施领导者战略模式的主要策略有以下几种。

1. 维持

当处于市场领导者地位的饭店只想保持目前的地位而暂时不想发展时，它会选择这一策略。维持策略主要可以采取四种方法加以实现，即资源积累、多样化（产品系列化）、正面攻击、阻挠。其中前两种是在市场状况没有什么变化，其他的饭店只是处于追随者和专业户位置时领导者的较佳选择；后两种是在市场上出现挑战者时的反应策略。总的来说，维持战略是领导者暂时寻求一种相安无事、保存实力的战略，即使有少量的竞争者，也是以降低成本、设置行业壁垒为手段的。但是，市场的本质决定了一家饭店不可能长期采取维持战略，因为，市场上的追随者和其他一些以大型饭店业和非饭店业的企业集团为背景的新进入者，随时都有可能成为它的挑战者。另外还要注意，维持战略只是一种权宜之计，绝不能把它等同于不思进取。

2. 扩张

扩张策略是处于市场领导者地位的饭店在面临其他饭店的挑战，或即使没有挑战者，但是它不满足于维持现状，而向自我发起挑战时所采取的战略实施模式。扩张战略具体又分为市场扩张、产品扩张和多种经营（多角化）三种子类型（如图2-1所示）。

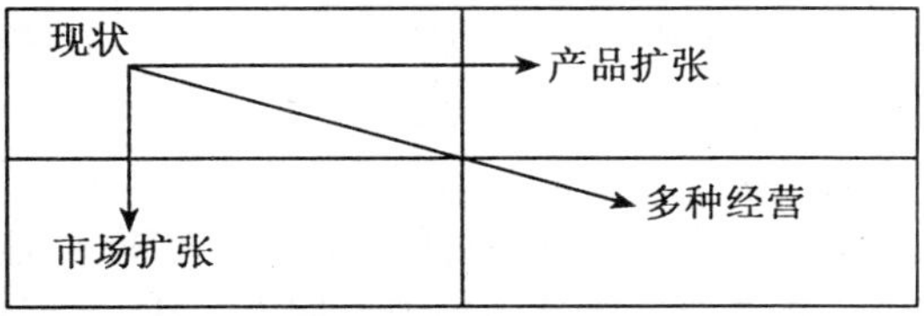

图2-1　领导者饭店扩张策略实施途径

（1）产品开发子模式。这是指饭店持续不断地为它的产品系列增加一整套与它最先的产品相类似的新产品（产品开发），或者为饭店现有的产品寻找新的功能与用途，领导者力图通过这种方法来巩固自己的市场地位。比如某一饭店集团利用自己的景区地理位置优势和市场营销网络系统，开发出新的会议产品系列，以此巩固它在更大范围内的市场地位。

（2）市场开发子模式。处于领导者地位的饭店或饭店集团为了打击市场上现实和潜在的竞争者，它会为现有的产品提供新的市场，或对不同的市场提供多种产品。例如，某些饭店避开观光住宿市场的激烈竞争，积极开拓国内外商务市场，在饭店内部开设专门的商务旅游者的商务楼层等。像这样一种以新的市场为媒介来进行扩充的饭店战略，被称为“市场开发战略”。新的市场可以是新的地区市场，也可以是新市场的某些部分。

（3）多角化经营（多种经营）子模式。如果一家饭店同时利用开发新产品和开发新市场这两种手段来求得战略目标的实现，就称为“多角化经营”。这一模式多见于大型的饭店集团，它们不仅向旅游市场上提供饭店产品和饭店相关产品，还会经营旅游代理、交通运输、食品、酒类，甚至木材、汽车等产业项目。多角化经营有助于饭店充分利用现有的生产能力和市场营销网络，而且可以分散风险，但是企业规模的扩大肯定会带来管理费用和其他内部交易费用的上升，这是它的不利之处。而且如果产品、技术的关联性太低，也会给集团的协调带来困难。

（二）挑战者的战略

挑战者是指在市场上已经具备了相当实力的饭店，如所经营的产品在市场上的占有率仅次于领导者，内部所拥有的资源结构得到了相应的优化，更主要的是，这些饭店的战略目标是以动摇领导者饭店的市场地位为目的的。挑战者战略的可选模式主要有以下几种。

1. 蚕食

重点是加强市场渗透，如通过创新销售方法，大力推销其原有产品和新产品，增大市场销售额。这种形式的挑战者战略在19世纪的制造业领域就相当普遍，当时绝大多数市场的规模正在迅速扩大，所有者因而能够利用这种形式保持对企业的控制。

2. 偷袭

与蚕食策略“小步走”的做法不同，偷袭策略的关键在于突然性和彻底性。挑战者对其战略目标指向的领导者所固有的市场领域，经过周密的准备，采取“不宣而战”的做法，以较低的价格、高水平的服务，辅之以有效的市场营销、广告、公共关系等手段，一举夺取相当的市场份额。这样，等到竞争对手反应过来，它已经具备了能够与之匹敌的力量，或者已经成长为新的市场领导者。

3. 兼并

在时机没有成熟以前，挑战者并不急于把战略目标直接指向市场领导者，而是通过兼并其他饭店、非饭店企业的方法来壮大自己的力量。这样做的结果，表面上看来，挑战者饭店并没有进入领导者饭店传统的市场领域，后者市场占有率的绝对数也没有变化。但是，它通过集中被兼并企业的力量和市场份额，加大饭店业的集中程度，其实质是增强了自身的竞争能力，同时通过改变领导者市场占有份额的相对数使领导者的市场地位被削弱。这一模式可以分为如图2-2所示的水平兼并（同业兼并、跨业兼并）和如图2-3所示的垂直兼并两个亚模式。

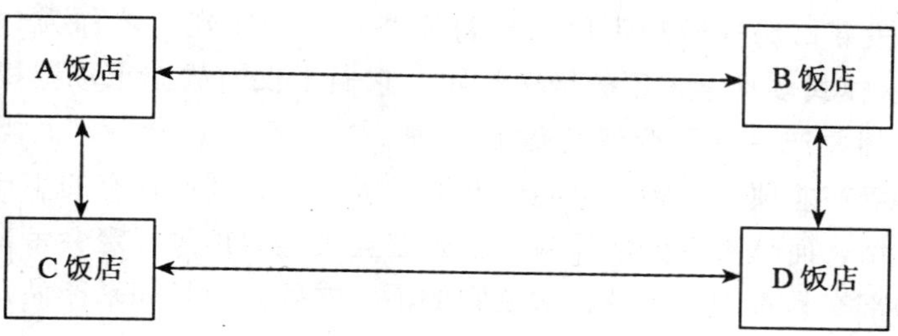

图2-2　挑战者的兼并战略——水平兼并

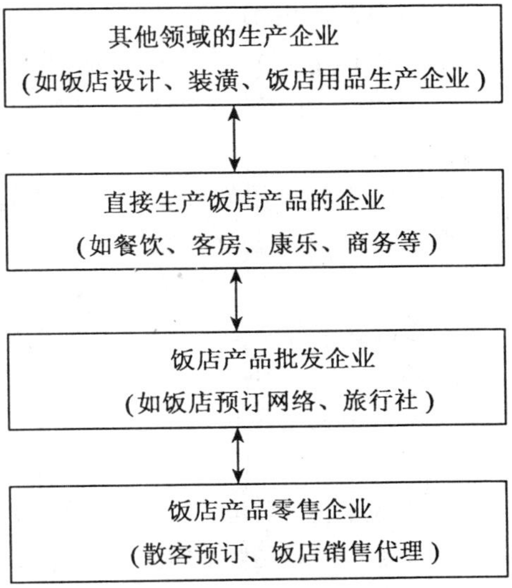

图 2-3 挑战者的兼并战略——垂直兼并

（三）追随者战略

在市场上处于追随者地位的饭店多为一些中小型单体饭店，它们或者由于自己尚处于成长初期力量不够强大，或者由于饭店市场的领导者和挑战者的地位很稳固，所以无力在市场上与后者相抗衡，因而采用产品跟进、价格服从、避免竞争等战略以保存实力，谋求一定约束条件下的利润极大化。

1. 仿制

追随者由于可利用的资源有限，无力独立进行产品创新，所以在饭店产品线的组织与设计上，采取模仿领导者饭店的方法，如一些低星级的饭店很少率先增加饭店的有形设施和服务项目。这样可以节省追随者的产品研制与定型时间，避免创新带来的风险，而且可以集中精力在现有产品质量的提高上。

2. 拉常客

拉常客也称固守现有市场策略。追随者在无力进行市场渗透和寻找新市场的情况下，只得集中精力守住现有的市场。通过提高产品质量、增加产品销售中的人情色彩和各种市场营销、公共关系等手段，稳定自己的老客户，从而维持已有的市场份额。

3. 降低成本

当外向型的产品开发和市场开发都无法进行时，追随者为了增加利润，就会想方设法把战略目标指向饭店内部。通过降低饭店产品的生产成本和管理费用的方法来实现自己的战略意图。这一构想的理论依据是“收益（可变）=销售额（固定）-成本（可变）-费用（可变）”。

4. 合理定位

尽管追随者无力在所有的市场上同处于领导者地位的大型饭店或饭店集团相竞争，但是，中小型的饭店毕竟也有大饭店不具备的资源优势。在一些细分后的亚市场上，追随者也有可能处于优势地位。比如，在中低阶层的旅游市场上，一些中小型的饭店相对于大饭店而言显然存在着价格优势，所以追随者可以通过合理的市场定位，避免了与领导者的直接竞争。这一战略实质上也是营销学中市场区隔理论的具体运用。

（四）专业户战略

饭店市场上的专业户是指那些只经营某一单项的饭店产品、提供较少的服务项目、服务特定的旅游者和当地居民的饭店。它们资本构成单一，人员数量少，组织架构一般实行直线制，在市场上无力同大中型饭店竞争。但是在竞争激烈的饭店市场上，它们一方面面临着领导者、挑战者和追随者的市场渗透威胁；另一方面又面临着其他专业户饭店的产品和市场竞争。所以，专业户饭店要想生存下去，并取得一定的发展，也必须以相应的经营策略作为自己的指导。

1. 以情动人

小饭店有小饭店的长处，它们的员工较少，有时员工就是业主自己或他们的家人、亲属或朋友。这样的人员很容易使得业主把友好的服务理念贯彻到具体的服务行为中去，使客人少一些大饭店的那种居高临下的、职业性的热情，多一些居家的随意、舒适与温暖。由于小饭店的产品价格一般较为低廉，所以在中低阶层的家庭旅游市场上具有较强的竞争优势。当然，以情动人并不代表随意性，而仍然是以安全、卫生、规范这些饭店业从业基本原则为前提的。例如，近几年出现的经济型饭店，首旅集团的如家快捷、上海的锦江之星等。

2. 现做现卖

对于某些特殊的单项饭店产品来说，如餐饮、纪念品、生日礼物及具有浓郁地方特色的水果、植物、花卉、家常菜肴等，专业户饭店可以让客人亲眼看到他们的生产过程，有时，还可以亲自动手参与。由于小饭店的客人较少，现做现卖的策略是可行的。

3. 顾客特定化

对于那些处于海滨、山区旅游胜地的专业户饭店来说，可以为自己成熟的产品选择特定的顾客群。他们主要由背包旅游者、学生旅游者、低收入阶层旅游者和部分探新求异的旅游者构成。小饭店以自己具有浓郁地方特色的饭店产品和充满人情味的服务吸引这些特定的顾客，再通过他们的口头宣传广告去影响相关公众。通过这些战略的实施，实力较小的专业户饭店就可以使自己生存的土壤变得更加肥沃。待到时机成熟，专业户饭店成为市场上的有力竞争者时，再实行相应的追随者战略、挑战者战略，逐步发展壮大饭店的实力，最终也可以成为饭店市场的领导者。

上述的四大类模式并没有穷尽所有可以为各种类型的饭店所利用的战略选择，只是列出了一些样板，而且这些样板的具体运用也不是一成不变的，一个饭店可能在本期实行扩张战略，下期又实行维持战略，也有可能在同一时期实行两种或两种以上不同类型的战略。总之，要视饭店所处的外部环境和内部资源状况而定。对于一个饭店来说，战略管理所面临的环境变动，主要是由所在国家或地区的宏观经济运行状况、旅游市场的波动、饭店业的竞争激烈程度、竞争方式等变量决定的。饭店内部的经营管理状况、资产经营状况、人力资本的规模与结构等因素也决定着饭店战略的走向与趋势。正确的饭店战略就是其内部因素与外部变量的耦合，并依此设计出适应这种环境变化的组织与行为模式。

第二节　饭店竞争战略

饭店竞争战略是饭店根据其在市场竞争中的地位而采取的相应战略。在激烈的市场竞争中，饭店难以用临时的应急方法来应付，而必须立足长远发展，站在战略的高度来谋划抗衡与制胜的途径，特别是当竞争对手以一整套的战略方案与行动来求得竞争优势时，饭店就需要以战略来抗衡竞争。竞争战略是饭店对抗竞争，获得持久竞争优势的手段和策略。

一、饭店竞争力的分析

从某种角度讲，所谓竞争战略的实质是通过调整企业本身的资源和能力来迎合外部环境所提供的各种机会。随着饭店市场竞争的激烈，以及科学技术日新月异的发展，动态环境下的企业竞争必须更多地依托于企业自身独特的资源和能力，以及在这种能力基础上的竞争优势；同时，饭店也需要根据外部环境的变化，不断地发展和加强自己的核心能力，以求得新的进步。

（一）饭店的资源和能力转化为竞争优势的特征

1. 饭店的资源

饭店的资源一般可划分为有形资源、无形资源及人力资源。

（1）有形资源。有形资源包括饭店的财务资源和实体资产，它们可以被市场识别和评估，并在企业的各项财务报表中得以反映。

（2）无形资源。饭店的无形资源有两项最为重要。

①饭店的声誉。饭店的声誉往往由自己产品的市场地段、形象、对顾客的服务、对员工的公正性所构成。饭店的声誉及形象在市场竞争中正扮演着越来越重要的角色。饭店声誉的市场情况往往可以表现为其产品是否有超额利润，以及其产品的市场占有率。

②饭店的营销资源。饭店的营销资源，如营销渠道、价格策略、中间商的数量、营销企划资源等，在竞争优势的建立和维护中发挥着非常重要的作用。

随着社会的进步，饭店无形资源的分量及所起的作用日益突出。

（3）人力资源。饭店的人力资源是一种特定的有形资源。饭店的服务产品需要员工面对面地向客人提供，它依赖于饭店员工的素质、服务技能、服务态度，以及管理人员的管理水平等诸多方面。饭店人力资源是否得以充分有效的利用和开发，还有赖于企业内部文化氛围的营造，以及建立人与人之间的良好关系等。

2. 饭店的能力

每一种资源都不能单独形成实际的生产力，真正的生产力来自于将各项资源进行组合，通过有效资源整合构成的饭店才具有竞争的能力，这些饭店的能力在战略的制定和执行，以及在市场竞争中起到重要的作用。当然，随着战略理论的发展，人们越来越注意到尽管企业的能力是多样化和多层次的，但是市场竞争的经验使人们更多地重视饭店的“核心能力”或“特殊能力”，因为只有这种能力得到充分发挥，饭店才能在与竞争对手的较量中取得优势；或者说能够帮助饭店建立竞争优势的能力，被称之饭店的“核心能力”或“特殊能力”。如表 2-1 所示是根据饭店生产经营所必需的各项功能来分析其能力的。

3. 饭店资源和能力转化为竞争优势的特征

要将饭店拥有的资源和能力转换成竞争优势，其资源和能力应具有以下特征。

（1）稀缺性。只有那些稀缺的资源和能力，才能转换成饭店的竞争优势；如果那些资源和能力是普遍存在的，则很难构成优势。

表 2-1 饭店能力的功能性分类表

功能区域	饭店能力
行政管理	有效的财务控制系统；多元化公司战略控制的专门经验；强有力的领导；公司各部门或各事业部的协调能力；公司价值观的定位；有效的激励。
信息管理	具有较强的协调能力和综合有效的管理信息系统
研究与开发	基础研究能力；新产品开发和创新发展能力；新产品开发的速度
服务生产	规模有效的服务生产系统；灵活和快速反应的能力；高质和有效的对客服务能力
营销	产品管理和营销组合能力；对市场变化的反应能力；促进和利用饭店高质量声誉的能力
分销和推销	快速和有效的分销能力；有效的促销和人员推销能力

（2）相关性。只有当这些资源和能力是与在该行业中的关键成功因素相关联时，它们才能被转换成竞争优势，如方便与快捷的通信设施、会议场所对商务型饭店尤为重要。因此，那些可以形成竞争优势的资源和能力必须能在竞争中帮助企业创造对顾客有利的价值。

（3）持久性。饭店拥有的某些资源或能力相对于其他资源或能力更具有持久性，如品牌、企业声誉、营销渠道等，依靠这些持久性资源或能力建立的竞争优势会相对稳定。饭店的无形资产往往会形成饭店的持久性资源和能力。

（4）非灵活性。所谓灵活性是指企业资源和能力可以被转移的程度。如果这种灵活性较高，那么以此建立的竞争优势就会被削弱。从这种意义上讲，我们应该更注重那些灵活性较差的资源和能力的开发，如饭店的地理位置，企业特有的部分资源，如品牌、声誉等。

（5）非模仿性。如果说所谓灵活性侧重于某些资源和能力可以通过购买来得到，而模仿性是指那些资源和能力是否容易被别人很快学会和建立起来。模仿性差的东西，往往涉及许多复杂的组织、工作程序和文化；表面上看来很简单的事物，如麦当劳仅仅是在生产经营汉堡包，实际上却蕴含着多年的竞争经验。

(二) 饭店竞争力指标体系

饭店的竞争力指标是准确、客观反映饭店竞争力的依据。饭店当前的经营业绩、潜在能力、相对水平及饭店战略管理等方面的指标构成了饭店的竞争力指标体系。

1. 当前经营业绩

当前经营业绩主要反映了饭店的显在竞争力，是已表现出来的整体实力，即饭店的实际创造财富并获得财富的能力，其指标包括以下内容。

(1) 收入指标——营业收入、收入增长率。由于饭店的经营具有季节波动性，即淡季、平季和旺季，所以收入一般指年收入。

(2) 利润指标——利润总额、利润增长率。这是评估饭店经营业绩的最重要指标，反映了饭店获得财富的能力。如营业利润率、资产利润率、股权资本收益率等，可以从不同方面反映饭店的经营效益。

(3) 客房出租率。这是评估饭店经营业绩的最直接的指标，反映了饭店对其资源的充分利用情况。通过这一指标，也可以掌握客房使用状况及住店客人数。

(4) 平均房价，即客房总收入与已售客房数之比。同客房出租率一样，它也是反映客房经营状况的指标，不过这一指标还可以衡量员工尽量以高价向顾客出售客房的工作效率。

(5) 每间可供出租房平均收入 (RevPER)，即用实际平均房价乘以出租率。这是一个既能反映饭店实际经营状况，又能进行横向对比的较为全面的指标。

(6) 饭店声誉及客人满意度。这是评估饭店经营业绩的一个定性指标，既反映了饭店目前的经营效果，又映射出饭店未来的发展潜力。

2. 潜在能力

潜在能力即饭店的潜在竞争力，是对饭店未来竞争能力的预测，也是饭店参与外部竞争的基础和获得竞争优势的来源。这种能力是使饭店在不断变化的环境中，增强实力并最终提高饭店创造力并获得财富能力的潜在实力，也是使饭店从中获得持续发展的动力。

(1) 成本潜力，是饭店竞争潜力的主要指标。饭店经营成本，主要包括饮食成本、物品及用品供应成本、人力成本。其中成本变动最大的可以说是人力成本，因此训练有素、具有服务意识的员工，比原材料、客房等资源更加重要。

(2) 质量潜力。饭店产品的质量，是反映饭店竞争力的重要方面。硬件质量，一部分由建店之初的星级标准确定，一部分由经营中设备及用品的维修和保养等确定。软件质量，则主要由饭店的管理水平、营销系统和服务人员的态度、技能、程序来确定。硬件产品在竞争者之间极为相似，而软件服务则“惟我独尊”，因此饭店的核心能力就是营销、管理和服务三大系统。

（3）资金运用能力。这是衡量饭店管理效率充分发挥与否的指标，也可以帮助饭店审查财务方面的各种问题，具体指标有资产收益率、负债比率、流动比率、速动比率等。

（4）人力资源。这是饭店最主要的资源，也是饭店潜在能力高低的具体反映。因为向顾客提供的无形产品和服务行为，是其服务价值创造的主要来源，必须由服务人员及管理人员共同完成。高素质的人力资源变成高效率的人力资本是饭店竞争力的重要基础。

（5）管理能力。这既是饭店经营状况的直接根源，也是饭店未来发展、提高竞争力的基础。这里管理能力包括：业务管理能力、人力资源管理能力、公关能力、市场营销能力等。

（6）饭店定位。根据迈克尔·波特的价值链学说，企业在资源配置上并不一定要在价值链的各个环节上均匀分配，可根据其战略价值的不同而有重点地投入。对饭店而言，则应根据其所在的地区状况、饭店的星级水平、自身的优势能力等，对自己定位。饭店的定位有利于饭店的长期发展，有利于饭店进行战略规划，有利于饭店扬长避短地进行经营，并充分发挥其优势能力，从而不断提高饭店的竞争能力。

饭店每一竞争力指标反映了饭店竞争能力的一个侧面，饭店的竞争力指标体系反映了饭店的整体竞争能力。饭店的竞争力指标体系既反映了饭店当前创造和获得财富的能力，又反映了饭店未来发展变化的趋势及持续发展的动力，为饭店的战略选择提供了依据。

二、饭店业竞争环境的结构化分析

饭店的经营管理，往往会受到外界多种因素的影响。这些影响要素，可以通过自己的行为直接对饭店产生作用。美国哈佛大学教授波特对于企业竞争环境的结构化分析方法，即“五要素”分析方法，是被广泛接受的企业竞争环境的分析方法（如图2-4所示）。“五要素”即五种竞争作用力——进入威胁、替代威胁、买方砍价能力、供方砍价能力和现有竞争对手的竞争，构成了产业竞争环境，反映出一个产业的竞争大大超越了现有参与者的范围。这五种作用力，共同决定产业竞争的强度以及产业利润率；最强的一种或几种作用力，占据着统治地位，并且从战略形成的观点来看起着关键性作用。产业结构分析或“结构分析”的焦点在于辨识植根于其经济与技术中基本的、深层次的产业特征。竞争战略，就是在这种由产业经济和技术形成的竞争环境中确定的。

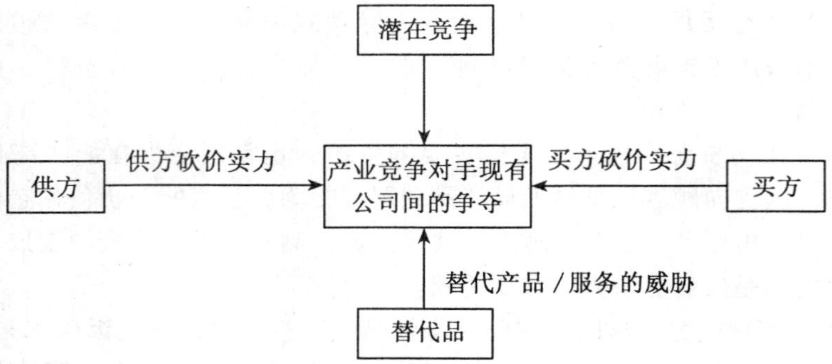

图 2-4　驱动产业竞争的力量

（一）进入威胁

加入一个产业的新对手引进新的业务能力，也常常带来可观的资源，并有获取市场份额的欲望。进入威胁的大小取决于进入壁垒以及准备进入者可能遇到的现存守城者反击的大小。

1. 进入壁垒

一般来讲，存在 6 种主要壁垒源：规模经济、资本需求、产品差异、转换成本、获得分销渠道和与规模无关的成本劣势。

① 规模经济。规模经济几乎可以表现在企业经营的每一职能环节中，包括生产、采购、研究与开发、市场营销、销售能力的利用及分销等方面。无论是旅行社或饭店，规模经济的来源主要在于大批量采购的经济性（如旅行社大批量订房、订餐）和销售的经济性。

② 产品差异。产品差异形成了进入壁垒，它迫使进入者要耗费大量资金来消除原有顾客的忠诚。

③ 资本要求。竞争所需要的大量投资构成了一种进入壁垒。饭店，尤其是在我国的高星级饭店，实质上已成为一种资金密集型企业。饭店需要投入高风险或不可回收的前期广告费用、营销费用。

④ 转换成本，即消费者从原旅游企业购买产品转换到另一企业那里时所遇到的一次性成本，如考核新饭店所需的时间及成本、中断老关系所付出的心理代价等。

⑤ 获得分销渠道。新的进入者需要确保其产品的分销，这一要求也构成进入壁垒。

⑥ 与规模无关的成本劣势。已立足企业具有一些潜在进入者无法比拟的成本优势，如专有产品技术、原材料来源优势、地域优势、政府补贴等。

2. 预期的报复

潜在的进入者对于现有竞争对手的反击预测，也将对进入的威胁产生影响。如果进入者认为，现有竞争对手会有力地反击从而使之在产业中处于不能满意的境地，那么进入极可能被扼制。

对于饭店来说，消费者对饭店产品的选择较谨慎，需求差异大，饭店的进入壁垒主要是产品差异、消费者对现有饭店产品的偏好、获得分销渠道、转换成本、管理上的经验曲线作用等。换言之，现有的饭店为维护目标的市场份额和现有利益，也必须在上述方面构筑进入壁垒。

（二）现有竞争对手间争夺的激烈程度

对单个饭店来说，饭店更关心行业竞争程度，以及与主要竞争者之间的敌对程度。一个企业的竞争行动对其竞争对手会产生显著影响，因而可能激起竞争对手们对该行动进行报复或设法应付，即各个企业是相互依存的。这种作用与反作用结果，导致首先采取行动者及产业整体情况改善的不确定性。

激烈的竞争是大量市场结构上的因素相互作用的结果，如行业内竞争者的均衡程度、市场上的成熟度、产品的差异化程度、不同的竞争对手、是否有高固定成本、退出壁垒等因素都是产业竞争程度的影响因素。

（三）替代产品的压力

替代产品，是指能够产生与现有产品相近功能或效用的产品。替代品的存在，设置了行业中饭店可谋取利润的定价上限，从而限制了一个行业的潜在收益。对单个饭店来说，首先需要辨识饭店的替代品是什么，替代品的存在会增加消费者的选择余地，增加竞争程度，降低行业利润率。近年来我国房地产业、公寓设施、各类度假村、度假区有了较大的发展，它们是我国旅游饭店的重要替代品。

（四）买方砍价实力

如果买方是大批量和集中进行的，或购买者掌握充分的信息，买方利润水平低且几乎不面临什么转换成本时，买方的砍价实力较强，买方会尽量压低价格，要求较高的产品质量或索取更多的服务项目，并且从竞争者彼此对立的状态中获利。我国饭店企业产品的需求方主要是国内外旅游者，散客或团队旅游者等。由于旅行社是饭店产品销售的中间商，其购买数量大，又有较多的同类产品可供选择，具有较强的讨价还价能力，对饭店企业的竞争结构、行业利润率有重要影响。

（五）供方砍价实力

供应商们可能通过提价或降低所购产品或服务的质量，来向某个产业中的企业施加压力。供方实力的强弱是与买方实力相互消长的。当出现供应方是集中供应而不是分散供应，从一个供应商到另一个供应商的“转换成本”高，供方产品是买方业务的主要采购品，供方集团表现出前向整合的现实威胁时，供方集团的砍价实力较强，对企业经营产生不利影响。我国饭店企业的供应方主要是饭店所使用的各种机器、设备、低值易耗品、餐饮原材料等的供应商，由于大多数物资较易采购到，供货方数量多，处于买方市场，对我国饭店企业来说，供应方的讨价还价能力较有限。

以上五种力量构成了行业的结构分析。五种竞争力决定了产业中竞争的性质和行业的吸引力或该产业蕴藏的利润潜力。其原因是它们影响了行业内的价格、成本和企业所需要的投资，即影响了投资收益率的诸要素。但是，企业对行业结构也并非无所作为，企业可通过其战略影响五种力量，企业如果能够改造其行业结构，它就能从根本上改善或破坏行业吸引力。

我国饭店业的行业结构为进入壁垒低，规模经济不很显著，替代产品多；作为买方的旅行社又具有较强的砍价实力；饭店产品具有不可贮存性，饭店的费用结构为固定成本比例高、变动成本比例低；饭店业退出壁垒、资源转换成本较高，这些都说明饭店的产业结构含有不利因素，行业盈利性不会太高。这些特点也是造成我国饭店企业激烈竞争和价格战的深层原因。

三、饭店基本竞争战略

波特1980年提出了三种基本竞争战略：（1）成本领先战略；（2）差异化战略；（3）集聚战略（如图2-5所示）。波特认为，企业采取何种竞争战略，取决于它的发展目标、成本与产品或服务在顾客心目中的独特性等因素。三种战略之间的关系如下：

（一）成本领先战略（Cost Leadership Strategy）

成本领先战略即努力使企业成本低于竞争对手的成本，追求全行业中低成本地位的战略，实现该战略的基本条件有：

（1）最大可能地吸引更多的消费者，获得规模经济效益，从而降低单位产品成本；

（2）具有较高的销售增长率和市场占有率；

（3）具有较高的管理水平和控制成本的能力，如严格控制原材料成本，

		竞争优势	
		相对低成本	差异化
竞争范围	较宽的目标	1 成本领先	2 差异化
	较窄的目标	3A 成本集聚	3B 差异化集聚

图 2-5　三种基本竞争战略

降低推销及广告等方面的费用等。

实施该战略的潜在前提是：消费者对某种产品/服务的需求是同一的，没有严格地按照消费者行为等因素来细分市场，因此，产品或服务被标准化。其市场营销针对整个行业或市场，通过大众化的销售渠道、促销手段以及大众化的产品或服务，如基本包价度假产品、廉价饭店等方式来获取一个较大的市场份额。企业一般也只有较短的产品线或服务线，这样才能取得经营或营销上的规模经济。

（二）*差异化战略*（Differentiation Strategy）

当企业之间的产品或服务成本愈来愈接近的情况下，市场竞争的重点就在于差异化。差异化战略就是提供与同行企业不同的产品和服务，具体地说，饭店可在品种、质量、价格、预订的方便程度等方面创造独特的、与竞争者不同的特点与优势。它不仅能满足消费者的需要，而且在一定时期内，同行竞争者是难以取代的。例如，我国出现的以四川青城山道教文化为主题的鹤翔山庄等。

产品差异化只要条件允许是一种可行的战略，企业在此基础上可保持长久的优势，可以很好地抵御竞争力量，在行业中获得超过一般水平的利润。实行差异化战略目的在于使顾客形成对该品牌的较高忠诚度，从而形成强有力的进入壁垒。进入者要进入该行业则需要先克服这种产品的独特性和顾客对老品牌的忠诚度。同时，由于顾客对品牌的忠诚度，当产品价格发生变化时，顾客的敏感程度低，产品差异化能够增加边际收益。实行差异化战略的饭店可以在两个或更多的细分市场中经营。

实行差异化战略的主要条件有：企业在产品的研究和开发上具有较强的创新能力、较好的适应能力和应变能力；企业在市场营销中要有明确的目标市场，并能采取有效的经营手段和方法。

对饭店企业来说，营造和扩大差异化有许多方式，如产品设计、服务质量、技术特点、客户服务、经销网络及其独特文化氛围等，其中一些是实体性差异，一些为心理上或观念上的差异。

（三）集聚战略（Focus Strategy）

这种战略以“在行业内很小的竞争范围内做出选择”为基础。企业把经营的重点目标放在某一特定购买者集团，或某种特殊用途的产品，或某一特定地区上，从而很好地为某一特定目标服务。具体地说，这种战略有两种形式，采用成本集聚（Cost Focus）的公司努力在它的目标市场内追求成本优势，而差异化集聚（Differen tiation Focus）则是公司在目标市场内追求差异化。集聚战略的关键在于能够比竞争对手提供更为有效的服务。它要求企业或者能通过产品差异更好地满足目标顾客的要求；或者能通过降低成本为这一特定目标服务；或者两种要求都能实现。

实施该战略要求企业对顾客的需求有较深入的了解，提供较高质量的服务和具有良好的声誉。对一个实力和经验都有限的饭店企业来说，如果它不想与一些大企业正面竞争的话，它可以寻找竞争者的一些弱点和其尚未满足的市场需求，从而在一个小的细分市场上获得相对优势。

集聚战略在获得市场占有率方面常存在某些局限性，所以，企业在制定这种战略时有必要在获利能力和销售量之间进行权衡，有时还在产品差异与成本状况之间进行权衡。

四、我国饭店企业竞争战略的调整与变化

我国饭店业经过改革开放二十几年的发展，已进入供给与需求基本平衡的时期。饭店业正向成熟型产业转化，这是对我国饭店业基本战略特征的认识。

以星级饭店为例，到2003年底，我国有星级饭店近1万家，拥有客房近100万间，床位数近200万张。2003年，全国星级饭店共实现营业收入983.16亿元，上缴营业税49.52亿元，饭店业已形成相当的产业规模，成为我国国民经济和旅游业的重要组成部分。

（一）饭店业成熟的标志及对竞争战略的影响

根据产业经济学的一般原理，饭店业作为一种成熟产业的标志及对竞争战略的影响有以下几个方面。

（1）成熟产业需求平稳，不会有市场需求大幅度增长的机会，需求增长放慢。

（2）随着需求的下降，企业更加注重市场份额和市场占有率的竞争。随

着企业无法仅仅靠保持市场份额而保持其历史上的增长速度，竞争的注意力转向产业内部，开始争夺其他企业的市场份额，饭店之间的价格、服务以及促销战的爆发都是常见现象。

(3) 消费者日益成熟和有经验，消费选择余地大。

(4) 供给相对平稳，不易产生新产品和新的服务，从而使竞争转向降低成本和提高服务质量。

(二) 我国饭店业竞争战略的调整与变化

根据成熟型产业中企业所采用的一般竞争战略，结合我国饭店业目前的实际情况，我国饭店企业竞争战略将有以下的调整和变化。

1. 饭店市场日益细分，带来服务、产品差异化，差异营销将取代无差异营销

与过去几年相比，旅游饭店单一的境外游客的客源构成模式早已转变为客源构成的多元化：旅游团队、商务散客、会议、内宾度假者等，客源构成的多元化所带来的需求的差异化已明显地呈现出来。如商务旅游者对完整的通信设备的需求、留言服务、电子邮件发送专线，全球互联网络，快速的check-in、check-out 服务的需求；会议组织者将能否有设施和能力来接待会议视为首要标准；而普通的旅游团成员，卫生、经济、舒适将是其首要标准。

客源构成的多元化、需求的差异化决定了未来饭店产品、服务的多品种、个性化的特点，饭店业必须以产品、服务差异化战略来适应这一市场趋势。客源的多元化、服务的专业化也带来饭店类型的分化，在适应市场需求的基础上，饭店业供给也有细分、类型不断分化的倾向。如饭店被越来越细分为旅游型饭店、度假型饭店、商务型饭店、经济型饭店、机场饭店、汽车旅馆等类型。饭店产品必须进行重新组合、细分，市场细分将导致饭店产品的区别。现代化饭店建设的单一模式：面积、设施相似的客房，各式中西餐厅、舞厅、酒吧、商务中心……将面临重新选择和考验。每一个饭店企业在尽可能区分需求、差异营销的基础上，应进行准确的产品和市场定位，选择与自己的产品、服务相一致的目标市场。因此，未来饭店业深层次的竞争将是服务专业化的竞争。饭店企业在追求服务质量完美的同时，不应忽视服务质量的提高应建立在服务专业化、服务产品的准确定位基础之上，饭店面对所有细分市场的无差异营销将被尽可能区分顾客需求的差异营销所取代。

2. 未来的竞争将是品牌和赢得顾客忠诚度的深层次竞争

实现差异化战略可以有许多方式，如产品设计、服务质量、技术特点、客户服务、经销网络及其他方面的独特性等，其中品牌是实现差异化战略的

最佳选择之一。品牌策略，包括品牌的认知、品牌的联想和建立顾客忠诚度等，随着商务散客、国内游客的增多，一方面他们对当地住宿业的情况较为了解，另一方面他们中的回头客、重游率比例也较高。因此，饭店面对的是日益有经验的顾客，客户的注意力从决定是否购买产品转向在不同品牌之间进行选择。良好的品牌意味着广泛的知名度、产品的质量和信誉，从而使企业在竞争中占据有利地位。我国饭店业群体中已有一批知名度较高的四、五星级饭店，如北京的王府井饭店、广州的白天鹅大酒店、南京金陵饭店等，它们所提供的优良产品和服务赢得了消费者的青睐和信任，树立起了良好的品牌声誉和较高的知名度，从而获得了稳定的客源和较多的回头客。未来饭店业深层次的竞争，将是品牌和赢得顾客忠诚度的竞争。

3. 建立在质量、效益、成本控制基础之上的价格或低成本战略

尽管每一个饭店企业都应避免价格战，价格不应是饭店主要的竞争手段，但如前所述，饭店产品的不可贮存性，饭店经营固定成本比例高、变动成本比例低的费用结构，以及饭店业退出壁垒、资源转换成本较高的特点，决定了如果同档次饭店不能够有效地建立起品牌差异或形象、感知差异，以及产品、服务质量的差异，则价格往往成为饭店企业常见的最后竞争手段。因此，对饭店企业来说，仍需寻求高质量的服务生产过程，努力发展和优化现有的产品和服务，进行内部资源的有效使用，从而建立起在成本控制、质量控制、效率控制基础上的低成本，才能使饭店企业取得有利的竞争地位。

4. 单一地使用某一营销因素将转变为各层次营销因素的分析与综合配套使用

在企业战略管理中，营销组合具有特别重要的意义，营销组合的产品策略、分销策略、价格策略、促销策略，及其构成的整体营销战略使企业定位具体化。未来饭店的营销组合战略，将更加重视各营销因素的综合效果，重视各营销因素的交互作用，而不是单一地使用某一组合因素，而且应根据饭店的不同特点侧重使用不同的营销因素，如中低档饭店应将营销组合因素的重点放在价格、网络、销售渠道、促销上，而高档饭店则应更重视服务、产品、质量、品牌的竞争。

5. 高新技术的应用带来饭店营销活动创新和服务生产过程的创新

随着高新技术的迅猛发展，饭店是否采用或采用多少高新技术，已影响到管理水平和服务质量。当今服务水平的体现，光靠微笑服务已远远不够了。高新科技，特别是先进的通信技术对饭店的经营方式带来巨大影响。20世纪90年代，CRS（中央预订系统）已被饭店集团采用。现在国内饭店集团的HMS（饭店管理信息系统）都已进入CRS时代。近年来，由于卫星通

信和 ISON（综合业务数据网）的发展，GDS（国际电脑订房网络）风靡全球，信息费用的降低，使饭店传统的经营方式发生了巨大变化，GDS 成为最为盈利的饭店经营方式。CRS 或 GDS 将使饭店传统的促销方式、促销效率发生变化，高新技术将带来饭店营销活动创新和服务、生产经营过程的创新。未来饭店业的竞争也将体现在高科技的应用上。

6. 我国的饭店业将呈现进一步集中优化的趋势

目前，我国饭店企业连锁经营的比例仍很低，但未来我国的饭店业将呈现进一步集中化的趋势。国企改革的深入、党中央积极倡导实施的“大公司，大集团”发展战略，为饭店企业，尤其是国有饭店的资产重组、产权流动创造了契机，而且许多合资饭店也面临着新的一轮重签管理合同的机会。企业改革的深入，要求企业经营从商品经营型转变为资本经营型；要求将企业经营管理的重点转移到对资本的组织管理、营运、周转与循环等方面上来。我国饭店市场的集中度进一步提高，为我国饭店企业的规模扩张提供了契机。未来的我国饭店企业将呈现进一步分化、聚合的过程，饭店管理市场将被重新分割和占有，饭店企业的竞争也将体现在企业的资本经营能力、网络化经营、规模扩张能力的各个方面。

经过改革开放二十几年的发展，我国饭店业已进入供给与需求平衡的时期，饭店业正走向成熟，这是对我国饭店业基本战略特性的认识。

思考与练习

1. 什么是饭店战略管理？我国饭店业对战略管理是否重视？为什么？
2. 饭店战略管理由哪些要素构成？
3. 饭店战略运作有哪四种基本的运作模式？
4. 饭店有哪三种基本的竞争战略？
5. 饭店竞争力指标体系由哪些要素构成？
6. 竞争环境的“五要素”分析法有何意义？试用“五要素”法具体分析某饭店所在的细分市场。

第三章 饭店的规划与设计

创造良好的经济效益和社会效益是现代饭店的经营管理目标，一个饭店筹建中的立项、规划、设计、建设无一不与此目标密切相关。饭店管理者必须懂得饭店规划与设计的基本原理，并参与饭店的规划与设计。

第一节　饭店规划与设计的基本因素和内容

一个饭店的完美设计，是该饭店正常运营的先决条件，也是确保饭店经营成功的必要条件。俗话说，好效益源于好设计。一个饭店拥有完善的总体规划设计，对经营管理会达到事半功倍的效果。

一、规划设计的基本因素

现代饭店的建设和经营是为了满足旅游者旅居生活的多种需求，并以此来创造最佳经济效益和社会效益。因此，进行饭店规划与设计时，首先要考虑的基本因素是一切以宾客的需求为中心，方便宾客在饭店的各种活动；其次是如何适应市场发展的需要，取得经营效益。影响现代饭店的经营与管理的背景条件，除社会政治和经济形势、市场状况等外部因素和饭店体制、投资者、饭店性质等内部因素外，还与饭店所处的地域环境、文化氛围、国家对饭店业发展的政策和社会发展趋势息息相关。饭店规划与设计必须紧紧围绕这些基本因素进行，这样才能有的放矢，达到科学规划与设计的目的。

（一）对象因素

对象因素是指在规划与设计中应以饭店的经营对象即客人作为主要考虑内容，保证客人在饭店一切活动的舒适、方便。“客人是饭店的衣食父母”，给客人创造舒适、方便的生活环境，才能吸引客人，产生经济效益和社会效益。所以事情无论巨细，凡是与客人在饭店活动有关的地方都应充分考虑，以“换位方式”认真分析客人活动的规律性、好恶观，从生理、心理角度揣摩客人的需求，真正使客人感到“宾至如归”。对于不同类型的饭店，因其接待对象不一样，需求各异，在规划与设计时必须区别对待。

1. 商务型饭店

商务型饭店一般位于城市中心。饭店在规划与设计中，应规划国际互联网接入或无线上网、商务中心、洽谈室以及商务套房或商务楼层，以满足商务客人经商、洽谈及接待客人的需求。

2. 长住型饭店

长住型饭店的宾客通常是住宿时间较长的、在当地短期工作或度假的客人或家庭，因而客房设计应多采用家庭式布局，以套房为主并配备适合宾客长住的家具和电器设备、厨房设施等。

3. 度假型饭店

度假型饭店一般建在海滨、山区、温泉、森林等旅游风景区附近，饭店应开辟多种康体、娱乐项目来吸引游客。会议型饭店的接待对象主要是各种会议团体，因此，饭店应规划以会议型的标准客房为主，并规划多个会议厅或可以分隔的多功能厅以适应客人的要求。

不同等级的饭店接待的对象差别很大，对饭店产品的需求差别也有很大不同，应在规划与设计中予以区别对待。

（二）经营因素

经营因素是指在饭店规划与设计时，应从现代饭店科学管理的角度出发，保证饭店经营管理的正常进行。饭店布局的科学性和合理性是保证饭店正常经营的基础。传统的设计模式制约了饭店的发展，同时为饭店的运作制造了障碍，直接影响到饭店的经营效益。规划设计中对饭店内部信息的传递、运作流线的处理、管理区域的控制、区域间的联系及抗干扰、多余环节的缩减等都要进行认真的考虑。

（三）经济因素

饭店规划与设计必须从经济的角度考虑。因为：一是业主的经济实力决定着饭店建设的规模和档次；二是饭店是企业，企业必须考虑其投资回报。规划与设计需要既保证质量又要节省投资，一个优秀的规划与设计应该能充分发挥其投资效益。

（四）环境因素

环境因素要求规划设计必须紧扣饭店自身的社会环境和地理环境，具有自己的“个性化”，并保持整体的协调性，不至于“非驴非马”、“邯郸学步”。环境因素包括民族风情、地理位置、历史传统等。按不同民族的居住、饮食等风俗习惯、城市或景区不同的地理位置、历史传统遗留下来的差异进行规划设计，使饭店具有自己的特色，且保持与周围环境的协调，特别为现代旅游者追求“文化享受”提供精神食粮。

（五）制约因素

制约因素是指饭店规划与设计必须依据有关的标准、规范和科学数据。如国家旅游局颁布的GB/T14308—2003《旅游饭店星级划分和评定》对饭店的星级、档次应具备的条件有明确规定，为饭店规划确定了硬性指标。此外，《高层民用建筑设计防火规范》、《自动喷水灭火系统设计规范》、《采暖通风与空气调节设计规范》、《方便残疾人使用的城市道路和建筑物设计规范》、《民用建筑隔声设计规范》、《食品卫生法》等规定的国家标准或行业标准都是通过了严格的科学论证及考证的，对规划与设计起到制约作用，特别是在消防、防震、防火等有关方面一定要符合国家的有关政策和法规。因为，饭店的规划与设计必须是安全的，没有安全便没有饭店的一切。当然，一些数据会随时间的推移而有所变化，因此，饭店在设计时，必须按新的规定予以执行。

（六）可持续发展因素

在社会越来越关注经济增长与资源利用、环境保护的今天，饭店业可持续发展已成为业内密切关注的重大问题。饭店在进行规划与设计时，应从饭店可持续发展、“绿色饭店”的角度综合考虑。

1. 经济可持续发展

经济可持续发展的角度是指在规划与设计饭店时，应考虑到：

（1）所在地饭店业的发展水平，即饭店总数、床位总数、星级饭店结构、营业收入等情况；

（2）饭店总量与结构的合理性，即饭店所在地的饭店供应总量和结构与需求之比。

（3）饭店的科技水平，即设施设备的先进程度和技术水平以及饭店的信息技术水平。

2. 社会可持续发展

社会可持续发展主要指在规划与设计饭店时，应考虑饭店对宾客身心健康与生活品质的提升，按照“绿色饭店”的要求，采用绿色建材、配置绿色用品等。

3. 资源可持续利用

资源可持续利用是指在规划与设计饭店时应考虑节能、节水、废物的综合利用，设备的更新周期，不可再生资源和稀缺资源的替代使用，以及土地占用的合理性和经济使用等问题。

4. 环境保护

环境保护主要是指对自然环境的保护和对人文环境的保护。对自然环境的保护包括废物处理、噪声控制、环境优化和饭店建设的环境承载力等，都是饭店规划与设计时必须要考虑的问题。

（七）超前因素

超前因素是指饭店在规划设计中应意识到社会进步对饭店的冲击，及时了解社会政治、经济发展的新动态、新意识、新观念，并贯穿到饭店规划设计中。如生态环境、电子商务、自我挑战极限、“个性化”、“文化旅游”等，在饭店规划与设计中应予以注意。

饭店是一个资金密集型行业，要建造一个饭店，动辄投资几千万，甚至多到十几个亿。如果在饭店规划与设计时没有3~5年的超前意识，往往饭店还没有竣工开业，许多设施就已落后而不具备吸引力了。

上述诸因素既是独立的，又是相互渗透、互相联系、相互制约的，在规划与设计中应综合给予考虑，但最主要的是对象因素，即客人的需求应贯穿于其他几个因素之中，而饭店是最大的受益者。

二、规划设计的主要内容

饭店的规划与设计分为前期过程和实施过程。前期过程的主要内容为市场调查和定位分析、饭店经营目标及星级目标确定、资金来源等。实施过程的主要内容是文化定位、功能规划、建筑设计、设备设计和装饰设计。

饭店的规划与设计实施过程中融合了几个主要内容：饭店文化定位；饭店功能规划；建筑设计；设备设计以及装饰设计。

（一）文化定位

没有文化的饭店形同没有灵魂的人，只是一个躯壳。饭店文化主要是指饭店自成体系的思想观念、文化观念、价值标准、管理模式和物质文化环境的总和。饭店文化包括三个方面：物质文化、技术文化和精神文化。

（1）饭店的物质文化是用物理手段展现饭店物质文明的总汇，通过人的五官欣赏饭店的外在美，并深入品味饭店的内在美。

（2）饭店的技术文化是指饭店的管理模式、经营制度等饭店管理运作的方法。通过先进的管理手段保证饭店的运作和管理的具体实施。

（3）饭店的精神文化则体现了饭店的思想面貌、精神支柱、价值标准。饭店的精神文化从表面看是无形的，但它是一个饭店的灵魂，它既是饭店物质文明的集中反映，又是饭店技术文化得以体现的内在动力。饭店的精神文化通过物质文化和技术文化展示出来。文化定位就是根据饭店的社会、经济、环境等背景确定饭店的经营宗旨、管理模式以及体现它们的物质文化，如视觉、听觉直观接收到的信息等。

（二）功能规划

饭店的设计是从内到外的设计，是功能第一，因为饭店是一个通过满足客人需要而获取利润的企业，而不仅仅是艺术品。饭店由许多功能不同的设施项目组合而成，各个功能区域有各自特定的工作程序和要求。功能规划相当于人的躯体，科学、合理的功能规划赋予饭店协调的肢体。合理规划功能区域，满足客人的要求，保证饭店运作的正常进行，就是功能规划的目的。

（三）建筑设计

建筑设计是将文化主题和功能规划在建筑空间和结构上予以体现，是饭店管理的载体。一个好的建筑设计具有强烈的感染力，能将饭店的文化底蕴充分地表露出来。当然，一个好的饭店建筑不能单靠艺术的效果，它的内外结构必须与饭店的功能规划相适应。饭店建筑设计的全过程就是伴随着功能规划的全过程。

（四）设备设计

饭店设备是饭店经营运作的物质条件，也是饭店设备管理的基础。它包括饭店的供电系统、供水系统、通信系统、运输系统、通风供暖系统等。在进行设备设计时，应以技术先进、经济合理、生产适用为原则，具体考虑设备的先进性、适用性、节能性、配套性、安全性和环保性等因素。

（五）装饰设计

装饰设计是充分展示、衬托文化主题和完善功能效果的过程。“人靠衣装”，但这个衣装必须在文化定位和功能规划的基础上进行，对其进行补充、完善和点缀，为它服务。

三、饭店规划与设计实施程序

饭店规划设计的整个过程都包含了一个形象设计的三个层次：理念、行为和视觉。饭店规划设计无论从时间上还是从内涵上讲，首先考虑的是一个饭店的文化定位，其次是建筑设计和功能规划，最后才是装饰处理。这就是饭店设计规划实施中的运作程序。在具体运作中，几个环节会出现某种程度的交叉和反馈，应进行适当的调整和修改，特别是建筑设计和功能规划之间应随时修改、补充、调整，反复推敲，最后完善。业主、建筑师、酒店管理专家三者的配合、协调是整个饭店规划设计的关键，图 3-1 为饭店规划设计总流程图。

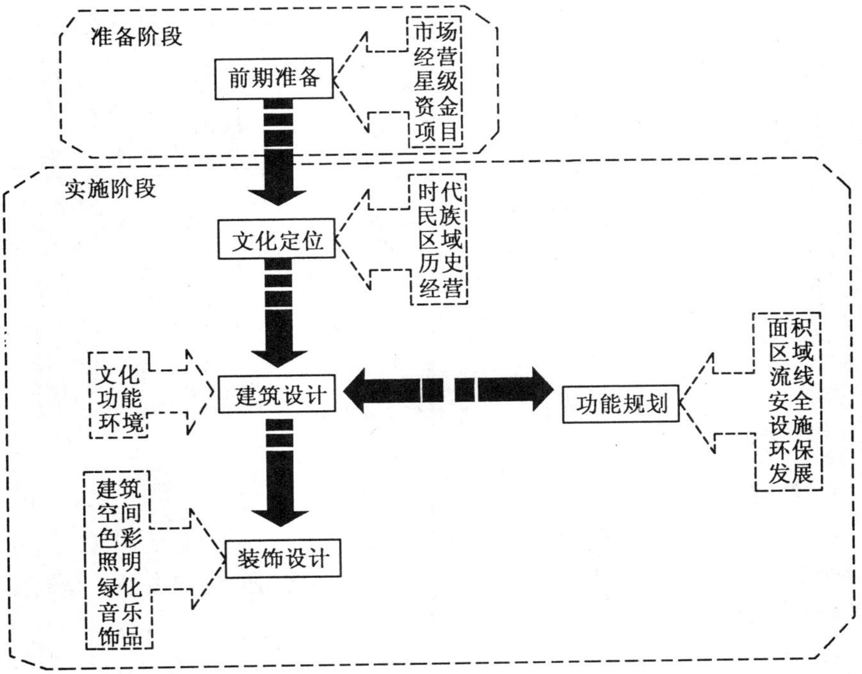

图 3-1　饭店规划设计总流程图

第二节　饭店规划与设计的文化定位

20 世纪 80 年代产生的企业文化理论对企业的管理造成了一个猛烈的冲击，一种新的现代管理理念影响着企业的管理，给现代企业管理注入了活力。

企业文化的广义概念是指企业所创造的具有自身特点的物质文化和精神文化；其狭义概念是指企业所形成的具有自身个性的经营宗旨、价值观念和道德行为准则的综合。

一、企业文化的构成与方式

（一）企业文化的构成

企业文化由四个层次构成：精神文化、制度文化、行为文化和物质文化。它们形成了企业文化的核心层、中层、浅层和表层（如图 3-2 所示）。

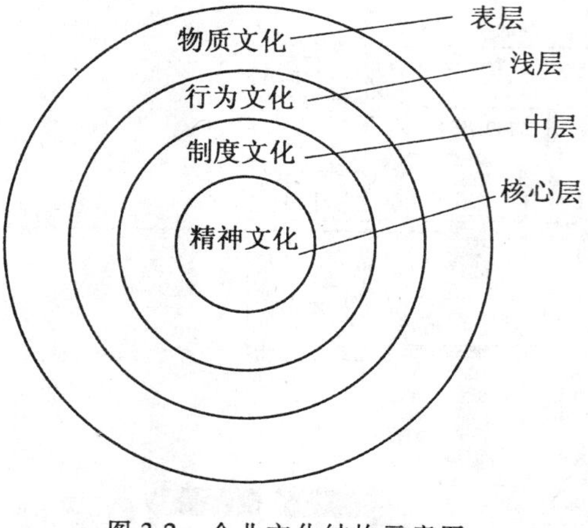

图 3-2　企业文化结构示意图

1. 精神文化

精神文化是指企业在经营活动的过程中形成的企业的价值观、经营理念、企业道德等上层建筑，是物质文化、行为文化的升华和内涵，是制度文化的精神保证。

2. 制度文化

制度文化是企业文化具体实施的载体，它包括企业的领导体制、企业的组织机构、企业的管理制度。

3. 行为文化

行为文化是企业精神文化的行为体现，包括企业经营、教育宣传、人际关系活动、文娱体育活动中产生的文化现象。

4. 物质文化

物质文化是企业以物质形态展示企业文化内涵的器物文化，它以企业的建筑、企业的生产环境、企业广告、产品设计和包装等形式出现，可由环境文化和产品文化构成。这四个层次由里及表，层层外延，且层层联系，里层对外层起到指导作用，外层对里层起到支撑作用。

饭店文化是企业文化的亚文化，饭店文化不仅影响着饭店的经营管理，也是饭店提供给客人的一种形态和意识产品。饭店文化是一个饭店的灵魂，对外它反映每个饭店各自的特色、强烈的个性，体现饭店的精神面貌，树立饭店的形象；对内它具有一种强大的凝聚力，成为团结员工的精神支柱和支持饭店管理的思想基础。

同时，饭店是宾客在旅游中食宿的场所，食宿与旅游有着密切的联系，同样包含着深刻的文化内涵。现代旅游者的旅游动机是多样的，但探求异地文化几乎是所有旅游者共同的目的，正因为这点，所以宾客到饭店不仅是为了吃住、满足物质生活的生理需求，更需要有多彩的文化氛围、宾至如归的异地人文环境以满足精神生活的心理需求。可以这样认为，饭店之间高水平竞争的核心正是企业文化的竞争。

建筑本身是“心灵观照它的对象的场所”，是人们欣赏自己意志和创造力的作品。建筑以自己的巨大形象，体现某一主题，反映一定时代、一定民族的宗教、伦理、政治、文化的观念和审美意识。建筑一旦拔地而起，就会长期耸立在那里，强迫人们去注视它，去直接影响人们的感觉和情绪。建筑的形式美也标志着社会文化水平的高低，代表时代的气息。店名不是一个寥寥数字的符号，它是一个饭店的魂魄和精神的提炼。好店名蕴涵的内容使人深思，让人难以忘怀。建筑和店名是饭店物质文化的主要体现形式，是客人感官的第一效应，两者的统一就更能充分反映饭店的文化内涵。

（二）基本方式

饭店文化定位的方式很多，不拘泥于一个固定的模式。每个饭店应因地制宜、因人制宜地确定自己饭店的文化主题，并从该文化主题中演绎出代表该主题内涵的饭店名称和物象（建筑造型、空间布局、内部装饰等）。一般情况下，饭店文化的定位基于饭店本身的自然环境、历史渊源、人文环境、时代特征、政治和经济背景、艺术色彩、经营特色等，也就是说确定饭店文化主题的因素主要有区域、历史、民族、时代、文学艺术、地名、集团与行业、经营主题等。

1. 区域

区域定位是根据饭店所处的地域位置确定饭店文化主题。如都市、海边、景区、草原等不同地域的饭店有不同的主题内涵，这些区域的饭店可从自然环境中吸取有代表性的特点，设计饭店的建筑造型和处理内部空间。区域定位要求饭店的文化定位与周围环境相协调，使饭店与周围环境融为一体，让客人从饭店店名到饭店建筑的视觉效果都感受到仿佛置身于饭店所处环境之中，并领悟到周围自然环境给人们的启迪。区域定位应该具有教育性、积极性，与饭店的精神文化紧密联系起来，体现饭店的精神内涵。同时，区域定位要防止两种不好的倾向：一是平铺直叙，过于现实主义，缺乏艺术的夸张，没有回味和深邃的哲理；二是单纯地就事论事。20 世纪末开张营业，目前世界上最豪华、最奢侈的阿拉伯联合酋长国迪拜阿拉伯塔饭店，高达 321 米。面对大海的两面特氟纶制的玻璃纤维墙面勾勒出的建筑造型犹如航行在浩渺的波斯湾海面上的一艘巨型帆船，让人不得不为设计者的独具匠心所折服（如图 3-3、图 3-4、图 3-5 所示）。

图 3-3

图 3-4

图 3-5

又如高 422 米、地面 88 层、世界第三高楼的“亚洲第一楼”上海金茂大厦，融会了东方塔型建筑风格和现代化高新技术，将中国传统文化气韵与当代艺术创意完美融合在一起，成为独具匠心的时代杰作（如图 3-6 所示）。

2. 民族

按民族特点定位是根据不同民族的生活习俗、风土人情、建筑风格设计饭店文化主题，民族文化反映不同国度、不同民族灿烂的民族文化遗产。渴望获取知识是旅游观光者旅游的目的之一，所以，以民族方式确定饭店的文

图 3-6　上海金茂大厦

化主题，不仅可以吸引众多宾客，同时也可使传统民族文化发扬光大。

按民族特点进行文化定位有两种途径：一是以饭店所处区域的民族为定位的蓝本；二是将外域民族的传统东西移植过来。两种途径以前者为佳。旅游业的发展，产生了世界各类型人群的全球流动，对异域文化的兴趣和了解是当前旅游者所追求的目标，越是偏离自身民族的东西越能成为旅游者猎奇的对象。每个民族独有的文化遗产的真谛是很难被他人模仿的，所以吸引游客的民族文化应该保持纯真的“本土化”。因此，饭店应分析自己的客源市场，确定饭店的接待对象是来自远方的异域游客还是本地客人。若是异域游客，则保持“本土化”的风格；若是本地客人，不妨移植外域文化，使当地居民不出远门就能领略异域风情。在按民族特点进行饭店文化定位时，要注意以下几点。

（1）无论是饭店的名称、建筑造型、内部装饰还是员工服饰等，一定要深刻领会该民族文化的精髓，采用其具有代表性、独特性、进步性、渊源性的特色。既不能只在外表进行模仿，也不应将其落后的一面表露，更不能割断历史而抛弃其古老传统的淳朴风格。

（2）按民族特点进行的文化定位应贯穿始终，即名称、造型、装饰乃至其精神内涵都尽量保持一致。切不可建筑屋顶是汉族风格，建筑外墙却是西式格调，而立柱是古罗马拜占庭式，或中式建筑取个西洋名字等。但在饭店内，不同的特色餐厅则可分别依据餐厅的经营内容确定各自的主题。

（3）由于各民族的建筑风格与建筑材质的选择密切相关，在建筑设计中应选择当地材料，摆脱任何形式的约束和干扰，保持“乡土气息”和“原汁原味”。

位于四川藏族地区的九寨沟喜来登国际大酒店，建筑风格具有藏族传统特色。建筑以蓝色和白色为主色调，并缀以金色，与大自然赋予的九寨沟美景相融，展示着独具风格的品位和创意。九寨沟国际大酒店艺术剧院的外形藏味浓郁，方圆契合，线条流畅起伏，律动感、色彩感与九寨沟生态环境浑然一体。生肖艺术广场是九寨沟国际大酒店建筑群中的另一道标志性景观。十二生肖铜柱分别雕刻着12种动物精灵及其所对应的内涵图案——星月纹、湖泊纹、草原纹、江涛纹、雨丝纹、春风纹、河水纹、森林纹、太阳纹、青稞纹、雪山纹。每根青铜祥瑞柱高8.1米，直径0.95米，重约1吨，涂以金色（抛光铜）和朱红（中国漆）色彩，具有强烈的视觉冲击力和审美效果。生肖铜柱扇形般地围合艺术广场，体现出东方艺术中的宇宙观；同时，巧妙地休现了人与自然的"天人合一"，并以一种诗情画意的合成，显示了极强的艺术扩张力。高塔是九寨沟国际大酒店建筑群的一个亮点。它以藏羌碉楼为创意蓝本，高39.6米，像一枚"定海神针"竖立在艺术广场。塔尖贴以金箔，在太阳、月亮、射灯映照下，熠熠生辉，异彩纷呈（如图3-7、图3-8所示）。

图3-7　九寨沟国际大酒店

3. 历史

历史定位方式是依据历史人文史迹和题材确定主题。人文景观如同民族文化一样备受游客的青睐。各个国家的历史是贯穿一个国家数百年、数千年文化、经济、政治、哲学、艺术等发展过程的结晶，这些都是镌刻在一个国家史册上的瑰宝。外国游客到中国来，大多是为了追寻中国3000多年的文明史、游览中国的名胜古迹。如果在下榻的饭店能持续感受到这种文化遗产的氛围，在客人心目中将会留下深刻的印象。采用历史方式进行文化定位要注意以下几点。

（1）历史的真实性、进步性。历史是一个民族的镜子，它以一定的史迹记载为基本依据流传给后人，讲述了当时政治、文化、经济、社会的重大

图 3-8 十二生肖铜柱

事件。游客不仅可以从中了解当年栩栩如生的史迹，还可从风雨沧桑中吸取值得借鉴的东西，古为今用。饭店采用历史方式定位不是简单地罗列历史，开“古玩店”，而是成为一个“历史博物馆”，让客人感受一种文化的熏陶，并获取历史事件中闪光的思想精华，这些思想也正是饭店企业文化中的价值观。基于这些，选择的历史题材应以一定的历史记载为依据，保证历史的真实可靠，不能随意杜撰。这些历史题材应是对某个历史阶段有较大的影响，影响域广，有深刻的意义。应选择推动历史前进的题材，不能将历史的糟粕、落后的东西搬进来。

（2）风格的协调。任何历史史迹都依托一定的历史过程，不同历史过程都有各自的文化基础，它们都通过特定的物质形式来体现，如建筑、装饰、服饰、色彩、工艺、材质等。选用历史定位方式时，肯定不能脱离这些基本的素材，必须以它们为定位的依据。山东曲阜的阙里宾舍是一个根据历史进行饭店文化定位的成功典范。曲阜是孔子的家乡，孔子的思想不仅在中国，而且在全世界都有重大的影响。位于曲阜的饭店根据历史进行定位是再恰当不过了。阙里宾舍右傍孔庙，后靠孔府。阙是古代立于王宫或圣庙和神道前面的石柱门，里是古代户籍管理的一种模式，宾舍是古代对饭店的称呼，阙里宾舍的店名本身就饱含着历史的意蕴。饭店进门处高悬着孔圣人“有朋自远方来，不亦乐乎”的横匾：大堂中央仿古青铜鹿角鹤、大堂两侧的壁雕《诗经》作品、二楼四面墙上的雕塑“孔迹图”和八面铜锣、客房区的文武厅等，处处洋溢着浓郁的儒家文化气息，充分展示了阙里宾舍的饭店文化（如图 3-9 所示）。

图 3-9 阙里宾舍①

4. 时代（事件）

时代定位方式是根据社会政治、经济、科技发展的时代特点或某一重大事件确定主题的。社会的发展总是伴随着很多重大事件的发生，这些事件在人类历史上留下了不可磨灭的痕迹，对人类生活起着重要的影响，甚至有些事件的影响还将一直延续下去。因此，以时代发展中具有深刻意义的、对人们影响最深的、具有积极向上精神的事件、活动等进行文化定位，对饭店外在的形象宣传以及内在的精神支持都是有意义的。

奥林匹克运动会是全人类盛大的体育盛会，是人类“更快、更高、更强”和“重在参与”精神的体现，奥林匹克精神是永恒的。北京的奥林匹克饭店以奥林匹克命名，也正是用奥林匹克的精神作为饭店的宗旨。为纪念米老鼠诞生60周年而建的美国佛罗里达州迪斯尼乐园的海豚和天鹅旅馆，其建筑造型夸张幽默，与迪斯尼乐园的内涵相呼应，使人流连忘返。

因为时代定位方式涉及对当前社会以及持续阶段的影响作用，所以采用时代方式进行定位时应注意以下一些问题。

（1）主题的积极性。定位的主题应该对社会精神有益，而不是有害，更不能带有反动、迷信、淫秽的色彩。

（2）主题事件的范围性和深入性。即主题事件应该是深入人心、家喻户晓，以及在社会影响大，刻骨铭心的，这样才有一定的社会基础。

（3）主题事件的稳定性和周期性。一些事件虽然在一段时间内影响面

---

① 唐玉恩：旅馆建筑设计. 天津：南开大学出版社，2001：99

大，但昙花一现，很快就被其他事件冲淡而被人们遗忘，所以不要被“流行”的现象迷惑。

5. 文学艺术

中外文学艺术有非常丰富的典故、语句、词汇，它们蕴涵深刻的寓意，赋予饭店所期望的意愿，对社会表达一定的概念。这类饭店易被人们所接受，且也反映饭店自身的精神面貌，所以采用这种定位方式的很多。采用这种方式定位应注意以下几个方面：

（1）所选择的内容是被大众所理解、接受、喜爱的，人们喜闻乐见的，具有广泛的群众基础，能为大多数人所理解和接受的；

（2）不要选择人们不知道或生僻的东西，不要令人费解；

（3）所选择的内容应在视觉识别设计中容易结合，而一些抽象含义的内容往往难以实现；

（4）尽量“本地化”，少来些“外来主义”；

（5）通俗但又含蓄、高雅，含义深刻；

（6）所选择的主题应是健康、积极向上的，不允许用淫秽、暴力等内容。

香格里拉（Shangri-La）是著名小说《消失的地平线》中杜撰出来的地名，其含义等同于中国的“世外桃源”，其文化内涵是追求人与自然最完美的和谐、追求人的内心世界与外在行为最完美的和谐、追求一片蓝天下地球上人与人之间最完美的和谐，相对激烈、紧张、快节奏的现代社会来讲香格里拉意味着一个恬静的人间乐园。其徽标采用首字母 S，上下呈山峰状，配上适当的弯曲线条，加上中间的一条水平线，与小说呼应，上为高山，下为流水，渗透出其传奇主题。

6. 地点

地点定位方式是以酒店所在的地理位置确定酒店的名称。这样的方法比较直观，让客人可以通过名称直接了解饭店所处的地理位置，但不能通过言传耳闻更深地了解其文化内涵。如北京饭店、杭州大酒店、上海宾馆等，但如果采用地名的代名词命名，又会产生不同的效果，可以让人联想到更深层次的含义。如金陵饭店，既可以体现出其所在位置，又让人联想到古都的概念，意味深远。

7. 集团、行业

饭店管理集团的下属联营、特许经营的子饭店为了表明等级身份，展示著名集团的品牌，在饭店名称上都冠以管理集团或其品牌的名称，而且不同品牌表明其档次、接待对象的差异。如洲际酒店集团将其产品构成标准从低到高分为六个水平，这六个水平是：假日快捷提供较简单的客房和有限餐饮及健身设施：假日花园提供标准的假日客房，较少的餐饮服务、小型会议服务、娱乐和健身设施；假日酒店提供全面的服务及各种设施；假日阳光狂欢度假村是为休闲客人提供的，设有全面的休闲和娱乐设施；皇冠酒店提供更高水准、更舒适的设施和服务，是假日酒店中高档次的饭店；洲际酒店则代表顶级产品和服务；皇冠假日度假村档次与皇冠假日相同，但主要目标是休闲客人和团队。又如马里奥特集团有万豪、万丽、万怡及新世界四大品牌，而万怡品牌定位为“由商务旅行者设计的，且服务于商务旅行者”的选择服务类中档商务型酒店。

各个饭店管理集团都有自己的宗旨，这些宗旨就是饭店文化的体现，是该集团下属饭店的文化支柱。如马里奥特饭店公司把自己的企业文化归纳为：善于听取意见（“善于听取意见的人善于学习”），注意细节（“贵在细节，成在体系”），员工第一（“照顾好员工，他们就会照顾好客人”），在变革与现状之间保持平衡（“在变革中维持秩序，在秩序中维持变革”），团队精神（“重视个人，更重视组织”），自我管理，重视合作伙伴在成功中的作用；而假日集团的思想“尽显自在、自我”、“保持真我”；香格里拉从其选址、建筑造型乃至对客人心理作用都体现出“世外桃源”的意境。一些管理集团的所属饭店在建筑物的装饰上也保持同一种风格，反映它的统一性和延续性。

8. 经营特色（主题饭店）

世界上现在很流行主题饭店，如日本计划修建的有64间客房，可接待100人的太空旅馆，在离地面450公里的轨道上绕地球旋转；建在海下30英尺深处的美国佛罗里达州海底旅馆；有两间豪华客房的日本东京洞穴旅馆；肯尼亚尼亚里小镇的树顶旅馆；加拿大的监狱旅馆等。由于这些主题饭店适应社会一部分人的好奇、探险、求索的心理，所以经营效益很好。美国酒店杂志主编杰夫·威斯廷先生认为：“现在的人们不是只需要一个房间而已，他们希望能够有一些新奇的享受和经历。”这种饭店的文化主题非常明确，针对性很强，在国外颇受欢迎。针对某个经营主题设计饭店是目前国外饭店设计师喜欢采用的手法。采用这种方式进行文化定位要注意以下几个方面。

（1）主题选择新颖，构思巧妙。深入挖掘那些具有典型意义、吸引客人的题材，不要落入俗套。

（2）设计真实和夸张的有机结合。任何主题都有一定的，不能脱离民族、历史、地域的背景，它必须真实地反映它们的全貌，因此无论是设计还是装饰，甚至材质的选择都要严格地遵循这个原则，但又不能肤浅、平淡地把所有代表主题的东西拼凑在一起，应该将代表这个主题的精华和谐地汇集在一起。

（3）题材的进步性和教育性。客人通过在主题饭店的经历，回归到历史的真实世界，亲身体验那种情境，深刻了解主题饭店所提供的主题内容，从而增长见识。因此主题饭店是一本活教材，是教育、启迪人们的实景场所，那么它提供的内容自然是进步的，具有教育意义的，而不是倒退的和侵蚀人们灵魂的。

二、文化定位的基本原则

文化定位是饭店规划设计的前奏，它关系到饭店未来的精神文化和经营管理理念的确立，以及饭店建筑设计、布局、装饰等各个环节的实施，所以在饭店筹建之初就要认真对待。饭店的文化定位是一项复杂的工作，要反复推敲，求得一个完美的结果。

（一）独创性

饭店文化定位必须强调自己与其他饭店不同的特色，具有鲜明的个性和特征，避免雷同和单纯的模仿，这样才能产生明显的社会效应。如果都千篇一律，客人很难对你的饭店产生深刻的印象。目前一些饭店往往看到某个饭店的文化定位不错，就进行模仿或抄袭，企图借别人的招牌扬自己的名声，结果适得其反。

（二）和谐统一

环境是烘托主题的基础，它包括自然环境和社会环境。从绿色饭店“融入自然”的角度看，植根于周围环境的东西才有生命力，才能被人们所接受。如果在孔府边修建的是几十层的高楼大厦，而不是阙里宾舍，可想而知，它不但不协调，而且对儒家文化是一种亵渎。我国很多旅游城市，为了保护城市的人文景观和自然风光，都明文规定在特定范围内限制新建楼房的高度。这个协调统一不仅指外在形式的协调统一，还指要与当地民俗风情、地理地貌等内在因素协调统一。

（三）一致性

一个饭店的文化主题应贯穿整个环节，使其保持一致，如“玉堂春暖”中餐厅，十足中国味的名称，一听便联想到它的中国格调，如果西化装饰，挂几幅油画，结果非驴非马，不伦不类。同样，饭店的理念与感官感受效果也应保持一致，如香格里拉的“世外桃源”有机地将其建筑、名称与对客人所持的经营理念结合在一起，无瑕可挑。

（四）寓意深刻

富有诗意、哲理的文化主题反映饭店的品位和档次，客人不仅享受物质的舒适，更能从中学习到许多历史、文学、艺术、哲学等知识。特别是现代客人，他们外出旅游的主要目的是了解、学习他国的文学、哲学、艺术等历史遗产和不同民族风俗习惯等，吃住只不过是旅行中的必然需求。南京金陵饭店及大堂中央的“风水球”石，蕴涵着“石头城”、“石头记”、“红楼梦”等典故。诸如此类范例很多，但如何挖掘，创建自己的东西，还需对环境、历史的理解和探索。

（五）易理解

饭店的文化定位应被大多数人所认同，应该分析客源群的思维方式和心理接受状态，特别避免有违民族、民俗、宗教的内容。没有必要别出心裁地杜撰生拗、怪僻、令人费解、怪诞的东西。建筑设计中应遵循美学的基本要素。

（六）健康

文化定位中不要把封建迷信等有损人们身心健康的东西夹杂进来。目前在建筑设计中讨论建筑设计与风水的关系，中国古代讲究建筑与风水的关系，实则是研究地理、气象等自然因素对建筑的影响，只不过为了神秘化，用迷信的说法给它蒙上一层纱罩，应吸取古代建筑设计中有益的东西。

（七）交叉性

从前面介绍的文化定位的方式分析，单一方式定位并不是惟一的，往往是多种方式结合在一起进行文化定位。如文学与历史、历史与时代、区域与民族、民族与历史、主题与历史等方式交叉在一起。在这些方式之间并不存在一道鸿沟，在定位中有机地把它们融合在一起可以得到相得益彰的效果。

第三节　饭店的功能规划

饭店的功能规划是指按照现代饭店管理模式的运作要求以及客人在饭店活动的规律，对旅游饭店内外建筑设施进行科学的、合理的布局设计以及空间分割。

一、功能规划的基本因素

现代饭店的管理中，从整体到部门乃至局部的每一个环节，都必须严格按照一定的流程运作，以保证饭店经营的正常进行。饭店内部建筑结构必须按照饭店管理和运作要求进行规划设计，不合理的功能设计会造成运作中各种矛盾的冲突，无法保证饭店正常的运行。功能规划主要包括服务项目的设置、功能设施的布局及设计、配套设施的布局及设计、各功能设施之间以及与周围环境的协调等。

功能规划的主要依据是客人在饭店内一切活动的方便和舒适、饭店运作和管理的要求、有关法规、法则和条例的制约，以及饭店经营目标的实现。具体实施中，功能规划的基本因素为面积、区域、流线、设备设施、环境、安全、超前意识以及可持续发展等。

（一）面积

“面积”是饭店规划设计空间概念的实际体现，是容纳饭店功能设施、设备的载体，是客人在饭店内活动的环境条件，是现代饭店管理运作的基础。若没有空间，规划就无从谈起。

1. 确定饭店面积的基本因素

饭店各部门规划的面积是反映饭店类型、等级、规模、服务项目设置数量的基本数据基础。要进行功能规划设计，首要的前提是提供给规划设计的空间有多大，它符合何等标准，依此才能进行科学合理的规划。

（1）市场定位。设计规划中，当然还要考虑饭店的资金实力以在市场定位，这样就可以根据经营目标确定自己的服务项目和档次，但饭店等级及服务项目的设置必须“量体裁衣”。市场定位是确定饭店经营目标的依据，根据市场需求确定服务项目的设置，否则盲目从事，导致不必要的资金和面积的浪费，所以服务项目的确定是饭店设计的前提。根据不同服务项目所需要的空间确定饭店不同区域的空间面积。

（2）星级标准。面积是饭店向客人提供舒适、宽敞环境，以保证顺利经营和科学管理的必要条件，也是评星定级的重要依据。星级标准中对每间客房的建筑面积、前厅公共面积、客房面积（包括残疾人客房、标准客房、套房等）、客房卫生间面积、部分健康娱乐设施面积都有具体的指标要求。此外停车场、餐厅、宴会厅、部分康乐健身设施（游泳池、桑拿浴、健身房、保龄球等）、后勤设施（厨房、洗衣房、各种设备设施房、员工用房等）的面积也有相应的要求。规划设计中必须严格地按照国家评星定级标准的要求确定饭店有关部门的面积，星级标准明确规定面积指标的部门，应根据自身条件尽力争取达到上限，如前厅公共面积、客房、客房卫生间等。对星级标准中未明确规定面积具体指标的区域，应根据饭店拟达到的星级标准要求、经营目标和饭店的发展趋势进行合理的规划设计，如餐厅面积根据客房数、提供的服务类型、餐厅的建筑结构、饭店的星级档次等来确定；洗衣房面积根据饭店星级档次、客房数、预测的客房出租率、设备情况等因素确定；娱乐设施根据饭店星级档次、经营目标、设备规格等因素确定；停车场大小根据饭店的客房数确定等。随社会、经济的发展，不同类型、不同身份的客人对饭店有不同需求，对规划设计中客房、卫生间、大堂等公共区域的一些已规范化的标准、数据会有新的要求，应根据具体的情况对此做必要的变动，以适应新形势的需求。

(3) 区域功能。饭店服务的设施设备、工程设备、办公机构、后勤部门都必须占有一定的面积。客房家具、卫生间洁具、不同风格餐厅（包括酒吧、咖啡厅）座位占用面积、总服务台占用面积等，建筑规划中都应预先考虑不同区域的面积因素，同时，在设备、设施的选型以及整体布局中科学计算、合理规划，这样既可节省面积的开支，又能发挥设备的综合效能，如电梯乘载量的确定、工程设备房的位置及布局、锅炉的选型（燃煤或燃油）、保龄球球道数量、洗衣房设备的配置甚至各种管道的铺设等。员工是饭店的宝贵资源，是饭店服务的提供者。要想让员工为客人提供优质的服务，必须保证对员工的后勤服务，需要为员工提供必要的住宿、餐饮、盥洗、培训等场所。在饭店规划设计中，都应考虑其所需面积的问题。

(4) 收益面积。饭店的面积是“寸地寸金”。如果饭店后台部分占用过多的面积，必然会影响到饭店对客人服务项目所占用的面积，会影响到饭店的经营和经济效益。人们对饭店周围环境以及室内环境的质量要求越来越高，这些必然对饭店的空间面积的分割有一定的影响，如共享空间的处理、庭院或花园的建设等都需要占用空间面积。所以，在处理后台项目的面积时，应综合分析，从饭店赢利的角度出发，合理分配有收益面积比。

2. 饭店规划设计中有关面积的概念

饭店的规划设计中涉及一些基本的面积概念，这些概念直接影响到具体的规划设计，同时也是衡量饭店档次、规模、舒适度、功能项目的一个尺度。为此，首先必须了解饭店一些有关面积的概念。

(1) 占地（用地）面积。占地面积又称为用地面积，指一个饭店占有的土地面积，包括建筑物、停车场、前后庭院等所占有的土地面积总和。

(2) 总建筑面积。总建筑面积指饭店建筑物所有楼层（含地下层）的面积总和。

相对而言，城市中心饭店（一般多为商务型饭店）因“寸土寸金”的缘故，比风景区饭店（多为度假型饭店）占地面积相对要小得多。所以，城市中心饭店一般向高空发展，以达到饭店规划中所需的建筑总面积。这样，就造成城市中心饭店与风景区饭店功能区域分布的不同，使功能规划设计也产生一些差异。

（3）容积率。容积率又称为建筑面积系数，是单位用地面积内建筑面积的数量（地下部分建筑面积不计）。

$$容积率=\frac{地上部分建筑总面积（m^2）}{用地面积（m^2）}$$

例如某饭店占地面积15 000m^2，总建筑面积82 930m^2，地下建筑面积3 769m^2。其容积率为：

$$该饭店容积率=\frac{(82\ 930-3\ 769)\ m^2}{15\ 000m^2}\approx 5.3（也可称为1:5.3）$$

同样用地面积，容积率越高，则建筑密度越高或建筑物高度越高；反之，容积率越低，则建筑密度低或建筑物高度低。商务饭店相对度假型饭店的容积率要高，大都市城市饭店相对中小城市的城市饭店的容积率要高。在人口密集的大都市，容积率可达到10（或称为1:10）以上。如上海市规划部门草拟的容积率规定上海市中心地段容积率为8～12，区中心地段容积率为5～7，一般地段容积率为4～5。

（4）绿化系数。

绿化系数是饭店的绿化面积与用地面积的比值，是衡量饭店绿化环境质量的主要参数。

$$绿化系数（\%）=\frac{绿化面积（m^2）}{用地面积（m^2）}\times 100\%$$

饭店绿化系数的高低直接关系饭店的环境质量。在饭店的规划设计中应有意识地考虑饭店空地的绿化程度。在绿化过程中还要摈弃单一的“大色块”草地铺设，应通过科学合理的地形设计，建造多种植物共存的协调环境。城市中心饭店由于覆盖率高，相对空地少，更应充分利用有限的空地，提高绿化系数，在“城市沙漠”中建立一块“绿洲”。因为它能在一定程度上起到调节空气、吸收噪音、降低辐射的作用，对改善城市饭店的环境大有裨益。

（二）区域

区域是指饭店各功能项目和设备设施在饭店中所处的地理位置及其分布。

功能区域是客人具体活动和饭店保证正常运作的空间领域，功能区域的合理规划和设计有助于客人在饭店中活动自如，同时能保证饭店在良好的空间环境下运作的顺利通畅。区域规划与设计中主要应考虑区域之间的联系以及相互抗干扰两个重要问题。

1. 区域之间的联系

饭店规划和设计中应将功能内容接近且相互补充，或活动程序或经营运作环节相互衔接的区域按照程序的先后来布局，区域的紧密联系有助于客人活动的方便以及运作的顺畅。如电梯的位置应距离总服务台稍近，并处在客人行进的延伸处，便于客人入住登记后乘电梯进房休息。厨房与餐厅一般应在同一楼层；若在不同楼层，应配置专门的电梯送菜。在厨房与餐厅之间的通道中不要有阶梯，以方便餐车运行。

2. 区域间的抗干扰

区域在某种程度上也存在相互影响的情况，其产生的干扰会给客人在饭店的活动带来不便，给正常运作造成障碍。《旅游饭店星级的划分及评定》（GB/T14308—2003）对有关项目作了严格的规定，并在“设施设备评定标准”中明确规定在大堂内摆摊设点或相关营业设施，严重影响大堂气氛应扣4分。对餐厅布局以及客房隔音也有评分的具体要求。为避免舞厅等娱乐场所的声音影响客房，装修的墙壁应采用吸音材料；同时，娱乐部门应与客房层保持一定的区域间隔位置。厨房的油烟气味以及噪音会影响餐厅客人正常就餐，因此厨房与餐厅之间采用双门，或中间过渡房间，或进出分开的弹簧门。锅炉的烟雾会影响饭店营业区域的正常经营，设备机房的振动会产生巨大噪音，所以要将设备机房设置在主楼外的附楼内或主楼的地下室内，并考虑设备的减震措施。对可能产生干扰的区域应适当分离设置，或采用一定的隔离手段，这是规划中必须考虑的重要问题。

3. 区域规划与设计中的“因地制宜”

不同地理位置的饭店在进行区域规划中有不同的方法。城市中心饭店为充分利用地面的有效收益面积，往往向空中发展。风景旅游区的饭店与城市中心饭店则不同，为了不破坏自然环境的整体美，风景区一般不允许修建高楼大厦，因而，其占地面积相对就大，一般由分布多处的低层建筑物群落构成。所以城市饭店采用集中式布局，度假区饭店采用分散式布局。对不同地理位置的饭店，在进行区域规划与设计时应“因地制宜”，根据具体的情况实施；但区域规划的基本原则，即区域的联系与抗干扰是规划和设计中必须共同遵循的。

4. 区域规划与流线的关系

区域规划与“流线”关系相当密切。区域是由流线串起来的，是按一定程序顺序进行的各个局部，例如厨房有粗加工、切配、烹饪等区域；桑拿浴有更衣、淋浴、干蒸、浸泡、按摩等环节；洗衣房有打码、分类、洗涤、脱水、烘干、平熨、折叠等工序。这些区域的布局应按其自身运作的顺序设置，不能颠倒。因此，在进行区域规划设计中还必须考虑“流线”因素，只有两者结合，同时考虑“面积”因素，才能合理地规划与设计。

（三）流线

流线是人、物、力（运作）的运行路线。

饭店的流线包括客人流线、服务流线、物品流线、设备流线和信息流线。

1. 客人流线

客人流线是指客人在饭店活动的路线，包括在大堂里的行走路线、餐厅里的就餐路线、会议客人的行走路线等。凡是涉及客人在饭店里活动的轨迹均属于客人流线。

2. 服务流线

服务流线是饭店员工进行服务、督查、加工等经营活动的路线，如员工通道、餐厅传菜、洗衣房员工操作路线、厨房加工程序等。

3. 物品流线

物品流线是指饭店各部门使用物质、物品的进出路线以及排放废弃物品、物质的路线，如客房布草洗涤的进出、厨房原材料的进入及垃圾的清出等。

4. 设备流线

设备流线是指饭店设施设备在运行中相互之间的程序关系以及设备设置的位置顺序，如洗衣房各种洗涤设备的加工顺序、厨房设备按加工工序的摆放顺序、电器线路以及管道铺设的走向等。

5. 信息流线

信息流线是指饭店在经营管理中各种数据、信息的计量、传递、交换、储存与反馈的线路。如怎样设置饭店计算机管理系统终端才能保证科学合理地利用？设备维护信息如何传递才能保证设备及时得到维护保养？总台与财务部门怎样快速准确处理经营数据等。

饭店流线应是科学分析、精心规划与设计的结果。饭店流线设计的优劣直接影响客人在饭店里正常的活动、饭店的服务质量和经营效益。《旅游饭店星级的划分及评定》（GB/T14308—2003）的“设施设备评定标准”中对流线有明确的规定，如员工进出饭店的通道与客人通道分开；服务通道与客人通道分开（有工作电梯）；有团队专用通道和行李通道；餐厅布局靠近厨房，传菜路线不与其他公共区域交叉等。流线设计与功能区域有密切的关系，应结合功能区域的规划同步进行。

（四）设备设施

饭店设备设施是饭店运行的首要条件，也是饭店服务质量组成的重要部分。设备设施的完善程度、设备等级的高低、设备完好程度和宾客对设备的满意程度是饭店星级标准的重要内容。设备的体积大小、设备操作流程及维护保养、设备对环境的影响、设备与客人之间的联系都是规划中应考虑的问题。规划前就应对设备购置进行必要的经营投资分析，特别是大型的、主体的设备，如电梯、锅炉、发电机组、冷冻设备等。根据饭店的目标市场、经营项目、星级标准等选择合理的设备，然后才能进行必要的建筑设施规划。规划中要考虑设备占用空间大小、附属管道等设施的要求、设备所处位置与客人的使用以及服务操作的联系、对周围环境的影响、操作及维护管理的方便等因素。

（五）环境（社会环境、经济环境、自然环境）

饭店向客人提供环境的高雅程度能反映出饭店的档次，展现饭店的风貌，为饭店的经营带来效益。环境无非是由光（形、色）、声（声音、音乐）、气（空气、温度）构成。《旅游饭店星级的划分及评定》（GB/T14308—2003）中对环境的要求很高，很多项目中都提出有关环境的条款。如饭店有无花园、庭院，有无背景音乐，花木、艺术品的装点等。环境规划中重要的一点是可能对环境产生污染，如噪音污染和空气污染等的设备及区域应与其他区域分离或采取必要的处理措施。

不同民族因风俗习惯的差异，对空间环境有不同的要求，如和式客房与一般客房、西餐厅与中餐厅等，在规划设计中要将这些内容考虑进去。

（六）安全

安全是饭店开展各种活动的基础，"没有安全就没有饭店的一切"，只有在安全的环境里，饭店的经营管理活动才能取得预期的经济效益和社会效益。因而，消除不安全因素是饭店工作的重点，在饭店设计与规划中，应把安全摆在重要的位置。

(1) 客人、员工的人身、财产安全和饭店财产安全以及不存在对此造成侵害的隐患；

(2) 饭店内服务与经营活动、工作和生产及公共场所保持良好的安全状态，具体包括饭店治安秩序、防火、防盗、食品安全以及突发事件的查处等。

规划中应按照《旅游饭店星级的划分及评定》（GB/T14308—2003）标准和建筑物防火设计规范规定设置必要的消防设备、消防中心，还要考虑防火区、隔火墙、疏散通道、应急平台和建筑的负气压通风效果。同时，还要考虑监视系统的设置；考虑有隐患的设备、管道、电缆的安放、铺设；考虑厨房加工流程的合理安排，熟、生分离，污水、污物的处理位置及方式等。

（七）能源管理

能源消耗直接关系到饭店经营成本，科学、合理的能源管理不仅可以为饭店节省数量可观的费用，同时也是饭店可持续发展的要求。采用大玻璃墙、顶部透光的中庭和窗户可以利用自然采光，节省电源，同时良好的自然采光比人工光源更符合客人的心理需求；选用节能设备，如照明灯具、变频调速水泵等；设计合理的结构及选择合适的建筑材料能减少能量的消耗；结构中科学设计管道的铺设路线，尽量减少管道的铺设长度和复杂程度，既可以避免不必要的路途损耗，还为以后设备的维护带来便利；建筑设计中还应考虑将来的楼宇自动管理系统（BAS）的使用以及红外线感应器对结构的要求等。

（八）发展趋势及可持续发展

饭店是现代高科技产品引进最快的行业，而且客人对饭店服务项目更新的需求也是最快的。饭店在更新设备和增添新项目中，牵涉到的因素主要是面积需求和电力供应的需求。因此在饭店规划与设计中应预先有所考虑，应适当留有一定的余地，为日后发展创造条件。

社会发展刺激人们需求心理的变化，个性化、文化性等都将成为客人需求的主要目标，一些陈旧的标准将会被淘汰。这些都直接影响到饭店的功能规划和设计，如客房的家庭化、卫生间的宽敞和多功能、前厅面积的相应缩小、餐厅及娱乐在饭店中的地位变化、主题饭店的建设等。规划设计者必须考虑到未来饭店的变化，根据饭店的档次、经营、客源等因素作适当的超前设计。

总之，在饭店功能规划中应充分考虑上述诸因素，这些因素又相互交叉和渗透，但在具体功能规划中，必须有主次之分。在饭店的具体功能规划中，面积、区域、流线是核心因素，其他因素都依赖或借助它们。所以，在饭店功能规划中应抓住面积、区域、流线三大因素，其他因素则应将它们与这三个因素有机地结合起来。在功能规划中，三个核心因素也需协调进行、综合运用，这样才能达到合理的规划。

二、饭店总体布局的规划与设计

（一）饭店的前台与后台

饭店的档次、规模、类型不一，一般都将现代饭店的功能划分为前台和后台两大部分，前台部分是直接对客服务的部门，包括接待、住宿、餐饮、康体娱乐、公共活动等；后台部分虽然不直接对客服务，但后台部分是前台做好服务工作的保证，包括办公、工程设备、后勤服务等部分（如图 3-10 所示）。

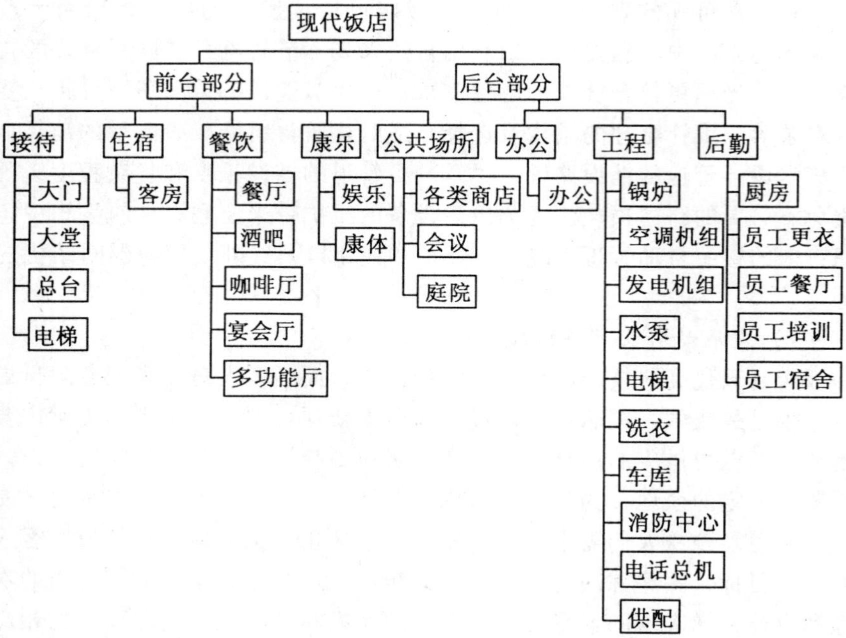

图 3-10　饭店功能构成示意图

（二）面积的分配

饭店各功能部分的面积分配没有固定的比例。饭店类型不同，等级不同，经营项目不同，其功能侧重点不同，其分项面积指标不一样。我国《旅馆建筑设计规范》（1988 年）对饭店的分项面积比曾做过一个规范，但由于形势的发展，这些指标已不能作为一个限制值，只能供作参考。但从这个规范可以看出客房面积比率随等级降低而增高、公共面积比率随等级降低而降低的规律。在欧洲，经济型饭店客房占总面积的 80%；中等级饭店客房占总面积的 77%；高等级饭店客房占总面积的 72% ~71%。这样的比例关系对投资人来说是最有利可图的。不同类型的饭店，各项面积分项指标也有所差异。如会议型、度假型和娱乐型饭店的比例就有所不同。表 3-1 是美国不同类型饭店的分项面积比率指标。

表 3-1　美国不同类型饭店的分项面积比率指标①

类型	客房面积比例	公共经营区面积比例	其他设施和交通面积比例
会议型饭店	44%	22%	34%
娱乐型饭店	45%	25%	30%
度假型饭店	45%	25%	30%
综合型饭店	62%	14%	24%

国家《旅游饭店星级的划分及评定》（GB/T14308—2003）中"设施设备评定标准"对饭店综合面积指标评分有明确的规定：综合面积指标越大，其得分越高，饭店必然在同等总建筑面积下以减少客房数量为代价，所以对于中、低档饭店来说，应全面分析、均衡经济效益与等级两者之间的关系，求得最佳的综合面积指标。

总之，客房是饭店生存、发展的主要基石。无论是高档还是中、低档饭店，无论是商务还是度假饭店，都必须将客房作为饭店的主体，特别在目前社会酒楼和娱乐业的兴起及市场细分的形势下，现代饭店更应清醒地认识这一点。从规模效应看，城市里中等或四星级饭店的最佳客房数量应该是300～350间，以平均每间房占用面积35m^2计算，需要10 500～12 250m^2，而公共经营区面积最好是客房总面积的50%左右，即5 100～6 100m^2，其他交通和设备设施面积大约为6 000m^2，形成了5∶2.5∶2.5的比例关系，是比较适宜的。当然，饭店所处城市的经济条件、市场条件、地理因素、投资方式等，也都是不可缺少的制约条件，需要在规划之初结合起来一并考虑。

另外还要吸取国外"有收益面积"的思想，合理提高有收益面积所占的比例，将客人的舒适度、饭店等级（社会效益）和经济效益有机的结合，达到最佳选择。

（三）功能区域的分布

现代城市的饭店和景区饭店的客源市场不同，其饭店的功能区域分布必然有很大的区别。

1. 城市中心饭店区域的总体规划与设计

现代城市中心饭店由于地理环境的限制、土地资源的昂贵，除一些风景旅游城市对建筑高度有一定限制外，一般大多为高层建筑，如中华第一楼的

① 唐玉恩．旅馆建筑设计．天津：南开大学出版社，2001：59

上海金茂大厦达到88层。高层饭店的功能区域竖向叠加，充分利用垂直空间条件进行功能分区。从区域之间的联系和干扰角度，以及从客人在饭店活动状况等因素考虑，城市高层饭店的功能区域一般分为地下层、低层及裙楼公共活动部分、主楼客房层、顶层公共活动部分、顶部设备用房等。

（1）地下层。由于城市中心寸土寸金，为了充分利用占地面积，地下层一般用做地下停车场、库房、员工更衣室与浴室、培训教室、员工活动室、噪音较大的空调机房、水泵房、洗衣房，或经更新改造并附设有各种安全保证的大型设备，如干式变压器、燃油锅炉或燃气锅炉、自备发电机组等。在一些地基较好的地方，地下层可达3～4层，其中设备房、后勤用房、地下车库可设置在地下2层以下，而负1层则作为饭店公共活动部分，设食街、游泳馆等。办公部分中一线部门和工程部的办公室一般设置在靠近该部门的地方。

低层公共活动部分一般由大厅，包括总台接待、问讯、结账、外币兑换、商务中心、商店、宾客休息处等以及餐厅、娱乐、各类会议厅等一些公共活动部分组成。其中，大厅是整个饭店的门面，是宾客进入饭店的第一个地方，也是客人离店的最后一个地方，是饭店最重要的区域。

（2）客房层。客房层是饭店构成的主要部分，饭店的客房都设置在这一区域。在客房层里一般将高档客房设置在这一区域的最上方，低档客房安置在下部。如总统套房和商务房安排在上面，一般客房安排在下面。为了方便残疾人，残疾人客房一般设置在客房层的低层区。在现代饭店的客房层不能设置其他服务项目，以保证客房的安静和安全。

顶层公共活动部分包括空中餐厅、咖啡厅、酒廊、旋转餐厅、观光层，主要满足宾客的登高望远的心理，为宾客提供宽阔的视野，也为饭店增加收益。

（3）顶层。顶层一般为饭店的公共活动区域。顶部设备房用来做电梯机房和放置高位水箱等设备，因为这些设备产生较大的噪音，要采取必要的隔音措施，以降低噪音对客房的影响。

2. 风景区饭店区域的总体规划与设计

因所处环境的不同，风景旅游区的饭店与城市中心饭店不同，一般由分布多处的多个低层建筑物组成，所以其区域分布一般以各建筑物进行划分。各区域之间可由庭院或室外路径或回廊连接。一般来说，风景区饭店区域划分比较明确，一般都是按功能成块分布，但由于地势因素的影响，造成同功能区域分散多处，如客房分布在几个地方的建筑物内，且相隔距离较远，给管理带来不便，同时给客人增添了麻烦，也给设备的安装管道铺设以及维护增加了难度。所以，在风景区饭店的区域规划设计中应注意以下几个方面：

（1）相同功能的区域尽量集中，构成一个个功能块，这些“功能块”适当集中，不要过于分散；另外不要把不同功能的区域夹杂一起形成“块”，避免混乱。

（2）因度假型饭店占地面积大，且由于植物等自然景物遮挡视线，目标性较差，给客人目标的寻找带来一定的困难，所以要注意各区域建筑物之间交通线路的合理设计以及公共信息图形符号的设置，规范好饭店的导向系统，不要用迷宫式的方式规划各区域之间及区域内部联系的路径，以缩短客人行进路线和方便客人寻找。

（3）充分利用地形、地貌的特点，借自然景色之势分配“功能块”，客房块尽量处于风景幽雅的位置，接待块处于进入处宽敞的位置。如九寨沟喜来登国际大酒店建筑群气势恢弘，大酒店的主体建筑东楼和西楼气势磅礴，彼此呼应，构成和谐整体。主体建筑呈“王”字形，即中轴线沿大厅延伸，总台、商务中心、艺廊、客房等向两翼扩展并渐次增高，既显巍峨之势，又不失大雅之风度。

三、流线的设计

流线与区域之间存在着紧密的联系，在总体和局部规划与设计中，都必须有机地将两者结合在一起。图 3-11 为区域与流线的相关示意图。

（一）流线设计的基本原则

在流线的规划与设计中应遵循以下原则。

1. 考虑主次关系

在同一区域可能存在多个流线，流线设计中应根据功能区域的不同确定不同的主次关系：前台部门应以客人流线为主导流线，其他流线避免与此交叉；后台部门应以服务流线为主，其他的为其开道。

2. 客人流线是设计中的主导

客人流线是饭店中最重要的流线，是规划设计中的主导，因此，任何流线都尽量不要干扰它；同时，客人流线应清晰明了，以方便客人在饭店的活动。

3. 服务流线的设计与服务流程协调一致

饭店服务是按一定程序进行的，因此，服务流线设计应与服务流程相协调，保证流线的畅通、不重复，以保证提高服务的质量和工资效率。

4. 物品、设备流线畅通不交叉

（1）物品流线要考虑物品进出的方便，且隐蔽、简洁、卫生、安全，不

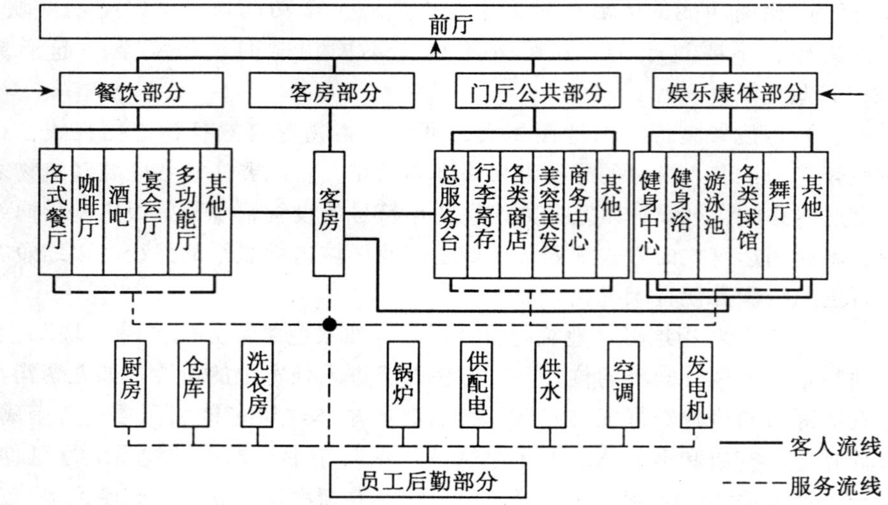

图 3-11　区域与流线的相关示意图

与客人的流线交叉，不干扰其他流线的正常运行。

（2）设备流线要考虑设备安装、维护的方便，设备的操作合理以及安全，同时注意不影响其他流线的运作。

5. 信息流线畅通，信息分享受权限制约

信息流线畅通与否与饭店经营效果影响极大，特别是计算机系统的应用，更应保证信息流线的畅通；同时信息的分享又要受到一定权限的制约。

（二）客人流线

饭店中主要的流线为客人流线。由于饭店接待的客人种类较多，其中包括住店客人、到饭店餐饮和娱乐消费的本地客人、会议客人以及来店的访客等。在住店客人中又分团队客人和散客，不同客人在饭店里活动内容不同就会有不同的流线，这些流线的汇集点基本是饭店的大厅，由此向不同的功能区域分流。

1. 住店散客在饭店的流线

住店散客由饭店正门进入大厅，直接到总服务台登记入住，然后乘电梯抵达入住的房间；住店后，可能去餐饮、娱乐等区域消费；住店期满后，直接到总服务台结账，因此住店客人应从饭店主入口进出，经总台接待后，乘电梯进入客房。同时，由于住店客人有餐饮和娱乐的需要，因而客人从客房乘坐电梯应比较方便地到达餐饮和娱乐功能区域。

2. 团队客人在饭店的流线

客人集体进入饭店，由领队办理入住登记，然后乘电梯直达入住房间；住店后，可以自由活动、集体进餐等；住店期满后，集体由领队办理结账手续，因此，可在饭店主入口侧边专设供团队客人的出入口，并专设团队客人休息厅，休息厅应靠近通往客房层的电梯。团队客人流线是从团队入口处到团队休息厅和行李房，再通过休息厅直接到客房层电梯，进入客房。团队休息厅有过道进入大厅，方便团队组织者办理手续。

3. 本地消费客人在饭店里的流线

本地客人在饭店的消费主要目标是餐饮和娱乐，进入饭店后直奔各个餐厅和娱乐场所，消费完后自行离去。因此，宴会客人尽量直接进入餐厅，而不应从大厅穿过，可单独设置宴会出入口和宴会门厅。宴会出入口应有过渡空间与大堂及公共活动、餐厅设施相连，避免各部分单独直接对外。一些参加宴会、娱乐活动的本地零散客人可以按照住店客人的流线设计，但应采用电梯分区的方式适当控制这部分人员对客房层的影响。

4. 本地来访客人在饭店里的流线

这些客人主要拜访住店客人，进入饭店后，到大堂副经理或总服务台询问，然后到客房拜访住店客人，或在大堂吧会见住店客人。

上述几种客人到饭店的目标不同，流线也有区别。为了既保证不同客人按己所需，顺利进行活动，同时又对其他客人和饭店不产生负面效应，应合理地设计不同客人的流线和流线的起始端（进出口）。在高档饭店，特别是综合性经营的饭店应将住店客人与非住店客人的流线分开。为了适应团体客人集散的需要，要合理地设计团队客人的流线，以免团队客人拥挤在大厅。同时，住店客人的流线应该简捷明了，不要让宾客在大堂里寻觅或兜圈子。

综合上述，根据客人流线的要求，饭店客人的出入口一般以三个为宜：主要出入口、团队出入口、宴会客人出入口。一些低档次的饭店对大堂的氛围环境要求不高，且大堂的空间面积较小，可以不设团队出入口。图 3-12 为中型饭店客人流线示意图。

（三）服务流线

现代饭店服务意识体现之一是服务产品的专用性，即饭店服务产品是为宾客而生产的，饭店的客用设施都是提供给宾客用的，员工不得使用。由此而衍生出客人流线与服务流线的分离，也是现代饭店在服务与管理方面与传统旅馆的重要区别。饭店设置专门的员工通道和员工电梯。饭店员工从专用的员工出入口进出，在员工更衣室更衣后乘员工电梯进入工作岗位。员工通道的出入口一般设在饭店的后面或侧面，与饭店客人的出入口截然分离，员

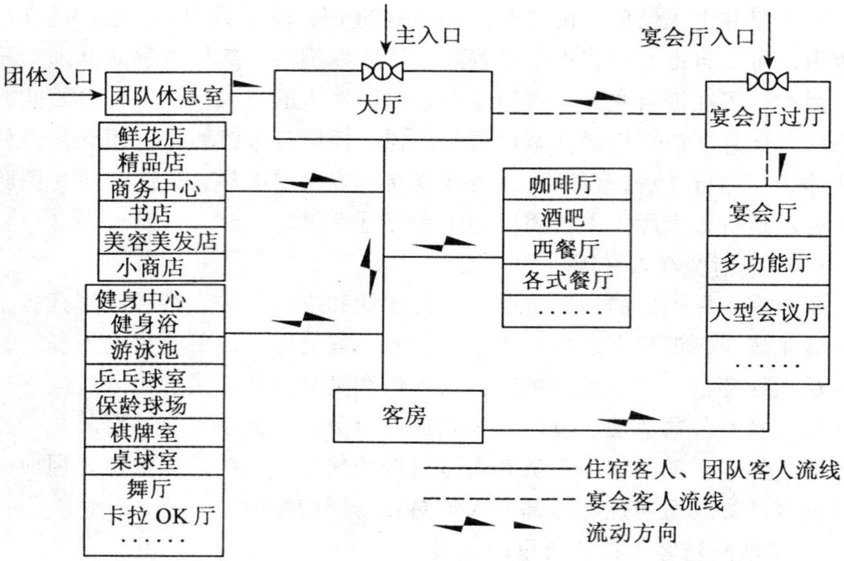

图 3-12　中型饭店客人流线示意图

工通道与员工电梯也设在客人不易察觉的位置。员工主流线应方便地连接各个服务部门，如客房、厨房、总台、工程设备房等区域，并应避免与客人流线交叉，即不要穿过客人的活动区域，更不能与客人的流线重合。

（四）物品流线

饭店的餐饮、客房等部门在对客服务中需要使用各种原材料和客用品，使用后，废弃和脏污的物品需要输出，进行处理、淘汰或清洗后使用。饭店的物品主要为工程部设备维护管理的工程设备和零部件、餐饮部的原材料、客房部的客用品以及客人使用后废弃的物品等，所以在物品流线的设计中需要考虑以下问题。

1. 提高物品输入和输出的工作效率

物品输入输出有自己的快捷通道。一些高层饭店采用布草输送通道，运送脏污布草，保证布草的快速送洗和周转。

2. 清污分流，生熟分流

因为饭店物品具有使用前后概念，即干净和脏污的区分，为了保证清洁卫生，其流线应严格遵守卫生防疫部门的规定，清污分流、生熟分流。

3. 不与客人流线交叉

如同服务流线一样，物品流线不应与客人流线交叉。

4. 输入物品的安全性

为减少输入物品的人为损失，特别是在餐饮部食品原材料和客房一次性物品的运输中途的流失，要认真考虑库房位置的设置。

（五）设备流线

水、电、气、信息的提供是饭店设备流线要考虑的最基本的因素。通过锅炉、热交换器提供热水；空调、制冷机控制温度、湿度，提供舒适的空间环境；通过变压器或发电机组提供电源，保证饭店动力设备的运行、照明；通过程控交换机保证饭店内外的通信畅通。日常用水、电一般由市政公司和电业局提供，考虑有停电的可能，饭店一般备有发电机组，还要考虑到水质的净化和污水的排放。这些能源设备主要通过管道和电缆连接到使用部门。在饭店筹建中应充分合理利用空间，科学地布线。

设备流线的设计应注意以下几个原则。

1. 安全可靠

电线的铺设应考虑防短路以及防止引起火灾的隐患；管道铺设中应考虑供应的干净水与排放的污水的隔离、排水系统的选择；应考虑强磁场对电视天线和通信线路的干扰等；电缆和管道的负载容量要保证正常使用和发展的需要。

2. 隐蔽

在客人活动的区域，任何管道、电缆都不应裸露在外。

3. 便于维修

分区段设置检修口，便于对管道和电缆的维修，但注意采用一定的装饰手段隐蔽检修口。

4. 便于部门使用

管道和电缆的铺设要直接达到使用部门，特别是电路插座、电视插座、电话插座、供水阀门等的安装位置要方便客人及服务的需要。

5. 能源的损耗

管道和电缆等铺设应直接而不要迂回，以减少不必要的材料浪费，同时减少能源输送中的损耗。

6. 环境污染控制

应注意排放的污水、空调管道设计不合理造成的噪音。

7. 空间的充分利用

管道和电缆的铺设还要考虑尽量节约空间，不占用过多的有效空间。

（六）信息流线

饭店的信息准确、快速的传递是饭店服务与管理质量的重要保证。现代饭店的信息流线包括客人信息、经营信息、管理信息等流线。信息流线的畅通依靠科学的管理和计算机技术的运用。信息流线的设计应保证有关部门之间信息的通畅，同时又要兼顾到必要的保密权限范围。饭店信息流线的硬件设备有饭店计算机管理系统、程控交换机、内部无线电寻呼机、人工手段（纸、语言等）。在饭店规划与设计时，应对信息流线的流动路线、流线的终端进行分析，在布线中根据前面的流线设计原理合理铺设线路和设置终端。

思考与练习

1. 现代饭店规划设计有哪些基本的要素？
2. 现代饭店规划设计有哪些主要的内容？
3. 企业文化由哪四个层次构成？试举例说明怎样确定饭店的文化主题？
4. 为什么说饭店的设计应“由内到外”？
5. 饭店有哪些主要的流线？饭店流线设计的基本原则是什么？

第四章
饭店的计划管理

计划是管理的主要职能之一，而且是管理的重要职能。计划是指为实现组织的既定目标，对未来的行动进行规划和安排的活动。饭店管理者对饭店的管理、对饭店业务活动的进行都不是盲目的，都需要通过饭店的决策与计划来进行指导。

第一节 饭店的计划与计划类型

饭店计划是饭店面向未来、立足现实，通过对饭店的经营业务活动进行运筹、计议、决策、规划，以实现饭店经营目标的活动。

饭店是一个企业，其计划的种类和形式较多，从时间上分类，饭店有长期计划、年度计划、日计划、具体接待计划、特定任务接待计划等。从具体内容看，饭店及饭店各部门，甚至各业务单元都有本身的计划，饭店计划管理正是围绕这些计划来研究管理问题。

一、饭店计划管理的概念

计划是管理诸职能中的首要职能。饭店计划就是指饭店管理者事先规划做什么，如何做和让谁去做。计划可以全面合理地安排好其他一切工作。事实上，不做计划就是选择混乱；不实行计划管理，就是实行危机管理。

（一）计划管理的概念

饭店计划管理就是根据饭店内外环境条件，用目标管理的方法，通过对计划的编制、执行、控制，确定饭店的经营目标、指导饭店的经营业务活动，保证饭店取得良好的效益。计划管理有双重含义：一是指对计划编制本身的管理；二是实施计划，用计划管理饭店。计划管理是一种管理职能，是从提供编制计划依据到计划目标最终实现的全过程中发挥作用的职能。

（二）饭店计划管理的特征

计划是管理必不可少的职能，继法约尔之后的管理学家，一致将计划列为管理职能之首，这是由计划以下的特征所决定的。

1. 计划的目的性

计划的目的不是为了计划而计划，而是为了实现组织的目标而制定的。因此，每项计划及所有派生计划的目的都是为了完成组织的目标，都应根据组织的目标来制定。

2. 计划的未来性

计划是为实现未来的目标而预先确定的行动方案。但未来是不确定的，这就决定了计划必须着眼于未来，分析各种环境因素，用动态的观点分析问题，预测可能发生的变化，确定可行的行动方案。

3. 计划的连续性

计划应当是承前启后地将组织的目标贯穿其中，过去的计划可以作为现在计划的参考，现在的计划也必然与将来的计划相衔接。要保证计划的连续性，必须对长期计划、中期计划和短期计划加以协调，并根据计划的执行结果，不断地调整计划，使计划更加合理、可行。

4. 计划的普遍性

计划的普遍性一方面体现在：计划确定后，不管是组织工作、领导工作还是控制工作，都要根据已制定的计划来安排具体的工作；另一方面：计划作为一项管理职能，不管是处于哪一层次的管理者，还是处于哪个部门的管理者，也都需要制定自己的具体计划。

5. 计划的强制性和弹性

计划执行过程中，在没有发现计划不适应或缺陷以前，执行者应该严格执行，不可以轻易变更或废除，这是计划的强制性。当然，计划也不是一成不变的，当出现继续执行计划将会使组织遭受严重损失，或根本无法执行原计划时，应该在权衡利弊得失之后，不惜以必要的付出而果断地加以调整，这就是计划的适度弹性原则。

6. 计划的效率

衡量计划的效率就是看计划对目标的贡献，也就是说计划所能带来的收益扣除在制定和执行计划时所需要的费用后的差额。周密的计划有助于实现目标，但获得周密的计划需要付出一定的代价，如市场调查、分析等费用。因此，在进行计划工作时应考虑计划的效率。

（三）计划的作用

计划是组织实施各项任务的行动纲领，具体的计划指标和要求，为领导、激励、控制和协调等职能作用的发挥提供了目标依据和衡量标准，增强了组织适应未来不测事件的能力。

计划对管理的成败起着关键的作用，良好的计划是成功的先决条件，美国人豪斯和他的同事们曾做过这样的研究，他们调查了 92 家企业，其中 17 家企业有正式的长期计划，其他企业或仅有非正式的长期计划，或者完全没有长期计划。然后，他们根据销售额、股票价格、每股股票的收益、付税后的纯报酬来评价企业经营效果，其结果是有正式长期计划的公司大多优于没有长期计划的公司，由此可见，计划尤其是长期计划对一个企业来说是极其重要的，计划的重要作用可以归纳为以下几个方面。

1. 计划是组织活动的指南，是管理者实现有效指挥的依据

计划能为组织确定活动的方向，明确具体的目标和任务，从而促使组织的全体人员行动方向的一致性，保证目标的实现。对管理者来说，在计划制定后工作并没有结束，他们还要根据计划来进行指挥，这就需要管理者通过计划与组织在全体员工中实现沟通，使他们了解组织活动的目标和任务，取得他们的认可和支持，并激发他们为共同的目标而努力。

2. 计划是管理者实行有效控制的标准

所谓控制是指依据既定标准，考核实际效果，比较实际成果与既定标准之间是否存在差异。如有差异则采取相应措施纠正，而标准的拟定以及实施程序的制定正是计划所包括的主要内容。正确、具体的计划是有效控制的前提，没有计划则无法实行控制，控制职能与计划职能是不可分割的。当然，计划的实施也需要控制活动给予保证，通过控制发现偏差，帮助管理者修改

计划，建立新的目标。

3. 计划是减少浪费、提高效率的方法

实现目标，需要选择尽可能好的方法，以最低的费用来取得较好的成果，保持较高的效率和效益，避免不必要的损失浪费。首先，计划工作可以对各种方案进行经济技术分析，选择最满意的方案来达到组织目标。此外，计划可以使组织中每一个成员的努力合成一种组织效应，这将大大提高整个组织的工作效率从而带来一定的经济效益。计划工作更有助于控制完成任务的时间，减少由工作时间的迟滞、拖延而造成的浪费。计划工作还有助于合理配置组织的资源，组织各种资源，包括人力、物力、财力、时间和信息等。发挥这些资源的最大作用，需要精心安排、合理配置，这些工作都是通过计划来完成的。

4. 计划是降低风险、掌握主动的手段

任何组织都是在复杂多变的环境中生存发展的，环境的变化会给组织提供许多机遇，但也会带来一些风险和新的挑战。因此，企业必须对环境的变化作出反应，并做好应变的准备。计划就是预期变化并且积极采取措施做好应变准备。计划是针对未来的，就是要求计划制定者对将来的变化进行预测，根据过去的和现在的信息来推测将来可能出现哪些变化，这些变化将对实现组织目标产生何种影响，在变化确实发生的时候应该采取什么对策，并制定出一系列备选方案，一旦出现变化，就可以及时采取措施，化被动为主动，把风险减少到最低限度。

二、饭店计划管理的类型

由于饭店组织经营活动的复杂性和多元性,饭店计划的种类也变得十分复杂和多样,饭店必须根据不同的需要编制出各种各样的计划(如表 4-1 所示)。

表 4-1　　**计划的分类**

分类标准	计划种类
按计划的时间划分	长期计划 中期计划 短期计划
按计划的层次划分	战略计划 战术计划 作业计划

续表

分类标准	计划种类
按计划的对象划分	综合计划 局部计划 项目计划
按计划的要素划分	政策 程序 方法
按计划的约束力划分	指令性计划 指导性计划

饭店的计划是由饭店各层管理人员负责制定和实施的，因此，可以从饭店不同管理层的角度来分析与把握饭店不同计划的类型与特点。

（一）不同层次管理人员的计划类型及特点

在饭店里，每一个管理者都必须制定计划，不同的责任需要管理者花费不同的时间来制定计划（如表 4-2 所示）。

表 4-2　不同管理层的计划类型及特点

管理层	花费时间	计划类型	不确定性	计划期
上层：公司总裁和饭店总经理	75%	战略性：公司及饭店长期的目标、政策、制度	有很大的不确定性	3 年到 5 年的滚动计划
中层：部门经理	少于 50%	战术性：部门业务的行动计划	有一定的不确定性	1 个月到 3 年的滚动计划
低层：主管	10%	作业性：每周、每天的作业安排	不确定性最少	低于 3 个月的滚动计划

1. 决策层

由表4-2可知，决策层，即公司总裁和总经理层的计划是战略性的，直接涉及饭店资产经营全面、长期的使命，即目标、任务、政策和制度。因此，高层管理人员要比中层和低层管理人员花费更多的时间做计划，他们可能需要花费3/4的时间用于计划。在这一层计划里存在大量的不确定因素。

2. 中层

中层主要是指部门经理层。中层管理者以饭店的总目标和政策为指导，制定本部门的业务行动计划，一般需要花费少于50%的时间。中层的计划（营销部除外）主要是与内部事务相关，由于饭店有管理信息系统和市场销售的研究而大大减少了计划的不确定性。这类计划在性质上也是长期的和具有创造性的，中层管理者至少要制定为期一个月到一年的部门工作计划。

3. 基层管理者

基层管理者一般指主管和领班层。基层管理者可能要花费10%的时间去做计划，他们的计划期更短，内容更专门化和具体化。这一层的计划是在客源、任务既定情况下的作业计划，包括员工工作时间安排和员工分工与工作要求等。低层管理者至少要制定为期一周到一个月的计划。

（二）饭店的计划体系

为了便于管理，同时使计划真正起指导作用，饭店要制定长期计划、年度综合计划、接待业务计划，并以这些计划组成饭店的计划体系。

1. 长期计划

长期计划，是饭店在较长时间如三年、五年、七年内，在发展方向、规模、设备、人员、经济、技术等方面建设发展的长远性纲领性计划。饭店长远计划是一种战略性计划，它规定了饭店的发展方向和所应达到的目标。饭店制定长期计划是一个决策过程。饭店通过对旅游市场的调查研究，在掌握了可靠的数据和对国内外饭店的发展水平有了正确估计的情况下，把饭店在这段时间内的经营决策具体化为长期计划。长期计划的核心是饭店的发展目标，由于这些目标不是在短时间内能达到的，因此，长期计划不仅要指出目标，而且要指出达到目标的途径。饭店长期计划的内容主要有：

（1）饭店目标。从总体上确定整个饭店的未来目标，其中包括所要达到的各项主要指标，对饭店等级、水平、标准、规模、经营方向、经营内容等的描述，以及饭店对市场的预测和市场占有情况，饭店各项经济效益指标的增长情况等。

（2）饭店建设与投资。饭店在计划期内对固定资产投资的总体规划。饭店要确定各种固定资产建设的目标和方向，如饭店扩建改建项目、现有固定资产的更新改造、新设备的设置、职工福利设施建设等。饭店要计划所有这些项目的投资额、资金来源、投资安排（投资总额的分配、分期投资额）、投资效益测算、跨年度工程进度安排等。

（3）饭店经营管理。饭店在计划期内经营管理要达到的水平，如管理体制改革、组织的调整和新模式、管理人员的配备和员工业务文化素质的培养、管理手段的更新方向、中外方管理的更替和交接等。从体制上考虑，或发展集团经营，或参加集团经营，或单独经营等，都需要规划。

（4）饭店规模。规划饭店发展的规模和接待能力。如果确定要扩大饭店的接待能力，就要相应地制定扩建、征地、增加设施等计划。

（5）职工培训计划。这是对饭店管理人员和职工的素质、能力及发展的规划，包括提高人员素质所要达到的标准，以及为达到此标准所需要的培训层次、培训方式、时间安排及资金安排等。

长期计划规划期较长，存在着许多不可预见的影响因素。因而在制定长期计划时，既要使规划指标明确，规划具体，也要给各项指标留有充分的余地。在制定长期计划的基础上再制定饭店年度综合计划。

2. 年度综合计划

饭店年度综合计划是具体规定计划期全年度和年度内各时期饭店各个方面的工作目标和任务的计划。年度综合计划是饭店在计划期内行动的纲领和依据，是饭店中最重要的计划。从时间上说，年度综合计划要统驭全年度；从内容上说，年度综合计划要包括全饭店及各部门各种业务的目标、任务、经营方式等。年度综合计划可分为两部分：第一部分是饭店综合部分，包括饭店的目标和任务，确定饭店所有的计划指标和附加指标，并对指标分解作出总括的说明，这一部分由于它的综合性，称为饭店经营业务总计划；第二部分是部门分类计划，包括各业务和职能部门为达到饭店目标，各自所应执行的目标和任务。部门分类计划有以下几种。

（1）市场推销计划。市场推销计划从市场实际出发，规划饭店接待人数和客源结构，确定客源及市场占有率。确定与客源单位的联络方式及合同契约关系，提出对客源单位的推销联系方式，市场推销的主攻方向，市场推销策略。

（2）前厅接待部计划。前厅部根据经营业务总计划，客房部应确定全年接待总人数，以及各业务季、月的接待人数，计划全年客源组织形式，确定散客预订人数、团体宾客人数、零散宾客人数，做好业务组织形式的规划。对其他部分如电话总机、闭路电视、行李组等也要制定相应的计划。对前厅各个部门的服务质量提高及服务质量控制提出计划。

（3）客房部计划。根据经营业务总计划，具体核定本部门的接待能力、接待人数、本年度要完成的营业收入和利润指标、这些指标在时间上的分段分配和各单元的分配。为此制定客房部的经营决策。客房部计划要规定客房的劳动组织形式，人员安排和编制定员，各工种的劳动定额、业务组织形式、人员培训等。客房部对客房所属部分，如洗衣房及其他单位也均要制定相关计划。客房部计划还应根据新增的服务项目，设备设施的添置和更新改造，以及客房种类结构的变化，房内用品及服务员服务用品配置等项预算的制定，提出服务质量计划、物资消耗计划、设备设施维护保养计划。

（4）餐饮部计划。此计划包括餐饮部收入计划及为达到此目标的经营决策计划。餐饮部根据经营业务总计划，确定餐饮部的营业收入、营业收入构成（如宴会、团会、风味、酒吧、咖啡室等部分的收入在营业额中的比例、综合毛利率及利润率等）。为达到计划目标，餐饮部要确定经营决策，如菜单的制定、投料单及菜食价格的确定、各类菜食毛利率、餐饮设施决策。在计划中要确定餐饮部流动资金的占用及来源，饮食品及原料的存储和采购量，厨师技术力量的配备和培训计划，服务形式的基本设计，服务质量计划，餐饮设备设施的配置与更新，物料、能耗测算和成本控制计划。

（5）商品部计划。商品部根据经营业务总计划，确定本部门营业收入、毛利率。确定商品经营的内容、经营方式、各类商品和各柜组的经营方针和经营策略。商品部要核定流动资金的占有和周转，各柜组流动资金分配及效益指标，确定商品采购形式、采购计划，确定优质服务、售后服务等方式和控制办法。

（6）劳动工资计划。劳动工资计划主要对饭店的人员及劳动报酬制定目标，作出决策。劳动计划要确定饭店正常运转所需人数，饭店职工人数，职工分类，职工构成比例，招用临时工计划，职工人数的部门核定，招聘技术工种或特殊工种人数，需增加或裁减人员数。计划要确定人员素质标准，劳动组织的基本形式，计划确定的招收、培训、学习、上岗等具体人数和时间。核定饭店全员劳动生产率、创利率和创汇率。

工资计划要确定饭店工资总额和平均工资额，职工工资的构成和分配形式。工资计划要核定饭店奖金、津贴和工资的支付额度，同时，要分析计划期内饭店的工资变动状况。

（7）设备建设和维修计划。设备建设和维修计划是对饭店设备进行投资建设、保养维修的计划。该计划要制定设备的需用量，需添置设备的种类、数量、资金来源，以及设备更新改造和报废的计划。

该计划对饭店设备的现状要作出分析和评估，对设备实行归口保养，设备部门要对设备保养的控制作出规定。确定日常修理的方式和工作量，计划修理的方法和工作安排。并根据不同类型的设备确定修理的时间和方法，及在计划修理期间，设备使用的替代方案，经费预算，人员安排。

(8) 物资计划。物资计划是为饭店各部门完成目标任务而提供各种物资保证的计划。物资供应计划要确定饭店各部门所需各种主要物资的种类及基本要求（如规格、质量、使用特性等），计划期内物资的需用量、物资储备量、物资进货渠道、物资的采购批量。该计划还要确定物资保管的体制和方法、仓库管理方法、资金占用量和来源、物资供应方法，各部门各类物资的消耗量或消耗比例。物资计划应由财务部会同各使用物资的部门进行测算核定后再制定。

(9) 财务计划。财务计划是根据各部门和全饭店的决策和预算，为保证这些决策的实施而在财务上所作出的相应规划。财务计划主要包括固定资产计划、流动资金计划、利税计划、专用基金计划、财务收支计划、成本费用计划。财务计划要规定饭店资金的一些主要方面，如：固定资产折旧费、大修理费、流动资金需用量、流动资金周转速度、流动资金部门分配、利润总额、收入总额、收入和利润构成、利润率、各种专用基金的收入与支出、成本及费用的计划量等。

饭店的财务计划应与饭店的经济责任制、饭店的经济指标测算与分析等内容结合在一起。

(10) 基建及改造计划。本计划主要是针对有土建或较大规模的饭店建筑或装修计划而言的。基建计划有两部分内容：一部分是基建或改造的内容，如项目、规模、投资、委托的土建和设计单位；另一部分是基建或改造的进度安排，基建或改造要其他部门配合的范围和要求等。

饭店年度综合计划主要由上述部分组成。饭店年度综合计划由于内容复杂具体，时间上纵贯全年，因而该计划具有全面性，对饭店实际业务活动的开展起到协调制约作用。年度综合计划是饭店在计划年度内的决策，根据这一决策而产生各部门的决策，因而该计划带有权威性和严肃性。它对饭店经营业务活动的开展有指导和目标的意义，因此计划制定要慎重，一经制定，就要抓落实和进行控制，以保证计划的顺利完成。

3. 饭店接待业务计划

饭店年度综合计划规定了饭店在计划年度内的目标和任务，这些目标和任务是在年度内由各部门分阶段逐步完成的。为了保证年度综合计划的完成，作为年度综合计划的补充，饭店还需制定接待业务计划。接待业务计划分为两类。

（1）月计划。月计划是以时间单位月为范围，依该月的时序而制定的接待业务计划。这个计划根据年度综合计划和各月预报预订客源的实际情况，具体规定每个月的计划指标和各部门的日常接待业务，它是年度综合计划在各个月的具体化。各部门都要制定相应的接待业务计划。先应由前台部门制定出前台的接待业务计划，围绕前台的接待业务计划，再由后台各部门制定各自相应的计划。如物资采购供应计划、劳动工资计划、财务收支计划、工程设备和维修计划、工程后勤供应计划等。

由于饭店接待有各种类型的淡旺季，每个月的业务量、业务内容、客源、经济状况都会有所不同，所以各个月计划也是不完全相同的。月计划要求逐月制定、详细具体。

（2）重要任务接待计划。重要任务接待计划是指饭店针对某一项重要的接待任务而专门制定的接待计划。所谓重要任务是指来宾的特殊身份，或来宾接待规格要求高，或是来宾团体规模较大等。这一计划主要是根据接待对象的重要性和特点，对接待的标准和具体内容作出规定。这一计划的特点是时效短，重点突出。

重要任务接待计划要确定对象、规格、接待目标、拟定接待内容和规格标准，向各部门分配具体任务，确定接待的各个重要细节。该计划还要安排时间表，如接到正式通知的时间、准备时间、接待开始时间、接待结束时间。对各种任务和具体事项要落实到部门，有的则要落实到人。

饭店的长期计划、年度综合计划和接待业务计划组成了饭店的计划体系，这些计划在或长或短的时间里，在各种业务方面指导和控制着饭店本身的发展和饭店业务的进行。

第二节　饭店的计划指标与指标分解

饭店实行计划管理首先要有计划。饭店计划的框架是计划指标，饭店计划指标、指标说明、完成指标的途径构成了饭店计划的主要内容。

一、饭店的计划指标体系

计划指标是反映饭店企业在一定时期内经营管理所要达到的目标和水平的各种数值，而综合反映饭店经营管理的一系列相互联系、相互制约和相互补充的计划指标体系构成了饭店计划的主要内容。

（一）饭店计划指标的含义

1. 计划指标的概念

计划指标就是饭店在计划期内用数值来表示的经营、接待、供应、效益等方面要达到的目标和水平。饭店的指标要有明确概念的指标名称、指标数量、规范化的计量单位。饭店指标确定后才能着手制定计划。

2. 计划指标是一个体系

饭店计划指标不是几个，而是根据饭店计划管理的需要应该有一系列的指标。饭店每一项计划指标都反映了饭店某一方面的目标和情况，在管理中都有其独特的作用，但每一项指标都有其各自的局限性，都不可能综合反映饭店的经营业务情况。因此，在制定饭店计划指标中，要根据管理的需要和饭店的实际情况，形成必要的一系列指标，使各指标互相联系、互相补充，组成一个计划指标体系。只有一个完整的指标体系，才能正确、全面地反映饭店的经营业务情况。管理人员在管理饭店时，对数字要有职业的敏感性，要有特别明确的概念，同时要有系列数字——指标体系概念，即从指标体系——系列数字中去分析判断情况，得出正确合理的结论。以营业收入为例，营业收入只反映了饭店收入的情况，并未反映效益情况，只有加上成本、费用、利润、税金指标，以及资金占用，饭店固定资产情况（如客房数、营业面积等情况），同时，还要加上服务质量指标，才能真正反映饭店的经营水平。这些互相联系的指标就形成了饭店计划指标体系。饭店指标体系有横向联系的指标，如接待人数、营业额、能耗等；有纵向联系的指标，这主要指各部门、各级下达的指标。下达给下级的指标又是上一级指标的组成部分。这一系列的指标形成了一个完整的系统。

（二）饭店计划指标类型

饭店计划指标有反映目标的数量和质量方面的各种类型。这些指标主要有以下几种类型。

（1）客房出租率：它反映住宿设施的利用情况和客源的充足程度。计算公式为：

$$\text{客房出租率}=\frac{\text{报告期内已出租客房间天数之和}}{\text{报告期内可供出租客房间天数之和}}\times 100\%$$

（2）客房实际平均房价：它反映客房实际销售价格情况。计算公式为：

$$\text{客房平均房价}=\frac{\text{报告期内客房营业收入之和}}{\text{报告期内已出租客房间天数之和}}$$

（3）人均停留天数：它反映了客源的质量情况。计算公式为：

$$\text{人均停留天数}=\frac{\text{报告期客人住宿天数之和}}{\text{报告期客人人数之和}}$$

（4）全员劳动生产率：指饭店平均每一职工（包括其他人员）在单位时间内（日、月、季、年）实现的营业收入。计算公式为：

$$全员劳动生产率=\frac{报告期内饭店营业收入之和}{报告期内饭店平均职工人数}\times 100\%$$

（5）人均实现利税：指饭店平均每一职工实现的利润和上缴国家的税金（包括营业税、城建税、所得税等）总额。计算公式为：

$$人均实现利税=\frac{报告期内饭店利润+税金总额}{报告期内饭店平均职工人数}$$

（6）人均创汇额：指饭店平均每一职工在报告期内实现的外汇收入。计算公式为：

$$人均创汇额=\frac{报告期内饭店平均外汇收入}{报告期内饭店平均职工人数}$$

（7）利润率：指报告期内饭店实现的利润总额占营业收入总额的比重。计算公式为：

$$利润率=\frac{报告期内饭店利润总额}{报告期内饭店营业收入总额}\times 100\%$$

（8）营业收入份额：指饭店营业收入中各部门（如客房、餐饮、商品及其他部门）收入所占的比重。

$$客房营业收入份额=\frac{报告期内客房营业收入之和}{报告期内饭店营业收入之和}\times 100\%$$

（9）每间可供出租房的平均收入：指饭店每一间可供出租房在报告期内实现的收入。计算公式为：

$$每间可供出租房的平均收入=\frac{报告期内客房营业收入之和}{报告期内可供客房间天数之和}$$

（10）设备完好率：指报告期内饭店完好的设备之和除以报告期内饭店拥有的全部设备之和。计算公式为：

$$设备完好率=\frac{报告期内完好设备之和}{报告期内全部设备之和}\times 100\%$$

（11）客人满意率：指报告期内客人满意程度。计算公式为：

$$客人满意率=\frac{报告期内被调查客人满意人数之和}{报告期内被调查人数之和}\times 100\%$$

（12）客人投诉率：它反映报告期内饭店住宿客人的投诉情况。计算公式为：

$$客人投诉率=\frac{报告期内投诉客人数之和}{报告期内住宿客人数之和}\times 100\%$$

（三）饭店财务指标

1. 成本费用

成本费用可分为营业成本和期间费用两大部分。

（1）营业成本是指企业在经营过程中发生的各种直接支出。饭店的营业成本主要包括餐饮原材料成本、商品进价成本。餐饮原材料成本是指组成饮食制品的主料、配料和调料三大类的成本。商品进价成本指国内购进商品进货原价、国外购进商品进价即商品价格与运费、保险费之和的到岸价和进口环节交纳的税金。

在经营过程中所发生的人工费用，从理论上讲应计入营业成本，但由于饭店主要以提供劳务为主，服务往往是综合性的。哪种劳务应负担多少工资，没有比较合理的分摊标准和分配依据，不便于操作。因此，对这类费用采取了直接进入营业费用的办法，而不将其直接计入营业成本。

（2）期间费用是指不能直接归属于某个特定对象成本的费用。期间费用从营业收入中得到补偿，直接计入当期损益。它主要包括营业费用、管理费用和财务费用。

①营业费用，是指饭店各营业部门在经营中发生的各项费用。与管理费用有交叉的、不易分摊的费用，一般列为管理费用。营业费用包括：运输费、装卸费、包装费、保管费、保险费、燃料费、展览费、广告宣传费、邮电费、水电费、差旅费、洗涤费、物料消耗、折旧费、修理费、低值易耗品摊销、营业部门人员的工资、福利费、工作餐费、服装费和其他营业费用。

②管理费用，是指饭店管理部门为组织和管理企业经营活动而发生的各种费用。它包括饭店管理部门在企业经营管理中发生的，或者应由企业统一负担的公司经费、工会经费、职工教育经费、劳动保险费、待业保险费、外事费、租赁费、咨询费、审计费、排污费、绿化费、土地使用费、土地损失补偿费、技术转让费、研究开发费、聘请注册会计师和律师费、房产税、车船使用税、土地使用税、印花税、燃料费、水电费、折旧费、修理费、无形资产摊销、低值易耗品摊销、开办费摊销、交际应酬费、坏账损失、存货盘亏和毁损、上级管理费以及其他管理费等。

③财务费用，是指饭店在筹集和运用资金活动中发生的费用。它包括经

营期间发生的利息净支出、汇兑净损益、金融机构手续费、加息等。

2. 餐饮毛利率

$$餐饮毛利率 = \frac{毛利}{营业收入} \times 100\%$$

毛利是餐饮收入与直接成本之差，它等于收入减直接成本，或等于利润加费用加税金，毛利率是利润的基础。

3. 餐饮标准成本率

$$餐饮标准成本率 = \frac{成本总额}{销售收入总额} \times 100\%$$

4. 客房预算营业收入

客房部预算营业收入 = 可供出租客房数 × 预计出租率 × 预计平均房价 × 预算期营业天数

5. 餐饮预算营业收入

某餐厅预算营业收入 = 餐厅座位数 × 座位周转率 × 人均消费额 × 预算期营业天数

事实上，从完成任务的投入资源目标、产出结果目标与服务管理目标等方面考虑，还有许多目标指标可供选择。

饭店管理者在选用目标指标时，还可参考全国和本地区或世界同类饭店经营的目标指标数值，如表 4-3 所示。

表 4-3（a） **2000 年全国星级饭店主要经济指标**

地方/项目	全国劳动生产率（万元/人）	人均占用固定资产原价（万元/人）	百元固定资产创营业收入（元）	平均客房出租率（%）
北京	9.94	28.28	35.14	60.90
天津	6.26	16.27	38.48	44.25
河北	6.21	10.81	57.45	46.25
上海	10.89	27.25	29.96	63.89
浙江	9.43	20.47	46.05	65.21
湖南	10.16	16.43	61.85	65.31
广东	8.69	20.00	43.46	62.80

表 4-3（b） **2002 年上海国际品牌饭店的有关经营效益指标**

饭店	年平均出租率	与上年比较增减率	年平均房价（元）	与上年比较差额（元）	每间一天可供出租房收入（元）	每间一天可供出租房收入增减率（%）
五星级饭店						
波特曼丽嘉大酒店	82.1%	6.8%	1 554	255	1 276	30%
金茂君悦大酒店	77.7%	8.6%	1 543	68	1 199	18%
喜来登豪达威斯汀大酒店	70.9%		1 342		951	
四季酒店	73.1%		1 215		888	
瑞吉红塔大酒店	67.0%		1 151	52	771	
浦东香格里拉大酒店	81.2%	13.6%	1 118	2	908	20%
上海花园酒店	74.7%	8.4%	987	2	737	13%
富豪环球东亚酒店	78.4%	10.4%	902	23	707	18.3%
雷迪森兴国际饭店	53.0%		888		471	
锦昌文华大酒店	82.8%	8.7%	876	49	718	18%
万豪虹桥国际大酒店	80.3%	7.2%	844	59	678	18%
扬子江万丽大酒店	72.4%	19.2%	668	85	444	43%
新亚汤臣洲际大酒店	65.7%	-4.0%	644	46	423	1.5%

续表

饭店	年平均出租率	与上年比较增减率	年平均房价（元）	与上年比较差额（元）	每间一天可供出租房收入（元）	每间一天可供出租房收入增减率（%）
索菲特东锦江大酒店	69.4%		499		346	
四星级饭店						
银星皇冠大酒店	83.0%	6.3%	616	16	511	11.1%
中油日航大酒店	80.2%	4.3%	547	59	439	18.4%
浦东万怡酒店	77.4%		452		420	
浦东假日酒店	85.1%	9.5%	537	22	457	17.4%
海仑宾馆	89.4%	4.7%	522	54	467	17.7%
国际贵都大饭店	75.3%	4.2%	521	24	392	11.0%
海神诺富特大酒店	79.8%	8.0%	521	33	416	18.7%
富豪东亚酒店	73.7%	-2.5%	390	32	287	5.4%
广场长城假日酒店	84.3%	12.5%	347	29	293	28.1%
浦东华美达大酒店	63.4%		345		219	
巴黎春天大酒店	70.7%		363		257	
三星级饭店						
城市酒店	89.2%	10.9%	417	29	372	22.4%

二、指标的分解与连接

饭店各层管理者都要制定自己的计划，每层计划都有自己的目标，各层计划需要互相连接构成一个饭店经营管理的整体。这主要是通过各层计划目标的连接和行动方案的协调来实现的。一般说来，上层目标是下层目标制定的依据，下层目标是实现上层目标的基础，这就是各层目标的分解与连接。

饭店企业各层目标的分解与连接示例：

层次 1——公司目标

(1) 使今年的营业收入比去年增加 9%。

(2) 使营业收入利润率由去年的 8% 提高到今年的 10%。

(3) 使今年的客房销售额增加 2%。

(4) 使今年的宴会销售额增加 9%。

(5) 将员工工资费用由目前占营业收入的 20% 降低到 15%。

层次 2——部门目标

(1) 销售部：制定一项公司销售计划，招徕公司长住客户、会议客户、宴会客户，给予折扣或回扣优惠。

(2) 销售部和前厅部：制定一项推销高价房的计划。

(3) 人力资源部：重新定岗、定编、定员，辞退多余员工，尽量用合同工来代替固定工。

层次 3——员工目标

(1) 前厅部：掌握向顾客推销高价房的技术。

(2) 培训全体员工的服务意识和质量观念，掌握岗位及相近岗位的对客服务技术。

上层特别是最高管理层，要检查各层目标之间的相容性，以使各种计划目标互相协调，形成一个团结奋进的有机整体。

第三节 饭店计划的编制与实施

饭店的计划不能建立在主观意愿的基础上，计划只有建立在科学的基础上，才能成为客观现实的计划，同时，编制计划的目的是为了实施计划，达到计划的目标。计划管理的关键还在于执行计划。

一、饭店计划的编制

要使饭店的计划具有科学性、先进性和适用性，适应客源市场及饭店的实际状况，必须采用科学的方法，按预定的程序来编制。

(一) 计划编制的依据

编制计划，首先要有编制依据，客观的依据掌握得越充分，就越能比较实际地反映客观规律，使计划能真正起到指导作用，计划编制的主要依据有以下几个方面。

1. 饭店市场的状况

饭店产品既然是一种商品，这种商品的生产和销售就必须以市场为依据。饭店市场指的是饭店和宾客之间的一种供求关系。饭店既然是为“卖”而存在，是为了满足宾客需要而存在，那么饭店在制定计划前，应对市场有一个全面深入的了解，就应进行市场调查。

市场调查是通过搜集、记录、整理、分析饭店市场对饭店需求的情况及与此有关的资料，力求真实地描绘市场。市场调查的基本目的是了解市场状况和发展趋势。

（1）环境调查。环境调查是调查国内外的政治环境、政治形势和经济环境对市场的影响，例如经济环境中的主要因素：经济政策、生产力水平（主要表现为客源国经济状况及国民消费能力）、币值、汇率、国际经济关系、交通、供应、投资等对客源市场的影响。环境调查注重因素、趋势的调查。

（2）饭店状况调查。这是指对饭店的硬件、饭店接待能力、饭店产品特色、饭店价格、同档次饭店情况以及各饭店的经营策略的调查。该调查要有相关的数据。

（3）客源状况调查。调查客源的估计流量、客源结构、客源消费水平及消费投向、客源市场对产品的需要。

（4）客源渠道调查。有了客源，客源从何渠道进入市场，饭店可以疏通的渠道有哪一些，客源组织对象有哪一些，这些调查既要有明确的结论，也要有相关的数据。

2. 饭店综合接待能力

饭店综合接待能力是指饭店各部门能接待宾客的硬件和软件条件及客人数量的总和。从一般意义上来说，饭店的综合接待能力首先是指饭店以床位为中心，各部门按比例配套所形成的接待能力。

3. 管理水平和技术水平

饭店的管理水平和技术水平是实现饭店计划的基本保证。饭店的市场竞争和决策，饭店各项指标水平，服务质量水准，人员素质无一不跟管理水平和技术水平相联系。在制定饭店计划时，必须考虑这一因素。

（二）计划编制的基本方法

计划工作效率的高低和效果的好坏在很大程度上取决于所采用的方法。现代计划方法为制定切实可行的计划提供了手段。

1. 滚动计划法

滚动计划法是一种定期修订未来计划的方法。这种方法根据计划的执行情况和环境变化的情况定期修订未来的计划，并逐期向前推进，使短期计划和长期计划有机结合起来。

滚动计划法是用“近细远粗”的基本方法来制定计划的。具体操作步骤如图 4-1 所示。

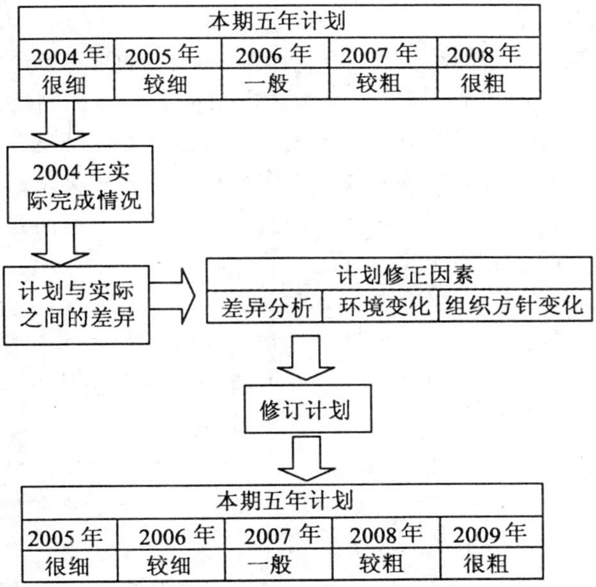

图 4-1 滚动计划操作步骤

这是五年的滚动计划，制定的步骤可以分为：

（1）以“近细远粗”的方法制定（2004～2008 年）五年计划。

（2）在计划期的第一阶段（2004 年）结束时，根据其实际完成情况，总结该阶段执行情况与计划目标的差异。

（3）对两者差异进行分析，根据环境变化和组织内部变化的因素，对原计划进行修订形成新一轮（2005～2009 年）五年计划，仍按“近细远粗”的方法制定。

滚动计划法就是根据上述方法逐期滚动，每次修订都使整个计划向前滚动一个阶段，以原有的计划为基础又形成一个新的计划，这种方法适用于任何类型的计划。

2. 网络分析技术

网络分析技术是国外20世纪50年代出现的一种计划方法，它包括各种以网络为基础制定计划的方法，如“关键路径法”、“计划评审技术”、“组合网络法”等。

网络计划技术是把一项工作或项目分成各种作业，然后根据作业顺序进行排列，通过网络的形成对整个工作或项目进行统筹规划和控制，以便用最少的人力、物力和财力资源，用最快的速度完成任务。

3. 线性规划方法

线性规划是在确定的环境条件下，在满足规定约束条件下，寻求目标函数的最大值（或最小值），以求取最满意方案的方法。在制定计划、确定目标时，运用线性规划可以解决两类问题：一类是最大化问题，即在有限的资源条件下，如何使效果最好或完成的工作量最多；另一类是最小化问题，即在工作任务确定的情况下，怎样使各种消耗减至最小。简而言之，所谓线性规划是解决某个问题的整体效益最优化的问题。

（三）饭店计划的编制

饭店长期计划、年度综合计划、接待业务计划的内容和要求各不相同，编制的方法和过程也各不相同。一项好的饭店计划应包括6个方面的内容：目标、措施、实施时间、负责人、预算、评估控制。

1. 饭店长期计划的编制

长期计划的规划期较长，计划目标一般较为长远。在编制长期计划时，一般采用远粗近细逐年滚动的办法。

（1）确定长远规划。在确定长远规划前，要对饭店内外的环境进行周密的分析。在对内外环境分析的基础上，探索→勾画→确定长远规划。在确定长远规划的情况下，编制长期计划的初步方案。

（2）拟订初步方案。在确定长期计划的方案以前，应先排列长期计划的各项目标和指标，然后对这些规划目标和指标进行仔细、科学的分析，列出实施的阶段和步骤，对目标指标要确定数量和递增比例。根据其内在联系，把规划目标、指标系统化而成为计划方案。

初步方案一般由店务会议反复讨论决定，必要时饭店还应邀请有关专家和各方人士进行讨论论证，或作为规划前期的调查工作，以保证方案的正确性、科学性和可行性。

（3）方案决策。有了几个方案以后，要选择一个较为合理而实际的方案。这个方案所需要的条件与饭店面临的各种内外因素较为接近，执行该方案把握性较大。同时，方案必须有开创性和改革精神。

方案确定以后要对方案精确化，即调整不合理部分、完善一些部分，对重点内容进行充实和强化。方案还需要注意留有充分余地，以应付内外环境中可能出现的不可测因素。

长期计划方案确定以后，要按程序交由饭店职代会讨论，同时要交上级主管单位或董事会审议。

（4）滚动式编制长期计划。长期计划为饭店的发展制定了纲领，但在执行过程中，往往因受内外环境的制约和各种因素的影响，而使计划和实际产生差距。因此，要对长期计划不断进行调整和充实。也就是说，在编制长期计划时，要采用滚动式编制方法。这样做的目的一方面是使长期计划能比较切合实际，另一方面能使长期计划在规划期内真正起到指导作用。

2. 年度综合计划的编制

年度综合计划是饭店的主要计划。年度综合计划既有饭店的综合部分，又有各部门的分计划。因此，饭店在制定年度综合计划时，一般采用集中—分散—集中的方法来制定。制定这一计划的基本步骤如下所示。

（1）提出计划设想。饭店在审视和分析了饭店上一个计划的执行情况后，应由饭店最高层提出初步的经营决策，提出饭店主要计划指标的试算指标和指标体系。由饭店拟订一个初步的计划设想，划出一个主要内容的框架和轮廓，并把计划设想发放到各部门，由各部门进行研究讨论。

（2）召集饭店店务会议拟订计划。饭店通常在年底召集以拟订年度综合计划为中心内容的店务会议。会议的主要任务是决策、确定计划指标、分解指标到部门。会议由各部门主要负责人参加，各部门负责人应准备本部门报告期的详细材料和计划期的各种有关资料和信息。

会议上由饭店总经理提出计划设想，并作详细的解释，特别是要说明一些主要计划指标的依据。参加店务会议的成员根据总经理的说明和自己所掌握的材料，对饭店计划设想中的各项目标进行评议，通过这一程序，把饭店各项主要计划指标确定下来，构成饭店计划框架。

（3）计划集中。在各部门充分酝酿并制定部门计划草案的基础上，饭店汇总并审核部门计划。通常应把所有部门的计划集中进行审核。在审核过程中，饭店对各项指标、达到指标的手段和途径、完成指标的困难等方面都要仔细核实。如果各部门计划和饭店计划会议的决定相一致，就审核通过；如果与计划会议决定出入较大，则要查明原因，进行修正。同时，对饭店计划的综合部分作相应修正，以求和各部门计划的重新平衡。修正后的计划要重新提交店务会议讨论。

（4）编制计划草案。饭店编制计划草案一般采用集中的方式。经过上述各种工作后，饭店基本上具备了编制年度综合计划的各种条件。具体编制部门在总经理的指导下，根据已掌握的材料开始编制年度综合计划草案。计划草案一般包括三个方面内容。

第一，年度综合计划的综合部分。这一部分以确定的形式提出饭店目标，提出饭店各项主要计划指标、解释指标，提出达到该指标的有利因素，说明不利因素和必须作出的努力，并提出计划指标如何分配到部门，说明饭店对部门完成这些计划指标所能提供的帮助。

第二，综合饭店部门计划。饭店按顺序集中并排列各部门计划。在这一部分，各部门计划要对本计划的制定及计划指标体系作出说明。对达到目标的基本措施要一一列举，对本部门计划和其他部门的制约关系要作出解释。饭店要对各部门计划指标之间的关系、各部门之间的相互协作和制约作出说明。

第三，安排饭店计划的业务进度。饭店计划要把各计划指标分解和分配到各个不同的业务月和季度，安排好饭店业务的时序进度。根据饭店各个业务月业务的实际情况，对每月的业务和完成指标数作出合理的安排。

到此，饭店年度综合计划基本上拟订完成。计划拟订后，要交饭店职代会和全体职工讨论，根据讨论的意见对计划作出修正，最后形成正式文件。

3. 接待业务计划的编制

接待业务计划的编制通常采用自上而下的方法进行。编制计划的基本程序为：

（1）确定目标和任务。先由饭店统一确定下月的经营业务任务，提出该月要达到的目标。饭店提出任务和目标的依据是饭店年度综合计划的业务进度安排以及饭店面临的市场状况。饭店要把这些目标和任务分解、归口到各部门，由各部门确认这些目标和任务。

（2）部门编制接待业务计划。部门根据饭店提出的目标和任务具体编制本部门的接待业务计划。编制计划过程中要注意：第一，对各种数量指标要详细具体地落实。第二，落实完成指标应采取的措施和方法。第三，大型的重要接待任务要编入计划。第四，对部门一些比较重大的事宜，如评星迎检、设备计划维修、服务方式改进、部分的经营决策、服装的季节更换、时令菜食等，都要列入计划。

（3）计划审核。部门计划编制完成以后，要及时报饭店审核。饭店在汇集各部门计划后，逐一进行审核，审核的主要内容有：第一，各部门计划是否按照年度综合计划规定的指标和业务进度安排制定，计划是否体现了饭店下达的目标和任务。第二，审核各计划之间的衔接和平衡。各部门计划是否协调一致，计划衔接要注意指标衔接和业务进程之间的衔接。饭店对各部门计划审核调整后，由总经理签署后交部门执行。

4. 重要接待任务计划的编制

其基本过程和月计划相似。由于重要接待任务计划的重点突出、独立性强，需紧紧围绕该计划的中心，全面安排各部门的业务。该计划制定时要注意各个细节，要有明确表述和内部通告等。

二、饭店计划的实施

饭店计划的执行和控制是编制计划的最终目的，计划管理的重点就在于计划的执行与控制。

（一）计划的执行

饭店计划的编制只是饭店计划管理的一个环节，计划的作用在于指导饭店经营业务的实践，编制计划的目的是为了实施计划，达到计划目标。计划管理的关键还在于执行计划。

1. 建立以总经理为首的行政业务指挥系统

执行计划要有一个强有力的、高效率的业务指挥系统作为保证。饭店以总经理为首的行政业务指挥系统是执行计划的根本条件。这一系统根据组织原则，各层次、各部门按照本身的职责和业务范围具体领导计划的执行，落实并实践计划中的各项任务和指标，按计划要求执行管理职能，开展业务活动。

2. 执行计划要与经济责任制相结合

计划目标和计划指标也是经济责任制的目标。把计划和经济责任制相结合，就能使计划落到实处。每个部门和个人在执行经济责任制的同时，也就是执行了计划。

3. 检查是执行计划的重要环节

检查就是按时间的顺序和进程，对计划执行情况、计划指标的完成情况进行分析、比较、评价，保证计划的执行。计划检查通常采用的形式有：首先，最主要的是店务会议的检查。饭店在每次召开店务会议时都要对各部门、全饭店计划的执行情况进行常规性检查。月末的店务会议要对本月计划的执行情况做一次全面检查。其次，经常性检查。这一检查往往和对经济责任制、岗位责任制的检查、对饭店业务运转的检查控制结合进行。经常性检查主要通过对各种报表、各种业务情况记录等文字表单进行检查。再次，突击性检查。这种检查一般用于业务情况由于某种因素而发生较大波动时，或是针对执行某一重要接待任务时。遇这两种情况，部门和饭店都要对计划执行进行检查。

4. 执行计划和月考核结合起来

由于管理人员要执行管理职能，饭店要检查每个月的业务状况、财务成果、制度执行情况，而月考核也是检查计划执行情况的一种形式。

（二）计划的控制

计划的控制是在计划检查的基础上，发现计划的实际执行和执行结果与计划本身的差异，分析其原因，采取相应的措施，达到计划目标。

1. 发现与分析偏差

通过检查对计划和实际状况做比较，以发现偏差。如果发现偏差，应对偏差进行分析。偏差值在允许范围内，则只分析原因，不作纠正和采取措施。如果偏差值超出允许范围，这就有两种情形：一种是正值偏差，则要分析原因，是偶然的还是必然的。如果是偶然的，则对计划影响不大；如果是必然的，则要经过谨密而全面的分析，考虑对计划作必要的修正。一种是负值偏差，分析情况同正值偏差。如果负值偏差产生的原因是必然的，还需考虑管理的其他方面。例如决策是否有失误，组织方面是否适应计划的执行，有无人为的因素等，从而考虑是对计划执行加强组织领导还是调整计划本身。

2. 与管理的控制职能相结合

饭店计划控制主要由总经理和部门经理配合实施，与管理的控制相结合。在执行控制职能时，同时控制计划的执行。为此，各级管理人员一方面对计划指标和计划进度要十分明确。由于经济责任制和计划指标互相结合，管理人员对计划指标和进度也会十分关心。另一方面，各级管理人员为了有效地控制计划的执行，应该经常深入到业务第一线，掌握每天业务进行的实际情况，掌握经济和财务运行情况，把计划控制在正常的轨道里。

3. 计划的调整

计划调整是个十分严肃的决策。计划调整或调整计划指标，或调整部分内容，或调整方向目标，或调整投入，不管哪一种调整，都需经过店务会议的充分讨论，经过店务会议的论证后由总经理作出最后决策。

（三）目标管理

为了提高计划工作的质量，增进计划工作的全面性，保证计划目标的有效实现，计划工作还必须进一步考虑把整个组织的总目标变成各个部门以及各人的分目标，以及保证目标实现的必要措施。解决这些问题的方法被称为目标管理，这是一种较为广泛运用的计划方法。

1. 目标管理的含义

目标管理是 20 世纪 50 年代由美国著名企业管理专家彼得·德鲁克提出的一种管理方法。

所谓目标管理，是一种程序和过程，它使组织中的上级和下级一起商定组织的共同目标，并由此确定上下级的责任和分目标，把这些目标作为经营、评估和奖励每个部门和个人贡献的标准，确保组织目标的实现。

2. 目标管理的操作方法

目标管理的具体做法可分三个阶段：第一阶段为目标的设置；第二阶段为实现目标过程的管理；第三阶段为测定与评价所取得的成果。

（1）目标设置。

目标的设置是实施目标管理的第一阶段，同时也是最重要的阶段。第一阶段可以细分为四个步骤：

① 高阶层领导者预定目标。领导者制定目标时必须根据企业的长远规划，面对客观环境的变化。同时这个预定的目标是暂时的、可以改变的。

② 重新审议组织结构的职责分工。目标管理要求每一个目标和分目标都要成为具体的确切责任，即谁对完成这些目标负责，完不成找谁。

③ 确定下级目标。首先向下级传达和明确组织的规划和目标，在此前提下与下级商定其目标。

④ 上级和下级就实现各项目标所需要的条件以及实现目标后的奖惩事宜达成协议，并授予下级以相应的支配人、财、物和对外交涉等权力，双方商量妥当后，由下级写成书面协议，编制目标记录卡片，整个组织汇总所有资料后，绘制出目标图。

（2）实现目标。对实现目标的具体过程的管理是目标管理的第二阶段。目标管理制度强调自主、自治和自觉，但不等于达成协议后领导就可以放手不管。恰恰相反，各级领导在实现目标过程中应对执行的情况进行定期检查，实行监控。因为组织内的每一个分目标都组成了目标锁链和目标系统，其中一环如果失误，可能牵动全局。

（3）总结和评估。实现目标管理的第三阶段是总结和评估。在达到预定的期限之后，由下级提出书面报告，上下级在一起对目标完成情况进行考核，落实协议规定的奖惩条款。同时，就下一轮的目标进行讨论，开始新循环。如果目标没有完成，应分析原因、总结教训，但最忌相互指责。上级应主动承担相应的责任，并启发下级做自我批评，以保持相互信任的气氛，为下一循环打好基础。

思考与练习

1. 饭店计划管理有哪些基本的特征？

2. 饭店有哪些计划指标类型？
3. 试述饭店年度综合计划的制定过程。
4. 饭店计划编制的主要依据有哪些？
5. 怎样做好计划的控制？
6. 怎样理解“制定目标、分解目标、考核下层”是管理者的三项任务？
7. 目标管理的关键是什么？

第五章
饭店组织与人力资源管理

第一节 饭店组织与组织管理

饭店的组织设计与管理就是通过运用各种管理方法和技术，发挥饭店组织中各种人员的作用，把投入现代饭店中的有限资金、物资和信息资源转化为可供出售、有形的或无形的饭店产品，以达到饭店管理的目的。

一、饭店组织设计的任务与原则

所谓组织，是指饭店企业为了达到经营目标，把必须要做的各项业务活动进行分类分层，形成职位（或职务）结构，赋予各个职位（或职务）恰当而明确的责任和权限，规定相互之间协调的关系，形成正式的人际结构。

（一）饭店组织设计的任务

饭店组织设计是指通过描述饭店的框架体系，明确各部门、各级管理者与员工的工作岗位、职责及业务范围而确定饭店经营模式的过程。饭店组织设计是一项复杂化、正规化和集权化的工作。

饭店的等级不同，经营目标有差异，组织设计的任务就会有区别。如，一星级饭店不需要有西餐厅、宴会厅、客房送餐服务等，因此，也就不需要设立这些相关的岗位，而这些都是根据饭店的经营目标而定的。

饭店组织设计有自己明确的任务，主要表现在如下五个方面。

1. 确立组织结构系统图

组织图又称组织树，是用图形的方式表示饭店组织内的职权关系和主要职能。组织图的垂直形态显示权力和责任的关联关系，水平形态显示分工和部门化的分组现象（如图 5-1 所示）。

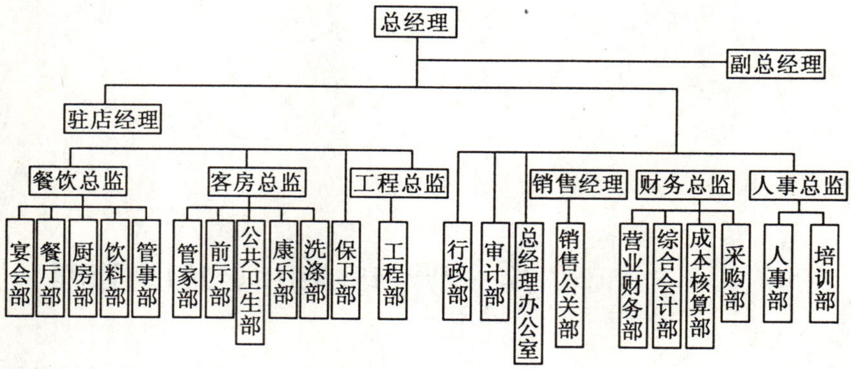

图 5-1　中国大型饭店的组织结构示意图

2. 确定明确的劳动分工

饭店劳动分工指的是将工作分为若干步骤，由一个人完成其中的某一个步骤。在饭店的组织设计过程中，要特别强调饭店内部的劳动分工，以便形成合理稳定的组织架构。

3. 设定规范的职权职责

在饭店管理中，职权是饭店中管理职位所固有的发布命令和希望命令得到执行的一种权力，而职责是指饭店中的一个人在得到某种“权力”时，应承担的相应“责任”。在进行饭店的组织设计时，对员工的职权职能进行合理规范设计，有助于建立完成统一指挥、统一管理，建设饭店内部和谐的人际关系。

饭店规范的职权职责通常体现在“职务说明书”上。“职务说明书”应该简单而明确地指出该管理职务的工作内容、职责与权力、与组织中其他部门和职务的关系，要求担任该项职务者所必须拥有的基本素质、专业知识、工作经验、处理问题的能力等条件。现列举前台主管的“职务说明书”来说明（如表 5-1 所示）。

表 5-1　　职务说明书——前台主管

岗位名称：	前台主管
部门：	前厅部
岗位等级：	主管级
报告上级：	前厅部经理
督导下属：	前台领班及接待员
主要联络部门：	客房部、保安部、餐饮部、财务部、工程部
工作班次：	常日班

职责范围：

（1）主持前台各班次的全面工作，做到上情下达，下情上传，督导员工按照工程程序向客人提供高效服务。

（2）创造和谐的工作气氛，减少工作中的摩擦。

（3）确保有效地分配出租客房，根据当天到达及离店客人名单，安排客房销售。

（4）督导接待服务的进行，满足客人要求。

（5）参与前台接待工作，有效地解决客人的投诉和本部门的有关问题。搞好与有关部门的协调及联系。

（6）制定培训计划并组织实施。公平地评估下层工作，做好工作周记。

（7）检查督导本部门员工的仪表仪容、劳动纪律、微笑服务、礼貌用语及工作效率。

（8）负责安排重点宾客的接待工作和重要留言的落实和检查。负责检查前台所有报告的准确性。

（9）掌握客房预订情况，最大限度地销售客房。

（10）合理安排班次，管理、调配本部门使用的各项消耗品，严格控制成本，及时传达前厅部经理的指示。

任职条件：

（1）具有大专以上的文化程度。

（2）掌握总台运行和管理的业务知识，懂得饭店销售、公关知识及外事接待的礼貌、礼节。

(3) 有较强的组织管理能力和处事应变能力，善于与客人及接待单位打交道，善于协调处理问题，有较好的语言和文字表达能力。

(4) 熟练掌握一门外语，能够流利地与客人会话交流，会操作电脑。

(5) 在前台工作三年以上，成绩突出者。

4. 选定适当的管理幅度

管理幅度指的是一个饭店管理者所能够有效地指挥下属人数的多少。它在一定程度上决定了饭店组织的层次和管理人员的数目。在饭店组织管理中，一般认为，营业部门一个管理人员直接管辖的下级为6~7人，最多不超过10人。国外一些酒店的管理幅度为10~30人。也就是说，10~30人可以由一个经理来管理，当增至30人以上，就需要设立班组、领班一级的管理职位。

5. 员工手册

员工手册是饭店的“基本法”。它规定了饭店每一个员工——无论是管理人员还是普通员工所拥有的权利和义务，每个员工应遵守的纪律和规章制度，以及可以享受的待遇。

员工手册的主要内容应包括总经理致辞、服务理念、行为通则以及员工福利、奖惩、安全基本管理制度等。

（二）饭店组织设计的程序

1. 确定组织设计基本方针和原则

根据饭店的战略、任务、目标以及外部环境和内部条件，确定饭店组织设计的基本思路，规定一些主要原则和主要参数。例如，饭店部门经理层次的管理幅度是宽些还是窄些？要不要设立“副经理”一职？部门分工形式是职能制还是事业部制？是实行集中统一管理还是分级分权管理？这些都是进行组织设计的基本依据。

2. 职能分析和设计

这就是确定为了完成饭店的任务和目标而需要设置的各项管理职能，特别是其中的关键职能，例如理财、人事等职能；确定饭店总的管理职能及其结构，并把它们分解为各项具体的管理业务和工作；在确定具体的管理业务时，还应进行初步的管理流程总体设计，以优化流程、提高管理工作效率。对于饭店而言，其基本职能可以按管理专业分工来划分，如可分为餐饮管理、前厅管理、客房管理、人力资源管理、财务管理等，每一类还可再做细分，如餐饮管理还可分为对客服务管理、厨房管理等。

3. 编制组织图、组织文件

（1）组织图。组织图是用图示的方法显示组织的层次、职能单位、职务间关系、沟通关系以及控制范围等，其中最常用的是组织结构图，它因简明、清晰、标准和易懂而被广泛采用。一个完备的组织图应能说明以下内容：

①组织正式结构、管理层次和管理幅度；

②主要的汇报关系、工作流程和职责范围；

③不同部门间的基本关系和指挥链；

④提供关于计划、预算和资源分配的框架；

⑤成为建立程序、发布指令和设计管理交流系统的工具和基础。

（2）组织文件。组织文件是指为明确组织运行和实施管理的一系列规定、章程和制度。它主要包括以下内容：

①组织名称、性质、业务范围、薪酬构成等概况；

②组织机构的建制和部门划分；

③部门职责和权限的分配；

④各部门人员定编；

⑤职务说明和职务规范。

4. 制定相应的管理制度。

管理制度（包括员工手册），是对管理工作中的基本事项、要素关系、运作规程及其相应的联系方式进行的原则性规定。如果说前面三个步骤已制造了组织结构中单独的“标准件”的话，那么，各项管理制度则是作为一个整体的饭店企业所不可缺少的“连接件”。

（三）饭店组织设计的原则

饭店是劳动密集型企业，人员众多，工种各异，管理过程精细复杂，加上产品中的服务含量又大，如果没有一个相应的、严密的、科学合理的机构设置，管理目标不可能实现。饭店组织设计原则是指构建饭店组织的准则和要求，包括饭店机构与岗位的设置原则和明确各机构、各岗位责权关系的原则。虽然各饭店的情况不尽相同，但普遍遵循以下原则进行组织设计。

1. 按需设置原则

饭店的组织设置必须适合经营活动的需要，在组织结构、管理机构和人员配备上遵循按需设置的原则。具体表现在：在组织机构的设立上，应根据饭店的经营对象、规模、档次、区位等具体情况按需设置部门；在管理机构的设置上，应“按需设机构，因事设机构”。譬如说在档次比较高且重视员工培训的饭店里可以把培训部独立出来成为与人事部平行的部门；在管理人员的配置上，同样要因事设职而不是因人设职。

2. 专业化分工协作原则

此原则即将一个复杂的工作分解成诸多相对较简单的环节，把细分出来的环节分配给一些具体的个人去操作。如把饭店前厅接待工作分解为迎宾、行李、分房、询问、收银等环节，将餐饮服务分解为迎宾、领位、开单、上菜、传菜、收银、酒水服务等环节，再落实到个人。

实行专业化分工的优点是：使复杂的工作变得简单；使每个具体操作的人易于掌握，从而使操作达到熟练、规范化；有助于操作精度与速度的提高；便于对从事具体工作的人进行考核和指导。

但是，过分专业化不仅会使经济效益下降，同时还会使工作变得极度单调、使人厌烦、容易疲劳、无法体验成就感。考虑到心理上的成本与效益，管理学家们曾提出新的组织类型和通过“工作扩大化”、“工作丰富化”来解决这些问题，并获得了一定的成效。

3. 才职相称原则

才职相称，即“用人”上的知人善任、用才适当。

配备人员需要考虑两个方面的问题：一是员工的才能和其担负的责任的适应程度，即必须根据职务和岗位的工作性质来选择与之相适应的人选，做到知人善任，既不要小材大用、才不从心，或用非所学、贻误工作，也不要大材小用、浪费人才；二是机构内部人员的配备要与机构承担的职责相适应。人员的数量、经验、专业技术能力都要科学地调配、有效地配合，从而形成一个高效率的机构。

4. 权责对等原则

权，即职权，是人们在一定职位上拥有一定范围的指挥权、决策权；责，即职责，是完成一定目标的义务和责任。

权责对等原则要求设置机构、确定职位、配备人员时，必须在划清职责的同时，赋予对等的权限，职责不应大于也不应小于所授予的职权。这里所讲的“对等”不是数学上的相等而是相当：一方面，要求在授予下属职责时，同时授予完成任务所必需的职权；另一方面，任何人都不应该拥有比职责要求更高的职权。

5. 命令和指挥统一原则

具有同一目的的活动群体，只应当有一个领导和一个计划，这对统一各个成员的行动、协调力量和集中优势是不可缺少的条件。

这一原则包含两个方面的内容：一方面，饭店组织是一个系统，无论如何进行分工，其工作目的是一致的。为了实现这个目标，整个饭店只能有一个指挥中心。另一方面，各层次组织发布命令应遵循等级链法则。等级链是由饭店组织中不同层次管理者组成的一条链状管理结构，链上的各环节为垂直隶属关系，任何指令经由发令者逐级向下传达，不能越级，每一位下级只有一位直接隶属上级，只听从一位上级的命令。

命令与指挥统一原则保证了组织系统中目标和行动的一致性，防止了多头管理和多重指挥。

6. 管理幅度原则

管理幅度，也称管理跨度，是指某一特定的管理人员直接管辖的下属人员的数量。一个业务主管对下级来说，要负责下达指令、协调关系、检查执行指令的情况，还要激励下属等。因此，一名主管能够有效地领导下属的人数是有限度的。如果过多，主管的精力、知识、时间、经验就会不足，无法进行有效的领导；如果过少，不仅要增加管理层次和管理职位，还会影响下属的积极性和创造精神。探求适宜的管理幅度，是领导者和组织设计者的共同任务。

7. 管理层次原则

管理层次是管理组织的纵向系统的层级。当一个组织完成它的任务所需要的人数超过管理幅度时，就需要有两个或两个以上的指挥者分而治之。但是，根据统一指挥原则，在这两个或两个以上的指挥者之上还应有一个更高的指挥者，以保证整个组织的指挥的统一性，这就必然产生了多个管理层次。饭店企业一般实行三层次或四层次管理。

三级管理的层次是：班组（作业层）、部门（中间管理层）、饭店（最高管理层）；四级管理的层次是：总经理（决策层）、部门经理（中间管理层）、主管（次中间管理层）、领班（作业层）。不论是几级管理，其结构特点均属正金字塔形，如图 5-2 所示。

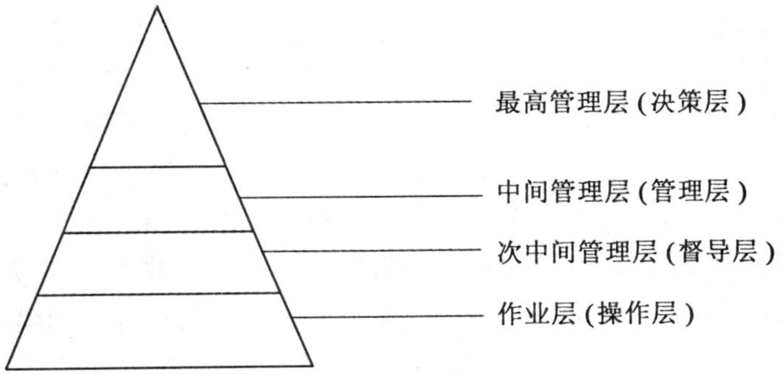

图 5-2　管理层次图

较低一级主管人员的权限由较高一级主管人员授予，各级都有一定的自主权。减少管理层次，意味着取消或减少中间层，这有助于缩短最高主管与基层作业人员的距离，增强亲近感和领导的有效性；减少管理人员和管理费用；扩大下属的决策权，简化管理程序，提高工作效率。

但是不适当地减少管理层次会破坏有效管理机制，使领导者无法进行有效的指挥、协调和控制。因此，确定管理层次，要同有效的管理幅度以及整个管理体系联系起来，通盘加以考虑。

8. 稳定与适应相结合的原则

在经营目标与任务不变时，饭店组织的相对稳定有助于各方面工作的正常进行，频繁的组织变动只会增加管理成本，导致人心不安和组织无效率。就员工个人而言，要熟练掌握一项工作，必须有一个过程，经常调动工作势必影响工作效率。因此，建立组织结构时要深思熟虑，在某一时期内尽量一步到位，安排人员时，也应充分考虑每个人的特点，发挥其长处，避免人心涣散。

当然，饭店的外部环境在不断变化，这就要求管理必须具有充分的灵活性，以及时适应客观事物的各种可能的变化。任何一种组织设计不可能是十全十美的，但只要它有利于饭店业务的开展，并在实践中不断完善，随情况变化作适当的调整和补充，就能够成为工作的原动力。关键是具体情况要具体分析，不要盲目照搬，只要顺应规律，就能从中受益。

二、饭店组织结构的形式

饭店组织结构是饭店内部的管理体系，是组织运作的基础和载体，好的组织结构是保证饭店良好运作的前提。饭店经常采用的组织结构形式有以下几种。

（一）直线制

这是组织结构中较为简单和原始的一种形式（见图 5-3 所示），实行自上而下、层层节制、垂直领导的管理体制。它的优点表现在：管理层次少，结构简单，命令统一；组织程序、业务程序简单一致，上下级容易按章行事；运转速度快，信息沟通快捷。但是，在这种组织结构形式下，各级管理者没有分工，管理职权集于一身，事物繁多，难以集中精力解决重大问题，它还要求管理者具备全面的才能。因此只能满足产品单一、规模较小、业务单纯的小型饭店的需要，现代化大饭店则将之运用于部门以下的基层管理中，例如客房部、餐饮部、商务中心等业务经营部门。

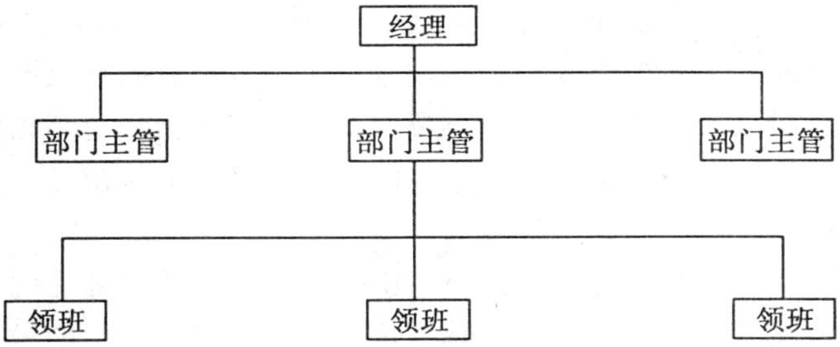

图 5-3 直线制组织结构示意图

(二) 直线—职能制

这是直线制组织结构的改进形式（见图 5-4 所示），也是被中国饭店普遍采用的一种形式。所谓直线—职能制，是指业务部门按等级链法则开展工作，实行直接指挥；职能部门按分工和专业化原则执行某一项管理职能，即运用专业技术手段，收集、整理、分析各种数据指标，指导、监督饭店经营活动，提出自己的意见和建议，供业务部门参考。业务部门与职能部门是横向指导、监督和协助的关系。

采用直线—职能制的组织结构形式，有三大特点：第一，饭店下达命令按直线制进行；第二，职能部门只对部门内的下级进行业务指挥，并监督其他部门执行管理职能的情况，而不能指挥其他部门的业务；第三，职能部门拟订的计划、决策、方案、制度等，若涉及各部门，应有总经理批准发布，由各部门经理对部门下达执行的命令。

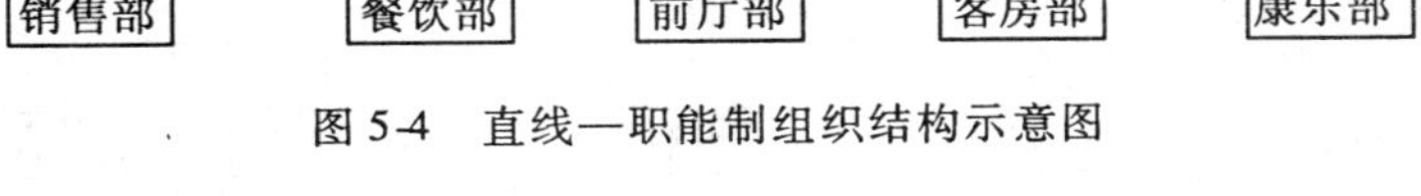

图 5-4 直线—职能制组织结构示意图

直线—职能制取消了各职能部门对业务部门的直接指挥权，强调了直线指挥和统一指挥，将职能部门的功能运作纳入直线指挥系列，将职能部门的指挥权改为建议权，一切指挥命令均出自直线系统，从而为高度集中、统一指挥、严格责任制度提供了保障。但是，这种组织结构形式也存在一些缺陷：各部门之间的关系错综复杂，协调难度大，权利分割现象严重；各部门之间信息沟通时间长、效率低；高层领导的管理幅度大；权利相对集中，不利于发挥下级的积极性和创造性；组织刚性强，难以适应市场多变的环境。

（三）事业部制

随着饭店服务产品的增加和经营范围的多元化，职能部门化的组织结构难以适应形势发展的要求，于是出现了按不同产品划分部门的做法，即事业部制组织机构形式（见图 5-5 所示）。严格地说，这时的饭店已不再是原来意义上的饭店，多数为多元化经营的饭店集团。除了传统的饭店业务外，集团通常还从事旅行社、旅游车队、连锁餐馆等经营活动。

这种组织结构形式体现了“集中政策、分散经营”的基本指导思想，其中，每个事业部都是半个自主的利润中心，按照产品或市场来进行设置，通过下设的职能部门来协调从生产到分配过程中的各个环节，拥有在计划、财务、销售等方面相对独立的决策权。在事业部之上，设有一个由董事会和总经理领导的、由高层经理组成的、有许多财务和人事等管理人员协助的总办公机构。它一方面负责监督、协调各事业部门的活动并评估他们的绩效，另一方面负责分配整个饭店的资源、指定政策及新市场的开发和新技术的引进工作。

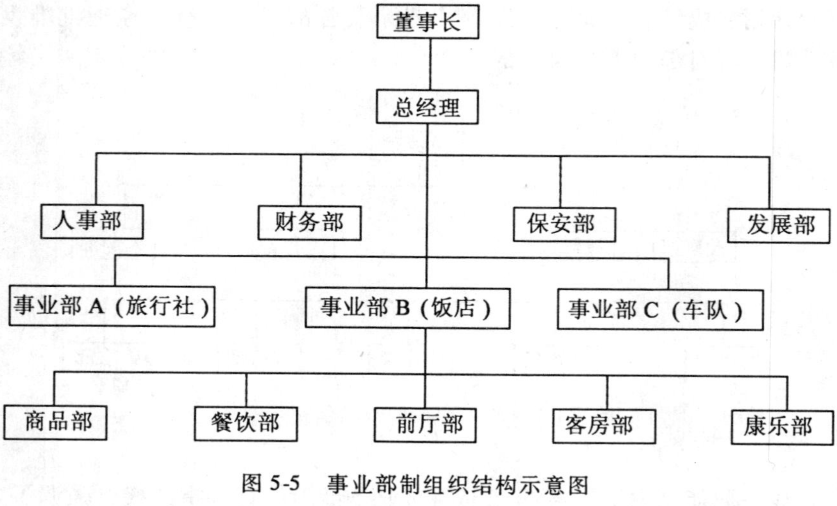

图 5-5　事业部制组织结构示意图

事业部制组织结构形式实现了决策与管理两大职能的分离，将高层管理人员从繁琐的具体工作中解放出来，得以集中精力进行长期性经营决策。各事业部也可就本产品或本市场做出快速决策，有利于企业多样化经营。此外，采用该结构形式便于对各事业部的绩效进行考核与评估，有利于倡导各事业部间合理的竞争，促进各部门改善工作，从而促进饭店的发展。

但是，事业部制组织结构形式也有许多缺陷：它通常需要较多的、具有全面领导才能的经营人才去管理各事业部；各事业部也可能会过分强调本部门的利益，从而影响饭店经营活动的统一性；此外，各事业部均设有自己的职能部门，从而增加了管理费用。

三、健全的组织管理

（一）健全组织管理的四要素

衡量组织管理是否健全，主要是看其是否有合理的管理层次和规范的管理制度。一个饭店健全的组织管理，主要取决于四个因素：饭店组织管理层次、饭店组织管理制度、总经理负责制和部门经济责任制。

1. 饭店组织管理层次

现代饭店的组织管理层次，最常见的是一种四级管理体制，又称为梯形管理体制。具体分为总经理、部门经理、领班和服务员四个层次。在这四个层级的管理体制中，任何一级领导、管理人员或作业人员都要明确自己的业务范围、工作职责并拥有本专业应具有的知识和技能。

2. 饭店组织管理制度

完善科学的管理制度，即指导员工行为的行为规则是衡量饭店组织管理是否健全的一个重要标准。它主要包括：员工手册、岗位责任说明书、作业规程中对员工的一些具体规定等。

3. 总经理负责制

总经理负责制是饭店组织管理中实行的领导制度。实行总经理负责制，总经理将对饭店的所有经营决策和经营业务负有责任，在饭店的人事、财产、财务及计划等方面都具有重大的影响和决定作用。

4. 部门经济责任制

部门经济责任制是饭店组织管理中的又一项重要的基本制度。它要求饭店各部门以饭店的经济效益和社会效益为目标，对自身的经营业务活动负责，实行责、权、利相结合，把饭店的经济责任以合同的形式固定下来。

（二）“健全组织十诫”

任何一种组织设计不可能是十全十美的，为了克服组织设计中的不足，美国管理协会提出了健全组织的嘱告。这就是：

（1）每个高级管理人员应该有确定而明确的职责。

（2）责任应该始终同相应的权利相配合。

（3）在没有确切了解组织变动将对所有有关人员产生什么影响之前，不应该改变一个职位的范围和责任。

（4）在组织中担任一项职务的每一高级管理人员或一般职工，只应接受一个来源的明确指示。

（5）不应该越过直线的主管人员向下发指示。如果哪位主管人员不称职，就应该撤换他，而不是越级指挥下属。

（6）批评下属时应尽可能个别地进行，任何时候都不要在高级管理人员或职工的同级或下级面前批评他们。

（7）不能忽视高级主管人员或一般职工有关权利和责任方面的争执或分歧，必须迅速而小心地予以处理。

（8）有关职工的提升、工资变动和纪律措施，应该由该职工的直接上级来批准。

（9）不能要求或期望一个高级管理人员或一般职工既作为另一个管理人员或职工的助手，又作为他的批评者。

（10）任何一个高级管理人员，如果他的工作是应该定期受到检查的，只要条件许可，就应该给他配备必要的助手和设备，使他能够独立地核查自己的工作质量。

美国管理协会的这些嘱告在一些著作中被称为“健全组织十诫”。

第二节　饭店人力资源管理

一、饭店人力资源管理的任务与内容

（一）饭店人力资源管理的任务

饭店人力资源管理就是恰当地运用现代管理中的计划、组织、指挥、协调、控制等职能，对饭店的人力资源进行有效的开发、利用和激励，使之得到最优化的组合和积极性的最大限度发挥的一种全面管理。

饭店人力资源管理的任务，总的来说有5个方面。

（1）认真贯彻国家人事劳动部门颁发的有关方针政策，结合上级主管部门的要求和本企业的实际，改革饭店人力资源管理制度，包括招工制度、干部管理制度、绩效考核制度和工资制度等。

（2）合理地制定劳动定额，编制定员，科学合理地分配劳动力，安排工作，改善劳动组织，挖掘工作潜力，不断提高劳动效率，降低劳动消耗，保证提供优质、高效的服务。

（3）正确处理人事劳动关系，创造良好的员工劳动工作环境，尊重员工的劳动成果，充分调动员工的积极性，培养劳动纪律，制定各种操作规程，贯彻执行以岗位责任制为中心的各项规章制度，关系员工生活，加强劳动保护，防止发生事故，使饭店保持生机和活力。

（4）加强员工培训，不断提高劳动力的素质，造就员工队伍，适应饭店事业的发展。

（5）合理分配劳动报酬。根据饭店实际正确解决好技术津贴、岗位津贴、职务津贴、奖金分配等的级差及分配办法，将物质利益与精神奖励结合起来，充分体现体力劳动与脑力劳动的差别、复杂劳动与简单劳动的差别。

（二）饭店人力资源管理的基本内容

饭店人力资源管理的基本内容包括：人力资源计划的制定、招聘与录用、教育与培训以及考核与激励等方面的内容。

1. 人力资源计划

饭店人力资源计划与饭店整体的经营管理计划是紧密联系、息息相关的，只有在饭店确立了经营管理目标和指定了饭店经营管理计划后，才能制定饭店的人力资源计划。而饭店人力资源计划又从人力资源方面保证了饭店经营管理计划的实施。制定人力资源计划有四个相关联的步骤：需求预测，供应预测，确定对人力的需要，人事计划。

2. 员工的招聘及录用

招聘工作应根据人力资源计划、饭店的经营目标和政策，制定一套筛选方法与步骤，以判断空缺工作的候选人是否具备担任该工作的资格。招聘与选择工作的最终目的是将合适的员工放在适当的工作岗位上。由此可见，饭店招聘并不局限于向饭店外部招聘员工，饭店还可以在饭店内部对在职员工进行提升和内部调动来达到招聘的目的。

3. 教育与培训

饭店通过内部的提升和调职以及外部的招聘，可以获得基本适应饭店服务工作与管理工作的员工。然而，这些员工能否胜任饭店的工作，还需要看这些员工自身是否具备服务工作和管理工作的能力，这种能力必须由饭店对他们加以教育和培训才可以产生。优质服务需要有良好的工作态度和训练有素的服务人员；高效的管理需要有管理才能的管理人员。无论是合适的服务人员还是管理人员都离不开培训，因此，培训是现代饭店管理过程中不可缺少的工作，是饭店经营管理中一项不可缺少的投资。

4. 考核与激励

饭店员工考核，就是对员工工作绩效的考核和工作表现的评价。为了及时了解员工的思想状况、业务技术水平、工作能力以及工作成果情况，有效地做好培训、定级、晋升、报酬分配工作，饭店必须重视考核工作。一般来说，普通员工可用工作单进行考核，即每天由基层管理者填写列有仪容仪表、劳动纪律、考勤、工作态度等内容的工作记录单；对管理人员的考核，则可以通过每日工作报告和定期考评的形式进行。

激励是指激发人的动机，是人产生内在的动力，并向着一定的目标行动的心理活动过程，也就是调动人的积极性的过程。在饭店业竞争日趋激烈的今天，对员工的激励可调动员工积极性、形成和谐的团队精神、提高服务质量、提高管理水平，从而增强饭店的竞争优势，因为饭店的竞争，最终就是人的竞争。

二、劳动定额与人员编制的确定

准确确定劳动定额水平，是搞好劳动定额工作的关键，既要反映员工已达到的劳动效率，又要科学预测劳动效率进一步提高的可能性，体现其先进性；同时，要考虑到设备、管理等方面的客观条件和大多数员工的实际水平，以体现定额水平的合理性。

（一）劳动定额

根据饭店企业的劳动特点和各部门、各项工作具体的劳动对象和劳动方式的实际需要，合理制定劳动定额的方法主要包括以下 4 种。

1. 技术测定法

这种方法通过对员工实际操作动作的研究，分析劳动过程、操作技术和工时消耗情况，确定每一劳动过程平均完成的工作量，最后测定出定额指标。

它一般用于饭店的客房、餐厅、洗衣房等部门制定劳动定额。采用这种方法进行实际测定时，必须结合各部门、各工种的劳动特点。从工时消耗的角度来看，员工的劳动时间一般要包括准备作业时间、基本作业时间、随机服务时间和结束时间，每一方面又包括许多具体动作，其中对随机服务时间必须充分考虑。因为饭店服务本身就具有随机性和一定的间歇性。如果工时排得过满，没有随机服务时间必然影响服务质量，同时还影响到员工的休息时间。

采用技术测定法指定劳动定额的计算公式为：

劳动定额 =【规定时间 -（准备作业时间 + 结束时间）】

【（基本作业时间 + 随机服务时间）×（1 + 休息系数）】

2. 经验估计法

这种方法是以历史上实际达到的指标为基础，综合分析现有设备条件、经营管理水平和员工业务技术水平等一系列提高劳动效率的有利因素和不利因素，然后估计工时消耗以制定劳动定额。其特点是：方法简便、工作量小、易于掌握，能反映员工的实际劳动效率，有群众基础。它一般适用于难以具体测定劳动量和各项劳动的工时消耗的工种和部门，如饭店前台预定、接待、问讯，保安部的门卫、巡逻等工种。饭店以劳动消耗为主，随机性强，影响工时消耗的可变因素很多，所以，采用经验估计法来制定劳动定额是必要的。

3. 类推比较法

这种方法以过去实际达到的指标水平为基础，参照同类饭店的先进管理经验，结合本饭店的实际情况来估计工时消耗以制定劳动定额。饭店中有些部门和工种，例如工程部的机修工、电工、管道工以及康乐部的游泳池、网球场、健身房等，劳动随机性太强，事先难以估计工时消耗；尤其是饭店的工程部门，当设备完好时，工作量较小，一旦发生设备损坏或技术故障，投入抢修的任务是十分艰巨的。所以，采用类推比较法制定劳动定额比较合适。

4. 统计分析法

这种方法是以统计资料为依据，分析饭店目前的实际接待能力及提高劳动效率的可能性来制定劳动定额。饭店的商品部或小卖部、理发室、仓库等这类部门的业务量变动幅度不大，可以采用统计分析的方法制定劳动定额。其计算公式为：

劳动定额 =（综合平均数 + 最优完成数）/ 2

总之，饭店企业是一种综合性服务行业，内部部门与工种众多、情况复杂，制定劳动定额的方法应多种多样。科学合理的制定劳动定额，关键要结合饭店、部门、工种的实际情况，充分考虑各种劳动的具体特点，选用适当的方法。

（二）正确编制劳动定员

劳动定员，是指饭店企业为完成规定的工作任务而应有的人员配备。定员是一种科学的用人标准，是饭店在人员配备上的数量界线和依据。饭店人事部门要根据饭店的经营方向、规模、服务内容、接待任务、员工的素质水平等实际情况，在建立岗位责任制的基础上，规定饭店各部门、各工作岗位必须配备的各类人员的数量。

正确编制定员，可合理使用劳动力、提高劳动效率，同时为合理配备各类人员和编制工作计划提供重要依据。

它也为改善饭店劳动组织、合理调配劳动力及劳动分工、健全岗位责任制提供了必要保证，有利于充分发挥每个员工的劳动积极性，避免人浮于事。

饭店的劳动定额和定员编制是相辅相成的，定额是基础，定员是保证，两者都是为提高劳动效率服务的。劳动定员的编制方法一般有 4 种。

1. 岗位定员法

这种方法是根据饭店企业内部的机构设置、服务设施、岗位职责与要求，再考虑各个岗位的工作量、班次与出勤率等因素来确定定员人数的一种方法。它适用于饭店的前台人员、行李员、后勤物资用品采购员、仓库保管员、设备维修工等部门员工和管理人员的定员编制。

2. 比例定员法

这种方法是根据饭店各部门、各工种班组的劳动任务分析其工作量，在制定劳动定额的基础上，按照一定比例来确定定员人数的一种方法。它主要运用于客房、餐厅、厨房、洗衣房等部门的定员编制。如客房可以根据劳动定额规定每个服务员每天负责多少房间，然后根据这一比例确定整个客房部门的定员编制；餐厅可以根据劳动定额规定每个服务员每天看管几张台面，然后按这一比例编制每个餐厅的定员人数，各餐厅人数相加，即是餐饮部门餐厅服务员的定员人数。

一般情况下饭店客房部门的员工占饭店员工总人数的 20% ~30%，餐饮部门的员工占 40% ~50%。饭店员工总人数与饭店客房数的比例一般在 1∶1.5 ~1∶2。

3. 设备定员法

这种方法以设备数量和实际工作量为基础，员工的实际工作量由看管定额、设备开动的班次、出勤率等因素决定。这种办法一般适用于饭店工程部门编制班组定员时采用。如电工可根据饭店电气设备的多少和维修任务的大小来确定人数，锅炉房根据锅炉设备台数和工作量大小来确定所需人员数量，其他如管道工、机修工等都可采用设备定员法。

4. 效率定员法

这种方法根据饭店各部门或班组的劳动效率要求来编制定员人数的一种方法。它是以劳动定额为基础的，就是根据员工的工作量、劳动效率、出勤率来计算定员。采用这种方法可明确责任，提高劳动效率，降低人力消耗。

其计算公式为：

定员人数＝每一轮班应完成的工作量/（服务员的劳动效率×出勤率）×每日轮班次数

以上几种定员方法，需要饭店人事部门根据各部门、各环节的实际情况灵活运用，或几种方法结合起来运用。

饭店员工的劳动是以为客人服务作为主要目的的，营业时间长、班次变化大，定员编制又是以企业和部门为单位的。因此，在采用上述各种方法编制劳动定员时，首先要根据劳动定额确定当班人数，然后考虑班次和出勤率，才能编制出合理的定员人数，其计算公式为：

部门定员人数＝当班员工人数×班次/出勤率＋管理人员数

定员编制仅是一个数据指标，还需要在饭店内比较各类人员的比例、劳动效率、定员数量和员工素质，进行必要的调整，才能做好饭店的定员编制工作。

三、员工招聘的渠道与程序选择

饭店的招聘即吸引并确认候选人来满足预测和实际的职位空缺的要求。通过将饭店的各项工作分解成若干因素，并对他们的性质、内容、任务以及担任该项工作应具备的学识、经验、体能等予以分析研究，根据工作分析，人事部门在此基础上作出职务描述和职务规范。职务描述是规定一项工作的目标、责任、工作范围、技能要求、工作条件，以及该工作和其他工作关系的一种书面文件，饭店可将此作为人员招聘的条件和标准。职务规范是指具备哪些条件的人才能担任这一工作（职务），它是对一特定工作所要求的资格的书面描述。

（一）员工招聘的渠道

饭店为空缺岗位招聘新员工，常有如下几种途径。

1. 内部选拔

当饭店内部职位发生空缺时，应首先考虑在现有的员工中调剂解决，解决不了的再进行外部招聘。内部招聘又可分为内部提升和内部调用两种形式。

（1）内部提升。饭店中有些比较重要的岗位（如部门经理、主管、总监等）需要招聘人员时，让饭店内部符合条件的员工从一个较低的岗位晋升到一个较高的岗位的过程就是内部提升。内部提升有利于激励员工奋发向上，较易形成稳定的企业文化。

（2）内部调用。将员工从原来的岗位调往同一层次或略低层次的空缺岗位去工作的过程称为内部调用。

内部选拔在饭店人员选用中经常发生，当一个岗位需要招聘人员时，管理人员首先应想到的是内部选拔能否解决该问题。由于内部选拔费用低廉，手续简便，人员熟悉，因此招聘少量人员时常常采用此方法，而且效果也不错。

但当企业内部员工不够，或者没有合适人选时，就应该采取其他的形式进行招募。

2. 外部招聘

外部招聘一般有以下几种形式。

(1) 人员推荐。一般是指由饭店内部员工推荐或单位主管推荐人选。这种招聘方式的优点是，由于是熟人推荐，所以招聘与应聘双方在事先已有进一步的了解，可节约不少招聘环节和费用，尤其对关键岗位的人员，如专业技术人员、主管人员等，常用此法。其缺点是，由于是熟人推荐，有时会因碍于情面而影响招聘水平；如果此类录用人员过多，易在企业内部形成裙带关系，给管理带来困难。

(2) 职业介绍机构与人才交流市场。这种方法常在以下几种情况中使用：①用人单位对于能否依靠自己的力量招到合适人选没有把握；②用人单位只需招聘少量人员，觉得自行设计招聘方案费时费力；③用人单位急于填充某一关键岗位的空缺。

(3) 求职者登记。这是一种“愿者上钩”式的被动招聘形式，有时通过这一途径也可以招聘到合适的人选。求职者登记的主要优点是费用低廉，应聘双方可以直接进行交流。

(4) 应届毕业生。每年有大批大专院校及旅游职业学校的应届毕业生，为饭店招聘员工提供了大量的人选。当一批青年人进入企业，会给企业注入活力，带来生机。由于他们缺少实际工作经验，故饭店需要投资对他们进行培训。由于他们年轻、求知欲强、成长快，录用他们是保证员工队伍稳定和提高服务质量、提高员工素质的有效途径。

(5) 公开招聘。饭店向内部和外部的人员公开宣布招聘计划，提供一个公开竞争的机会，择优录用合格人员担任企业内部职务。公开招募可利用多种媒体广告，如广播、电视、报纸、杂志和张贴等进行招聘宣传。利用广告发布招聘信息迅速及时，并且可以同时发布多种类别工作岗位的招聘信息，但受广告吸引的应聘者层次不一，负责筛选的人员工作量大，有时可能无法很快找到合适人选，故不适于急于填充某一关键岗位人员的招聘。

（二）招聘程序的选择

饭店人事部门在招聘员工的时候必须选择科学合理的程序才能确保招聘到企业真正需要的员工，一般情况下，饭店人员招聘的具体程序如下。

1. 确定选用人员的基本原则

在工作分析的基础上，根据职务描述和职务规范，确定具体的用人标准和任用人员的种类及人数。

2. 确定候选人的来源和招聘手段

确定是内部选拔还是外部聘用、是员工推荐还是广告招聘、是聘用大中专毕业生还是一般高中毕业生等。

3. 初次面谈

通过饭店与申请人面对面的接触以确定申请人的仪表、表达能力是否符合饭店的要求，并能迅速了解申请人对待遇、工作环境、工作时间的要求以及其经历和学历等大致情况。如果认为初步合格，则要进一步核对申请人的有关资料并进行综合判断。

4. 申请书

申请书是了解申请人情况最常用的方法。通过申请书饭店可以大致了解申请人的基本条件，并作为对申请人面试和综合判断的依据。

5. 查核参考资料

为了进一步了解申请人的情况，需要通过各种途径来调查申请人在原来企业、学校的一贯表现、同事关系、技术熟练程度等，核实申请人的基本情况。

6. 测试

为了了解申请人的知识和能力水平，饭店要对申请人进行测试。测试的内容与方式以职务所要求的范围和标准为基础。通过测试达到客观评估的目的。

7. 任用面谈

在申请人基本确定后，在任用之前还要进行任用面谈，进一步了解其个性、抱负、经验、兴趣、技能等，以考查申请人对将来所从事的工作是否有充分的了解，其兴趣、技能是否适应此项工作，能否长期干下去，有无发展前途等。防止其日后发生工作与理想不相符而感到失望、工作不安心等情况。

8. 体格检查

体检是饭店招聘与录用工作中绝不能忽视的一个环节。饭店的各项工作都关系到客人的健康，为此要绝对防止传染病患者被录用。其次是尽可能挑选身体健康的员工，减少饭店医疗费的支出，同时要建立健康卡片，为将来防病治病留存资料。

9. 审查批准

将申请人的申请书、参考资料、面谈记录、健康卡片统一汇总，由饭店高层管理者最后批准。

10. 录用报到

通过以上环节，确定录用的人员之后，颁发任用通知书，按指定日期报到。

第三节　饭店人力资源的开发与利用

一、员工行为管理的原理与作用

员工行为管理是指对员工的工作行为进行管理，以便充分发挥其主观能动性，实现员工价值的一种管理过程。其内容主要包括：使员工行为方向指向企业目标，使员工有足够大的行为动力。其中，行为方向与行为动力取决于员工自我动力与超我动力结合而成的员工行为动力体系。事实上，员工行为管理的实质是“想办法将两大动力维持在较高的水平并使之共同指向组织目标”。

饭店员工是饭店正常运转的基本动力，员工的行为直接关系到饭店的经营绩效和饭店人际关系的稳定。对饭店员工的行为进行管理是饭店管理者必须重视的重要问题。在现代饭店管理中，对员工行为进行管理，就是要充分挖掘员工的工作潜力，使其发挥出超我的工作能力，进而实现其自身价值。因此，饭店必须建立良好的企业文化。良好的饭店文化是维系员工与饭店之间关系的纽带，没有好的饭店文化，员工的价值就得不到体现，而员工也会出现消极怠工情绪，因此，饭店文化在饭店员工行为管理中占据重要地位。

二、员工的培训与实施

员工在上岗前和上岗后，通常都需接受一般的或特定的培训。对新员工需要全面培训，如雇用的是熟练工，则把培训重点放在特定部门的作业程序上；如雇用的是非熟练工或半熟练工，则必须培训他们学会有关具体技能后才能让其正式上岗。对于老员工来说，由于大多数工作经常变换内容，因此需要不断地学习新技术、积累新经验，同时也需要通过外在的压力让员工不断调整他们对待工作质量、技术、同事和用户的态度。至于管理人员，则更需不断地提高自身素质，从而使整个组织能更有效地达到目标。

（一）培训的途径主要分两大类

1. 在职培训

培训服务员，有时在员工上岗前，先在饭店或饭店外的技术学校边工作边学习。如我国的旅游职业学校就属此类性质。在学校中通过模拟培训、实际操作和一定的文化学习，提高新员工的适应性、技术和能力。

也有的饭店让新员工在学徒制下接受培训，有的还结合职外培训，在岗位时由师傅（有经验的雇员）带领和指导，另外再适当参加一些脱产的课堂辅导，学习一些特殊的工艺原理、理论课等。

岗位教育培训（Job Instruction Training，JIT）。这是第二次世界大战期间出现的一种行之有效的培训方式。该培训分四个步骤，在每一个步骤中，受训人都有专人（通常为经验丰富的同事或基层管理者）指导和督促。具体过程如下：

（1）准备。由指导人解释该项工作的意义以及和其他工作的联系，使接受培训者做好充分的思想准备，心情放松。

（2）示范。指导人亲自示范，边讲授边操作，指出关键的程序、窍门和必须注意的地方。

（3）练习。在指导人的督导下，新员工按照设计好的练习程序，从易到难进行实践练习，其中有难度的地方由指导者多次穿插示范，使受训人逐步掌握操作的全过程。

（4）操作。让受培训人完全独立操作，指导者作定期检查，并解答疑问，发生差异时及时予以指导。

对于管理者的培训，也有多种形式，包括有计划地逐级提升、职务轮换、担任“副”职、临时提升、参加集体领导班子（委员会和初级理事会）、由资深管理人员作辅导，等等。

2. 职外培训

职外培训是指在工作时间搞脱产培训，或在工余时间组织进修、培训。这种脱离直接工作场所的培训可由人事部门或培训部门协调。员工也可进行半脱产培训，部分时间参加部门的工作、部分时间在学校学习。组织中的高层管理部门也可提出由人事、培训部门组织各种不同程度、不同范围的公司培训班。通常管理人员参加职外培训的机会更多些，包括参加企业内外的研讨会、敏感性训练、各种短训班（高校、管理协会及其他特殊短训班）、阅读自学、参与评价中心活动，以及外出参观考察等。

（二）饭店培训的过程

饭店培训是一项系统化的工作。不论是职业培训还是发展培训，都是从饭店的目标以及饭店提供产品的功能出发的。饭店培训实施的全过程可划分为3个部分。

1. 培训要求部分

培训要求是根据饭店的目标和产品的要求提出的，它包括五个步骤：确定培训需要，分析当前状况，确定培训目标，成立评价机构和制定评价标准。

2. 培训组织实施部分

该部分的工作按照已制定的培训目标而进行，共包括7个步骤。

（1）确定培训内容。培训内容应有针对性及实用意义。选择并确定培训内容时，除以培训目标为依据外，应尽量能引起受训者的学习积极性。

（2）确定培训的方式。如何将已经确定的培训课程内容传输给受训者，以达到培训目标，需要培训者选择和确定有效的培训方式。这一步工作也是培训是否成功的关键因素之一。

（3）准备培训资料。培训资料应准备完全，印刷要整齐、清晰。在资料的编排上，尽可能考虑到趣味性，深入浅出，易懂易记。应充分利用现代化的培训手段，采用视听资料，以增加感性认识，激发受训者认真练习。

（4）选择培训辅助手段。为了增强培训的效果，在培训中应有相应的辅助手段，例如组织受训者到一些服务质量好的饭店去实地考察、学习等。

（5）选择培训设备。培训设备应根据培训材料和具体的培训课程而定，例如采用视听材料，则必须配备视听设备；进行服务操作技能培训，则必须备有可供操作的工作等。

（6）选择培训者。培训者是培训内容的直接指导者（而不是培训工作的组织者），他们的水平和能力将直接影响培训工作的质量。培训者应尊重受训者，应注意受训者对他们是否充满信任和信心，因为这将直接影响培训的效果。

（7）选择受训者。能否取得良好的培训效果，正确选择受训者也是一个重要的方面。正确选择受训者，首先应考虑受训者是否有学习的动机。只有在一个人想学而愿意学的时候，培训才能产生事半功倍的效果。其次，应考虑受训者是否具备接受培训课程内容的先决条件，即受训者依其现有教育水平和工作经验能否接受培训内容，特别是送往饭店外学习的受训者。

3. 培训评价部分

评价是针对培训的最终结果进行的。只有受训者经过培训后的工作行为才能正确反映培训的效果。该部分包括三个步骤：监督指导，分析和修正评价标准，评价培训效果。

三、员工激励的方式与手段

激励是根据人的心理规律，通过某种方式激发人的动机，使之成为动力，触发人的内在潜力和能力，充分发挥人的积极性和创造性。激励是饭店研究人力资源开发的一个重要课题。现代激励强调正确引导，使员工满足社会交往、尊重及自我实现的需要，有效调动员工的积极性，达到饭店的管理目标。激励方法既是管理的核心，又是现代饭店管理的方法之一，现代饭店管理应该将激励融入各项管理活动之中。

激励的方式与手段是饭店管理者在激励员工工作积极性过程中所采取的具体形式，常见的有需要激励、内在激励、目标激励、形象激励、荣誉激励、参与激励、兴趣激励、情感激励、惩罚激励等。管理者在激励过程中应视具体情况注意以下方面。

（一）给员工以希望

管理者在饭店管理的过程中应善于激发员工的工作热忱，让其感到所从事的是一项值得付出时间与精力的有前途的事业，并加倍珍惜机会，努力工作。因而，饭店的等级和发展前途会给员工以极大的希望。此外，管理者的工作作风也会给员工潜移默化的影响，公正、务实的管理者较易取得员工的信任，并使他们感到自己的工作做得好、会得到管理者的肯定，是有前途、有希望的，而与之相反，员工则会感到前途渺茫而难以发挥工作积极性。

（二）给员工以机会

管理者在管理中应善待员工，通过给予员工发展的机会，激发其工作积极性。现代饭店中比较有效的方式主要包括升迁、培训和发挥每位员工的特长等几个方面。

1. 升迁机会

管理出色的饭店都特别注重从内部培植人才，如果一家饭店总是向外求才，必定会使员工士气低落，让他们感到再努力也是不被看重的，还不如另觅出路。因此，成功的管理者一定要善待自己的员工，将各种升迁的机会首先给予已经为饭店作出贡献而且具有管理能力、符合岗位要求的员工，即通过内部员工的提升来填补饭店内部职位的空缺。这样，在提高其工作积极性的同时，也激励了其他员工，让他们感到晋升机遇的存在。

2. 培训机会

通过培训可以使员工掌握最优的工作方法与技能，开阔眼界，扩大其知识面，增强其自信心，这意味着增强了员工的就业能力，并且当时机来临时，因为其综合素质的提高而获得提拔与晋升的可能性也就比较大。因此，培训实际上是为员工提供一个自我完善和发展的机会。

3. 发挥员工特长的机会

“寸有所长，尺有所短”，管理者应当努力创造条件让每一位员工都能发挥其特长。当员工的特长得到充分发挥之后，他就会因为自己在从事乐于从事的事业而具有一定的成就感，真正感到工作的乐趣，从而激发工作热情和积极性；相反，有些员工掌握的技能和知识与其工作岗位的要求不相适应或者远远超过其岗位要求，有的在原工作部门发生了比较严重的人际关系问题或个性不适合的岗位要求等，管理者应当考虑对这些员工进行调动。

（三）给员工以出路

员工在饭店工作中总希望能够达到自己的预期目标，在饭店有所发展，管理者应通过激励引导员工向饭店所希望的目标发展，给员工出路。例如把有管理才能的员工提拔到管理岗位上来；给有技术的能手以相应的称号和待遇，以激发其工作的积极性。

（四）给员工以关怀

管理者在实施激励，最容易摆不平“国家、企业、劳动者”三方面的利益关系，出现对员工个人利润不够尊重的情况。“公家的事再小也是大事，个人的事再大也是小事”这样一种传统观念似乎是真理，但是，从体制和政策的眼光来冷静思考，这是不对的。

员工是普通的、具有一定需要的人，管理者应该关注员工的需要，并尽量满足其中合理的部分，以提高员工的工作积极性。理解是人的共同需要，是人与人之间建立融洽关系的基础。因此，饭店管理者应体谅员工在工作中遇到的各种麻烦和苦衷，并在管理中增加情感性的内容，以激发员工的工作积极性。

四、领导本质与领导方式

领导是有效管理的一个重要方面，是一项重要的管理职能，并直接影响到其他管理职能发挥作用。

领导是在一定条件下实现组织目标的行为过程，是通过领导者个人依据组织环境，运用领导技能，采取正确的领导方式和领导行为，团结和带领员工高效率地实现组织目标的过程。在管理者完成这些工作的过程中，他们所表现的行为——领导方式和领导艺术，将影响其他员工的行为。因此，饭店管理人员掌握有效的领导方式，也是调动员工积极性，开发企业人力资源的一个重要环节。

（一）领导本质与影响力的来源

领导者发挥领导功能的有效程序取决于领导者具有的影响力的大小。决定领导者影响力的因素很多，如领导者的权力、地位、知识、素质、能力，等等。从影响力的性质来区分，主要可分为强制性影响力和自然影响力。

1. 强制性影响力

强制性影响力是由社会、组织赋予个人的职务、地位和权力所构成的。当饭店某员工接受了饭店组织（或有关部门）所授予的职务和相应的权力后，便具有了这种影响力。强制性影响力的特点是对他人的影响带有强迫性和不可抗拒性。因为领导者可以利用他们所掌握的权力来奖励（包括金钱、物质、精神等各种形式）服从指挥的员工，惩罚不服从命令的员工，以达到影响员工行为的目的。

2. 自然影响力

自然影响力是不可能由饭店组织和上级有关部门授予的，而是建立在领导者本身所具有的、使人信服的素质和威信的基础之上。这种影响力的基础主要是领导者的德和才，领导者的思想觉悟、道德品质、行为作风、文化素养、专业知识和特殊技能，使他人心悦诚服，从而产生领导者的影响力。员工是出于对领导者的尊重、信任而愿意追随领导者的。

这两种影响力可以用一个词来概括，即领导者的“权威”。“权威”这个词表达了两层含义：权力与威信。一个领导者意味着强制性影响力，而威信则需靠领导者自己去建立。一个领导者如果仅仅依靠权力来维护其领导地位，充其量只是一个高级“监工”而已。真正的领导者对下属不是命令而是引导，不是强调权力而是贯注自己的热情，不是要求下属安分守己而是鼓励他们创新。我国古代思想家老子曾经对领导者有过一段论述，其大意是：最好的领导者仅使被领导者感觉到有他的存在而已，其次是使被领导者亲近和赞美他，再次是使被领导者害怕他，最次者是使被领导者憎恨他。老子的这段论述，可谓是对领导者的精辟概括。

（二）领导行为与有效的领导方式

领导的基本内容有两个方面，就是工作与关系。工作是指完成目标的活动；关系是指处理领导者与被领导者之间的关系。

以工作为主的领导行为是建立在 X 理论的基础之上的。所采用的领导方式是自己决定与工作有关的一切事宜，发号施令，然后命令员工执行。如果工作达不到要求，员工将受到威吓、训斥或惩罚。这种强制性的领导行为的特点是“命令和统一”、“权威和服从”。

以关系为主的领导行为是建立在Y理论的基础上的。所采用的领导方式是经过与员工商议后，制定目标和发出命令。一切决定都反映了员工的建议和意见，领导强调员工的价值和重要性。这种民主的领导行为，体现了领导的权力基本来自下属员工，员工可以参与领导的决策。

饭店经营活动中，管理者采取哪种领导方式最适宜呢？根据“领导寿命周期理论”（如图5-6所示），领导者在选择合适的领导方式之前，必须考虑被领导者的成熟度。所谓被领导者的成熟度，主要反映下属在执行某一特定任务时承担起自己行为责任的能力和意愿。它从低到高可以划分为四个程度，与此相对应，能够取得成功的、合适而有效的领导行为也就表现出不同的方式、风格。

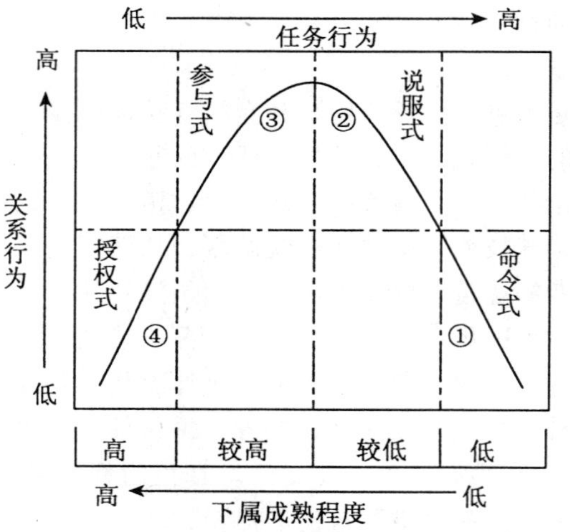

图5-6 领导寿命周期曲线

1. 命令式

这是一种高任务与低关系组合的领导行为，适用于下属成熟程度很低的情形，即被领导者既无能力也无意愿承担责任。这时，领导者需要为被领导者确定工作任务，并以下命令的方式告诉他们做什么，怎么做，何时何地做。

2. 说服式

这是一种高任务与高关系组合的领导方式，适用于下属成熟程度中等偏低（较低）的情形。这时，由于被领导者虽有意愿承担责任但缺乏应有的能力，所以需要领导者对其工作任务做出决策，但在决策下达过程中宜采取说服的方式让被领导者了解所做出的决策，并在决策任务执行中给予大力的支持和帮助，使其高度热忱又充满信心地产生预期的行动。

3. 参与式

这是一种低任务与高关系组合的领导方式，适用于被领导者有能力但不愿意承担责任的中等偏高（较高）成熟程序的情形。这时需要让被领导者参与做出决策，领导者则从中给予支持和帮助。

4. 授权式

这是一种低任务与低关系组合的领导方式，只能适用于被领导者既有能力也有意愿承担责任的高度成熟的情形。领导者既不下达指令，也不给予支持，而是让被领导者自己决定和控制整个工作过程，领导者只起监督的作用。

总之，随着下属从不成熟逐渐向成熟过渡，领导行为应当按照命令式、说服式、参与式和授权式的方向逐步推移和权变。因为这种趋势类似于产品寿命周期曲线的变化，所以这种权变领导理论被称为寿命周期理论。

思考与练习

1. 饭店组织设计有哪些基本原则？如何建立“扁平化”的组织结构？
2. 健全的组织设计有哪些标志？为什么？
3. 饭店劳动定额的制定方法有哪些？它们分别适用于哪些部门或岗位？
4. 到一家饭店做调查，影响该饭店定员的因素有哪些？是如何解决的？
5. 如何理解“得人才者得天下”？为何要做好员工的行为管理？
6. 如何理解“待遇留人，事业留人，制度留人，情感留人”？
7. 有哪几种领导行为模式？什么是有效的领导方式？

第六章
饭店的控制管理

控制是管理的主要职能之一，在管理中具有重要的作用。控制的一般含义是指人们根据既定的条件和预定的目标计划，通过改变条件和创造条件，使事物在预定的范围内发展或处于某种状态。现代社会控制已成为管理工作中一项必不可少的重要职能，我们称为管理控制。管理控制的理论是以系统论、信息论和控制论为基础，把控制对象和控制活动看做一个系统，把控制活动看成是信息的收集、整理和反馈的活动，通过调节输入条件从而影响输出结果，来达到管理的目的。

第一节　饭店控制职能概述

饭店管理工作的控制职能是对饭店的经营活动

及业务工作进行计量和校正，以确保企业的目标及相应的计划得以实现。对控制职能的认识，不仅要掌握控制的概念及类型，还须了解控制与计划的相互关系。

一、饭店控制职能的含义

（一）饭店管理控制的概念

饭店管理控制是指饭店为了确保企业目标的实现，通过制定计划或业绩衡量标准，建立信息反馈系统，检查实际工作的进度及结果，及时发现偏差，分析原因，采取措施纠正等一系列的活动。控制的基本要求是使饭店实际的业务经营活动和决策计划相一致，控制的职能既发生在经营业务活动的过程中，也会发生在经营业务活动的过程结束后。控制职能是每一位负责执行计划的管理人员的重要职责。

（二）控制与计划的关系

控制的目的在于通过计划与实际的对比分析，从而发现差异和处理差异。由此可见，在管理中控制与计划的关系是相当密切的，如同一对“孪生姐妹”。

计划和控制都是为了实现组织目标而进行的两项管理职能。计划是预先决定要做什么、如何做、何时做和由谁做，而控制则是检查实际工作是否按既定的计划目标和标准进行，如有偏差就及时纠正。为此，计划和控制是有效管理的两个方面，为保证组织目标的实现，这两种职能必须有机地结合起来。

1. 计划是控制的前提，计划起着指导性作用

管理人员首先要制定计划，然后用计划作为标准来衡量实际工作是否符合计划的目标和要求。没有计划的活动是无法实施控制的，控制必将失去依据，更谈不上纠正偏差。

2. 控制是计划的保证

计划仅能预先指出所期望的行为和结果，而控制却是在计划指导下实施的行为和结果。没有控制，就没有实际结果与计划目标的比较，就不能判断衡量计划是否完成，计划就显得毫无意义，而且控制的效果直接影响着计划完成的质量。

（三）控制的作用

饭店组织是一个开放的系统。为了使饭店的活动符合系统的目标和环境要求，饭店不仅需要计划子系统和运行子系统，还必须存在控制子系统。控制系统在组织中的地位和作用及其与其他组织活动的关系如图 6-1 所示。

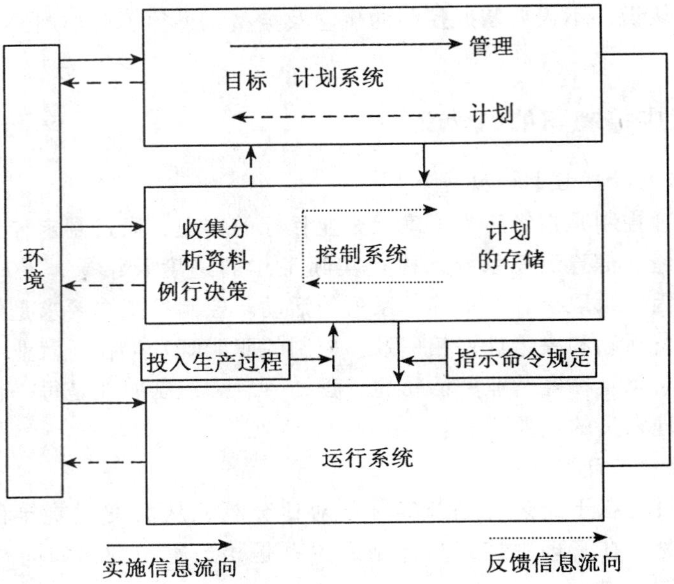

图 6-1 控制子系统在组织中的位置

我们可以看到在整个组织系统中，最高层领导首先根据组织面临的内外部环境，设定组织目标，计划子系统根据目标和环境状况来制定管理计划。这些计划一方面下达给运行子系统，付诸实施。另一方面送到控制系统储存起来，以供日后与实际绩效比较。运行系统的有关投入、运行过程的具体信息要及时反馈给控制系统。控制系统在收集了这些资料及外部环境的资料后进行分析，并同所储存的计划进行比较，最后决策或是更正运行活动，或是提出修改计划，并及时报告计划系统。控制系统向计划系统提出的报告有时还会导致目标的变化。

由此可见，控制在整个组织中处于重要的地位，对整个组织的活动完成和运行效果具有重要作用。

1. 积极促进组织活动达到预定目标

任何组织的活动都是复杂的，都需要合理地配置人力、物力和财力等资源，来达到组织目标。尤其是组织规模较大、组织活动较复杂的，其组织活动不仅需要有周密的计划，更要靠严格的控制来保证。如果没有有效的控制系统从事有关的管理活动，整个组织不可能稳定、协调地运转。控制并非仅仅是消极地去实现目标，而是能发挥管理人员的主动性、积极性和创造性，他们能主动地改善现有条件，有效配置组织资源，积极地促进组织活动达到预定目标。如果控制的目标是产品成本的话，完全可以通过控制活动来有效地监控人力、物力和时间的投入，从而控制成本。

2. 及时促使组织适应环境的变化

如果一个组织的目标和计划从来不需要修改，而且能够在一个稳定的、均衡的组织环境中完全按计划进行活动，就没有控制的必要了。但是，组织设置的目标和计划往往与计划的执行和完成有一段时间，特别是长远的目标计划，时间间隔期更长。然而，饭店组织所处的环境是一个复杂多变、不稳定的环境，在组织实施计划的过程中，各种环境因素都可能发生变化，往往使得组织原来建立的目标和制定的计划无法执行和实现。

组织环境的变化，对组织来说可能带来更多的机遇，但也可能是更严峻的挑战。此时，组织的控制系统就必须对变化的环境因素及时进行分析，对未来可能发生的变化趋势进行预测，制定相应的政策和措施，使组织的目标和计划更适应环境的变化，能抓住机遇来求得发展而不是被淘汰和造成损失。

3. 保证组织整体管理的有效性

组织的各项工作是由各部门、各层次的管理者共同协作完成的。通过上一级管理层向下一级管理人员授权的方式，确立一定的职权，明确与之相对应的责任。这种管理方式能使每一层次的管理人员明确自己的权责，主动地完成自己的管理任务。但是组织管理的效果不能仅仅依靠运行系统的有效运作，还必须发挥控制系统的作用，即对各管理层次的工作进程和实施效果进行严格控制，及时发现运行偏差并进行纠正，从而保证组织整体管理的有效性。

4. 有效避免和减轻由管理失误而造成的组织损失

在实施组织目标和计划的过程中，由于主客观原因，管理者在工作中会犯各种各样的错误，这些错误在不同程度上会造成组织的损失。然而，有效的控制系统能及早地发现这些错误的征兆及其产生的原因，可以采取有效的对策措施防止后果的发生，可以避免组织蒙受较大的损失。即使失误已造成，如果能早期发现，及早采取措施，也可以把组织损失减少到最小的程度。

当然，我们强调控制的上述作用，并不意味越详尽越严格的控制越好。控制如果超过一定的“度”，反而会束缚管理者的手脚，使他们墨守陈规，缺乏活力和灵活性。特别当管理工作出现特殊情况和复杂情况时，严格的控制会延误时机和造成损失。在实施控制职能时必须注意这一点。

二、饭店控制工作的基本原则与方法

（一）控制工作的基本原则

要使控制工作收到实效，饭店管理者应坚持以下原则。

1. 控制应反映计划要求

控制是实现饭店经营计划的保证，饭店控制活动的目的是为了实现计划，因此，计划越明确、全面、完整，所设计的控制系统就越能反映计划目标，饭店的控制工作也就会越有成效。

2. 控制关键点

饭店管理人员必须将注意力集中于计划执行中的一些关键因素上。事实上，控制了关键点，也就控制了全局。关键点应是一定时期内饭店经营中的重要环节和薄弱因素、关键服务部位、需要加强控制和监督的关键服务质量特征。一定时期的关键控制点，可以随经营状况的变化而转移。总之，对控制关键点应采取有效的技术、手段和方法加强管理。

3. 控制变化趋势

一般来说，趋势是多种复杂因素综合作用的结果，是在较长一段时期内逐渐形成的，并对管理成效起着长期的制约作用。趋势往往容易被现象所掩盖而不易觉察，也不易扭转和控制。如有一家饭店的统计数字表明其销售收入较去年增长了6%，但这种低速增长却预示着一种相反的趋势，因为当年旅游业和本地餐饮消费需求都有了大幅增长，主要竞争者的餐饮销售收入增长了12%，这表明该饭店的相对市场地位实际在下降，该饭店正步入一个停滞和低速增长的时期，这迫使上层主管人员从现状中醒悟过来，增强竞争能力，以便从根本上扭转被动局面。控制趋势的关键在于从现状中揭示倾向，特别是在趋势刚显露出苗头时就敏锐地觉察到。

4. 饭店控制工作应具有灵活性

饭店经营所处的外部环境是千变万化的，饭店的服务对象是消费需求、心理特征、个性迥异的消费者，饭店服务控制就更应有一定的灵活性，便于饭店的控制工作在计划出现失常或不可预测的情况时，保持有效性，实现控制系统的灵活性。

（二）控制工作的基本方法

饭店控制工作的类型，可按照不同的方法划分：如按照饭店的业务范围可分为饭店服务质量控制、财务控制、人事控制、安全控制、库存控制等；按照控制对象的全面性，又可分为局部控制和全面控制。这里重点介绍根据纠正措施的环节不同，把饭店控制工作分为现场控制、反馈控制和前馈控制三类。

控制工作的实质是信息反馈，在目前大多数管理活动中，管理者得到的信息都是时（间）滞（后）信息。因此，经常在信息反馈和采取纠正措施之间出现延迟，以致纠正措施往往作用在执行计划过程的不同环节上，如图6-2所示。

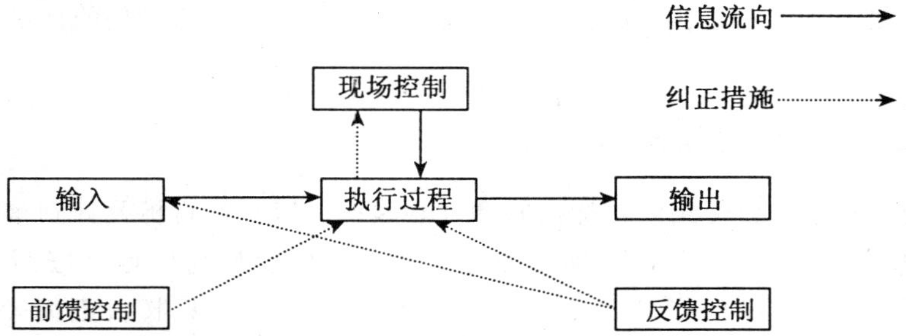

图6-2 现场、前馈、反馈控制过程

1. 现场控制

这类控制工作的纠正措施是作用在正在进行的计划执行过程，它是一种主要为基层主管人员所采用的控制工作方法。主管人员通过深入现场和亲自监督检查，指导和控制下属人员的活动。它包括的内容有：（1）向下级指示恰当的工作方法和工作过程；（2）监督下级的工作以保证计划目标的实现；（3）发现不合标准的偏差时，立即采取纠正措施。在计划的实施过程中，大量的管理控制工作，尤其是基层的管理控制工作都属于这种类型。因此，它是控制工作的基础，一个主管人员的管理水平和领导能力常常通过这种工作表现出来。

2. 反馈控制

反馈控制是管理控制工作的主要方式。反馈控制既可以用来控制饭店经营活动的最终结果，如利润、销售收入、毛利率、利润率等，也可以用来控制饭店经营的中间结果，如饭店服务质量、酒吧酒水的储存等。后者称为局部反馈。通过各种局部反馈，可以及时发现问题，排除隐患，避免造成严重后果。如服务规范检查、月度检查、季度检查等就属于局部反馈，它们对于保证最终产品的质量和保证年度计划的实现无疑起着重要作用。

3. 前馈控制

前馈控制就是分析影响当前经营的各种因素，在不利因素发生作用之前，通过及时采取纠正措施，消除它们的不利影响。前馈控制克服了反馈控制中因时滞所带来的缺陷，且其纠正措施往往是预防性的，作用在计划执行过程的输入环节上。也就是说，它是控制原因，而不是控制结果。饭店经营中的前馈控制也很多，如客房部在客人到来之前的查房、餐饮部的开餐前准备、原料库存控制中的永续盘存卡订货法等。

现场控制、前馈控制、反馈控制既是饭店的控制工作类型，也是饭店控制的主要方法。总之，饭店控制活动是多层次的，是饭店管理职能的重要组成部分。

三、饭店管理控制的过程

控制过程是督促组织目标实施和计划执行，以保证目标及计划得以实现的管理过程。控制活动是以预定的计划和目标要求作为依据，按照“建立控制标准——工作状态的测定——进行反馈分析——采取纠正偏差措施”的基本过程进行的。因此，我们可以把控制过程分为以下四个阶段。

（一）建立控制标准

控制是依据一定的标准去检查督促实际工作。因此，控制的实施必须要有可衡量、可比较的标准。标准是对重复性的事物和概念所做的统一规定，是需要共同遵守的准则和依据。标准是衡量实际工作绩效的一种尺度，控制的首要工作就是根据组织的目标和计划的要求建立具体的控制标准。

饭店的控制标准体系通常包括质量标准、提供规范和质量控制规范及其他综合标准等。

1. 质量标准

质量标准主要解决如何进行服务和管理的问题。质量标准是指服务和管理应达到的水准和要求的规定。

2. 提供规范

提供规范规定了提供某项服务的方法与手段，也就是服务过程的程序化和服务方法的规范化。它是指导和控制服务过程和考核服务质量的依据。

3. 质量控制规范

质量控制规范规定了控制和评价服务特性和服务质量的程序。制定质量控制规范的目的是为了有效地控制饭店服务与管理的全过程，以保证满足顾客和社会的需要。质量控制是控制过程中的一个重要组成部分，质量控制规范是过程控制的依据，质量控制规范的设计应包括以下内容。

（1）识别关键活动。

识别关键活动，即找出影响服务质量特性的关键性岗位或关键性活动，也就是我们常说的服务质量的控制点。服务工作和工业生产一样，也有一些"关键的工序"和关键的岗位，如果把它们加以控制，就抓住了服务质量的根本。这是符合抓住"关键的少数"管理原则的。确定控制点的原则是：

① 对服务质量影响大，起决定作用的岗位或活动。

② 经常出现不良的服务岗位或活动。

③ 顾客反映大、意见多的岗位或活动。

(2) 确定可度量和监督的质量特性。

在识别服务质量控制点后，应对每个控制点本身及前后相关活动进行细致分析，确定可度量和监督的服务质量特性，以保证该控制点达到服务规范和服务规范的要求。

4. 其他综合标准

其他综合标准如企业的管理制度、资产负债比率、利润率、工时定额、存货周转率等指标。

5. 控制标准的设置

控制标准的设置是具体的、复杂的。工作的范围、性质不同，标准的内容和要求也各不相同。但总的来说，制定标准的基本原则要求还是大致相同的，可以归纳为以下几点。

①各项工作标准的要求应该彼此协调配合。如果各项工作标准高低不等，就会出现相互之间的不配合和不协调，就会影响实际工作的效果。如某项标准要求定得很高，而其他标准要求并不高，那么要求高的标准可能就是一种浪费，因为个别的高要求并不能提高整个总体的工作水准。就像产品的质量功能，个别高标准的质量功能不能保证整个产品的质量功能的高水准；反之，如果多数标准要求定得比较高，而个别标准定得较低，这个低标准就是影响整体工作的"瓶颈"，会拖整个工作的后腿。因此，制定标准时必须注意各项工作标准之间的配合。

②所制定的标准应该具有一定的弹性，也就是说标准的制定要留有一定的余地，应有一个明确合理的幅度范围；因为控制所涉及的对象及其所处条件和环境总是有差别的，而且也会变化，控制标准留有一定的余地并非放松和放低标准，而是为了更好地应付客观的变化。

③制定标准时应选择一些适当的、关键的控制标准。控制的标准多种多样，企业可根据其目标和计划的需要选择适当的标准，因为有关管理人员的时间、精力有限，不可能对每一项活动进行详细的观察和控制。为了达到有效控制的目的，应该选择一些关键的控制点，从而通过制定一些关键控制点标准来进行控制。

④控制标准要结合企业的经营方针和市场行情，同时要结合人的特点，脱离了顾客、员工和社会需求，单纯强调一切都要标准化是没有任何意义的。同时，控制标准的制定要将定性与定量相结合，方便员工操作，方便管理者的管理，方便客人。

（二）工作状态测定

1. 测定的含义

测定是指对实际工作过程的监督、检查和对工作成果的考核、评定。测定是对实际工作实施控制的必要环节。管理者只有通过测定才能获得实际工作情况的信息，了解和分析实际情况并及时做出相应的调整决策，采取校正措施。工作状况测定也可称为实际测定。

标准是测定工作状态的依据。有了标准，就可以将实际工作的成果与标准相比较。如果所建立的标准合理、具体、适用，那么测定工作状态的关键就是及时获取实际工作的信息。管理人员对所取得的信息必须正确、适用和有效。如果获取的信息失真，对实际工作成果就无法做出准确的评估；如果是不适用的信息，就无法认定工作成果的评估。管理者可以通过以下方法来收集和获取反映实际工作情况的信息。

（1）检查。定期和不定期的检查，有助于管理人员了解和发现问题。

（2）调查。通过调查收集实际情况的第一手资料。管理者可恰当地选择调查的对象，还可经常与下级员工进行非正式讨论，从而使调查能真正反映实际情况。

（3）抽样。对大量测定对象通过科学选取样本，对小部分样本进行检查和分析，通过样本的情况推知整体测定对象的情况。

（4）间接推测。对某些无法直接测定的工作情况，如员工工作态度，可以通过其他资料如考勤情况、领导和同事对其的反映和评价情况等来做间接推测性的测定。

（5）召开会议。通过会议使各部门汇报工作近况和所遇问题，从而使决策者及时了解各部门的情况，并有助于部门之间互通信息、相互协调。

2. 测定的原则

为了提高测定工作的效果，在具体操作中必须遵循以下原则。

（1）客观性原则。这一原则要求在测定工作成果时坚持客观公正，避免个人主观地对工作进行评价时所固有的偏见和意气用事。选择具体明确而易于测定的标准有助于提高测定的客观性；同时，合理安排测定程序和人员也可以提高测定工作的客观性。

（2）完整性原则。这一原则要求测定应能完整地反映一项工作或一项成果的实际情况，这可以使管理者在测定时倾力于实际工作的各个方面，避免由测定的片面性造成工作低效。同时，还要求测定工作不能只注意计划或标准有要求的方面而忽视没有要求的方面。如果有一些测定内容标准未进行要求，而管理者认为是重要的项目也应列入测定的内容，以利于有效的控制。

（3）敏感性原则。这一原则要求所做的测定应能及时反映实际情况的变化，因为敏感性测定是管理人员及时了解实际情况，迅速做出决策，及时纠正偏差的前提。

（4）重点性原则。这一原则要求选好关键点进行测定。所谓测定的关键点就是指工作过程中的主要环节或工作成果和工作表现的主要方面。恰当选定关键点，有助于集中精力于测定的主要方面，降低测定的代价，提高控制的效果。

（三）反馈分析

1. 反馈分析的含义

反馈分析是指控制系统通过反馈把测定结果的信息及其他内外情况信息传递给有关人员，将实际工作情况与计划或标准的要求相比较，仔细分析，正确诊断，寻找实际工作结果与标准的差异。反馈是这一控制阶段的重要工作环节，反馈的效果如何，直接关系到分析诊断正确与否，能否寻找到差异。

2. 反馈工作必须注意的问题

（1）明确反馈对象。一般来说，反馈的信息主要传递给与控制有关的人员。主要包括：

①承担着实际工作具体任务的员工或部门；

②有关部门的管理人员；

③组织的领导者或高级管理机构。

明确反馈对象可以起到不同作用。如果向操作者或部门直接反馈适当信息，有助于激发他们的责任感，自觉地进行自我调整和协调，从而自觉地纠正偏差；如果向部门管理者或高级管理机构进行反馈，目的是使各级管理者以反馈信息作为分析诊断的依据，及早做出控制决策，采取有效控制措施。

在向管理者或管理部门反馈时，要注意与管理控制的层次相适应。针对不同的对象，在反馈的内容和范围上应有所不同，管理者地位越高，他得到的反馈信息应该越全面、越简明，以利于做出正确的决策。而对低层管理人员的反馈则应是其分管工作的有关信息，而且应该具体、详细、明确。对不同层次管理者恰当地反馈其所应了解的信息，必将对控制工作起到促进作用。

（2）选择好反馈形式和渠道。反馈信息可口头传递，也可以是书面的情况汇报、工作总结以及各种形式的图表和报告。在今天，各种形式的反馈信息都能以电子信息的形式收集、贮存、传递和提供，给信息反馈工作提供了极大的方便。不管什么形式的反馈，所形成的报告都必须注重时效，内容应该简明扼要，格式力求清楚，条理鲜明。更重要的是反馈的报告必须正确反映实际情况，不虚报、假报或瞒报，否则反馈的信息将失去其真正价值。

选择适当的反馈渠道同样重要。反馈的层次环节太多会导致信息的延误和歪曲，高度集中又会使渠道容量负担过重，导致信息的堵塞中断。另外，反馈时应尽量避免把客观信息加入个人的感情、推断或假设，从而削弱它的价值；如果反馈是由全面、客观和敏感的测定产生的，再由中性的手段（不解释、不评价的直接渠道）传递的，其价值就会大大增加。

（3）掌握好反馈的时间和间隔。一般说来，迅速而频繁的反馈能使管理者和工作人员经常了解其努力的效果，并对发现的偏差迅速采取纠正措施。但是，如果反馈对工作的反映过快，反馈间隔短于“问题明晰的时间跨度”，就可能失去有效性和可靠性。如果在工作的结果还未形成就试图对它进行测定并提出报告，那么实际工作不会得到真正的反映和评价。因此，根据工作的特点和管理的需要，适当规定反馈的间隔是非常必要的。

值得强调的是，向不同管理层提供反馈的频率间隔应有不同。向低层管理层的反馈应频繁一些，因为他们的主要任务就是及时处理日常业务，而向高层管理层的反馈则可间隔长些，因为他们的目的是了解情况并做出恰当的决策。

（四）校正偏差

通过测定，发现工作结果与标准的差异，然后对差异的原因进行分析，根据差异原因的不同，采取有效的方法进行处理，纠正实际与标准的偏差，是校正偏差阶段的主要工作。

管理者应对产生差异的原因进行分析。产生实际与标准差异的原因一般有四类，为此，校正偏差的方法与对策也应不同。

1. 第一类

第一类是由于外部环境的变化，使得组织原定的目标和计划无法完成。对于这类因素，管理者一般是无法控制的，纠正偏差的方法只能是调整组织的目标和计划。例如，由于政府提高贷款利率，使资金使用成本大大增加，增加了财务费用，企业利润必将受到影响。此时，就应适当调整原有的利润目标。

2. 第二类

第二类是由于原来制定的计划本身不合理而无法实现目标，这就需要适当修订计划。对修改计划应持慎重态度，要在经过努力改善计划执行条件仍难见成效时，再决定修改计划。另外，修改计划应选择合适的时间和空间。修改时间最好在某个阶段的任务完成后，以免打乱正常工作秩序。从空间上讲，应从修改具体工作标准开始，调整标准不能奏效时，再调整上一级计划，如此从下到上依次调整。这样既可保持计划的稳定性，又可体现计划的灵活性，同样也使控制得以有效进行。

3. 第三类

第三类是由于企业组织调整经营方针和经营策略引起的偏差。这类原因一般是管理者所能控制的，可以通过组织、变革或计划调整来适应新的经营方针和策略。

4. 第四类

第四类是由于管理不善所造成的偏差。这就要根据具体原因进行妥善处理。如产品成本提高了，应分析是由于直接材料、直接人工或者是制造费用提高了，还是由于偷窃、材料外流的原因。分析原因后，就能明确各个部门的责任，马上采取有效措施实施整改，纠正偏差。

总之，控制过程经历了上述四个阶段，形成一个完整的反馈控制系统，完成了一个控制周期。通过每一次的循环，使偏差不断缩小，组织的活动更趋向于组织的目标和计划。

第二节 饭店服务质量的控制

饭店的服务质量是指酒店满足宾客需求的能力与程度。饭店服务质量的管理与控制就是通过饭店质量标准体系及相关措施来检查和控制饭店产品的质量，减少投诉，提高客人的满意度。

一、饭店服务质量的含义

随着全球范围日益重视质量和质量管理，人们的认识能力和实践水平不断提高，已从传统的“小质量”（即“小 Q”）向现代意识上的大质量（即“大 Q”）发生转化。

（一）服务的含义

2000 年底，国际标准化组织发布了 2000 年新版的 ISO 9000 质量管理体系的国际标准，我国也随之发布 GB/T 19000 质量管理体系的标准。在新版标准中，对服务和质量均有了更为简洁清晰的表述。

1. 服务概念

所谓服务，是为满足需要，供方与客人接触的活动和供方内部活动所产生的结果。服务的定义传达给我们以下几个方面的意义。

（1）“客人”是产品或服务的接受者。“客人”（Customer）是个广义的概念。它不仅指来饭店消费的客人，也包括饭店内部得到二线部门和人员支持和帮助的一线部门和员工，也就是我们常说的“下道工序是客人”。饭店洗衣房要为客房部和餐饮部洗涤和提供大量的棉织品，客房部和餐饮部就是洗衣房的“客人”，要使客房部和餐饮部能为客人提供优质服务，就需要洗衣房为它们提供优质的后勤服务。树立“二线部门为一线部门服务”的概念，是为客人提供优质服务（产品）的保障。

（2）服务必须以满足顾客的需要为核心。定义中所说的需要是指客人对服务的物质和精神方面的需要。服务要靠人工，也要靠物质。这个物质在很大程度上依赖于先进的设施设备和技术。饭店在提供产品与服务时，要满足客人一切合理的需要，尽力帮助客人，始终把客人置于关注的中心。每一位员工都要以解决客人的问题、满足客人的需要为己任。同时，客人的需要不是一成不变的。随着社会的发展，人们的需要会不断发生变化。因此，饭店应不断地改善服务，以适应和满足客人的需要。

满足需要不仅要从客人的角度出发，还应考虑到社会的需要，符合国家法律、法令、法规、环境、资源保护、能源利用等多方面的要求。有些服务项目，如色情服务，会污染社会大环境，我国和其他一些国家都是禁止的。当客人需要与社会需要相矛盾时，应首先满足社会的需要。

（3）与客人的接触是服务的“关键时刻”。客人是从所接触到的员工身上认识饭店的。在他们的眼里，员工是饭店的代表。每一次不良的服务，都有可能给饭店造成不可挽回的损失。因此，饭店的员工要确立每次与客人的接触和“面对面”的服务，都是“关键时刻”。服务既是为客人的利益进行工作的过程，又是饭店员工与客人感情“交融”的过程。一位餐饮服务员热情友好、落落大方，推荐的菜肴既美味可口，又体面卫生，客人感到非常满意。这时，作为饭店员工也会在服务中有心悦神爽的感受。做好“面对面”的服务，以满意的员工去争取满意的客人，才可使饭店在竞争中获胜。饭店赋予一线员工相应的做好“面对面”服务的权利，是做好对客服务的关键。

2. 需要的内涵

在服务业中，分析、辨识、确定“需要”非常重要。以需要设计服务产品，以满足需要的程度来判断服务企业的能力，可以从3个角度来分析。

(1) 规定的需要与隐含的需要。在合同环境和法规环境中，需要是给定的、明确的。例如，顾客付费购买饭店产品后，对行、游、食、住、娱、购等有明确的需要，应按照要求予以满足，若因故未能兑现，则是服务不合格的表现。在其他环境中，需要是潜在的、隐含的，包含着期望。如酒店商务客人临时需要涉及投资的政策法规资料，这就需要酒店“金钥匙”协助提供，但这并不包含于事先确定的房价之中。

(2) 物质的需要与精神的需要。服务企业以人、资源、设施设备满足顾客的物质和精神需要。不同类型的顾客有着不同的物质需要，如豪华团队要乘进口大客车、坐软卧或头等舱、住高星级酒店，高档商务客人住宿要求配备传真机、电脑或多媒体设备等。然而，基本的精神需要则是共同的，均希望得到理解、受到尊重、维护人身财产安全等。

(3) 社会的需要和个人的需要。一般来说，社会需要并没写入合同，但顾客和服务企业必须遵守社会公德、社会规范、公共安全、环境保护等方面的要求。如浙江省在全国率先倡导“绿色酒店”的理念并付诸实施，就是为提高社会大环境的质量所做出的积极贡献。服务企业也要尽量满足顾客个人的需求，如有的酒店员工利用休息时间陪同住店客人购物、寻人、看病。当今，这种为个别客人提供的特殊服务已发展成了专门的个性化服务。

(二) 饭店服务质量的含义

1. 质量的概念

(1) 质量不只是产品质量，也可以是某项活动或过程的工作质量，还可以是质量管理体系运行的质量。

(2) 质量反映为满足顾客需求的程度，即“顾客和其他相关方的明示的、习惯上是隐含的或必须履行的需求或期望”。对质量的要求除考虑满足顾客需求外，还应考虑组织自身利益，提供原材料的零部件的供方利益和社会利益，例如安全性、环境保护、节约能源等外部的强制要求。

(3) 质量是产品、过程或体系固有的一部分特性，而人为赋予的特性（如服务价格）不属于固有特性，不属于质量的范畴。

(4) 质量具有动态性。质量要求不是固定不变的，因此应评审质量要求，修订规范，不断改善产品与服务，以满足已发生变化的质量要求。

(5) 不同的国家和地区因自然环境条件不同，技术发达程度不同，消费水平不同和风俗习惯等的不同，会对产品和服务提出不同的要求，产品与服务应具有这种环境的适应性，以满足这些顾客的“明示或隐含的需求”。例如以日本为主要客源国的饭店，就应增加适应日本客人需求的设施设备。

2. 饭店服务质量的含义

（1）饭店服务质量的概念：反映饭店产品与服务的固有特性和满足顾客和社会明示或隐含需求的程度。

① 服务质量是由市场决定的，即“顾客满意”是判别服务质量优劣的惟一标准。酒店有制度、有规范、有标准，但这些都只是必要的保证手段，其最终目的都是为了顾客满意，并最终得到顾客的肯定和认可。

② 宾客需求因人而异。在个性化需求凸现的今天，服务质量更难以用统一的和惟一的尺度去衡量，优质服务并不是越多越好，越贵越好。如果提供服务的时机不当，或尺度把握不准，甚至还会适得其反，使宾客产生厌烦感和虚假感，所以优质服务必须是有针对地满足不同客人的需求，投其所好，却又恰到好处。在酒店服务实践中要达到这一境界是不容易的。

③ 顾客满意是一种综合感受。顾客到酒店来消费是轻松随意的，他不会去研究一项项的服务标准，但他消费中的“模糊”体验，构成了他对酒店服务质量的综合评判。有时新奇感受会成为质量好的标志；有时酒店热心为住店客人解决一个难题，会受到高度赞誉；而有时候，仅仅因为客人心情不好，尽管酒店服务质量并没变化，由于服务员的一句并无错误的话，也会诱导出客人的不快。由此可见，顾客满意有很大的主观随意性，这是酒店很难把握、又必须潜心研究去把握的。因此，不断地仔细摸索顾客的需求，是酒店提供优质服务必须常练不懈的“基本功”。

④ 服务质量的评判是顾客将期望与现实比较后的结果。客人来酒店消费之前，也许并没体验过该酒店的服务，而仅从顾客自身需求的角度、或是经过酒店的促销引导后才来的，总会对酒店有一定的期望，这种期望可以是整体的，也可能是注重某一方面的。譬如就餐，有的客人可能注重于环境，有的注重于菜肴的变化，有的注重于价格。当客人消费后，他自然会将消费前的期望和消费后的现实感受进行比较。事前期望低于现实感受的，就会得出质量好的结论；而事前期望高于现实感受的，则就会作出质量差的评价。由此可见，即使酒店的质量始终如一，也会因顾客的期望不同而产生大相径庭的结果。

⑤ 服务质量是一个动态的、变化的概念。随着时代的进步和人类生活水平的提高，服务质量也是不断发展变化的。如改革开放初期，饭店的微笑服务和文明用语曾令全社会投以赞赏的目光，而如今，这些显然只是最基本的服务要求。在步入信息时代后，个性化服务越来越显得重要，而服务中的物质条件和形式，也在不断变化和发展。

（2）饭店服务质量的基本内容。饭店服务质量是由许多要素构成的一个复合体，主要由以下几个方面构成。

① 设施设备质量。设施设备质量标准是按照企业的等级规格和不同接待对象，对设施设备的选择购置、使用保养、更新改造和经济技术分析的质量的要求和规定。它是进行设施设备标准化管理的基本依据。

② 产品质量。制定以饮食产品为主的生产操作规程、烹饪技术要求和产品质量规格，目的是保证菜肴色、香、味、形、器俱佳，满足顾客的需求。

③ 环境质量。环境质量不同于服务设施设备质量，主要指饭店的美化，环境卫生状况，设施设备摆放布局，灯光、色彩的调节，温度、湿度与空气的清新程度等。良好的服务环境能使客人轻松、愉快。

④ 劳务质量。劳务即服务，劳务质量一般是指客人享用服务时获得的感受和满意程度，它是以设施、产品、环境质量为依托提供的服务，以达到满足宾客的需要为目的。

⑤ 安全卫生。安全卫生标准，既是服务质量高低的重要体现和旅游业文明程度的标志，又是饭店服务质量的关键性问题。

二、饭店服务质量控制

质量控制是质量管理的一部分，包括以下因素。

（一）服务质量的控制因素

饭店服务质量控制需要依靠过程来控制，而控制过程就是控制影响过程的因素。这些因素可以归结为五大要素，这就是人、设施、材料、能力和环境。

1. 人

首先，服务的对象是有物质和精神两个方面需要的人；其次，服务一般是以和顾客面对面的接触服务为主要形式，即使不是面对面的服务，也是与顾客的需要紧密联系着的，并对接触服务有很大影响的工作。因此，要达到质量特性要求和控制服务过程，起着直接的、决定性作用的是服务者，是他们的素质。从这个意义上讲，“宾客至上，员工第一”是非常正确的。

2. 设施

服务要靠人工，也要靠物质，这个“物质”在很大程度上依赖于先进的设施设备和技术。现代化的饭店是一组多功能、综合性的群体建筑，空调系统、计算机管理系统、Internet 等，已成为一家饭店赖以生存的必备之物。先进、现代化的设施设备是服务质量的重要组成部分。

3. 材料

对于服务，我们所说的材料包括两个方面：其一是销售饮食产品、商品以及服务中用到的各种消耗品等有形物质；其二是信息，包括市场信息、商品信息、技术信息等无形的物质。

4. 能力

服务不再是简单的体力消耗，它需要相应的能力作为保证。语言、技术、应变、协调管理等能力的高低都直接影响服务质量的优劣。

5. 环境

环境的安全、优美，方便和有序，是达到服务特性要求所必需的条件。顾客都愿意在舒适的环境中住宿和用餐，在有秩序的环境中进行商务洽谈等活动。环境是服务过程中应不断加以改善的重要因素。

综上所述，通过控制人力、物力、环境等要素来控制过程以达到实现每一服务的特性项目及其指标，这是质量管理的重要思路和原则。

（二）服务质量控制的目标

质量目标是指“在质量方面所追求的目的”。服务质量的控制必须围绕质量目标来进行，并让全体员工都来关注它的实施和实现。

饭店服务质量控制有 3 大目标。

1. 使顾客满意

服务质量控制的目的就是要帮助饭店增进顾客满意度。顾客的满意程度是衡量质量管理有效性的总指标。

2. 持续改进的过程

顾客的需求和期望是不断变化的，饭店必须不断地改进自己的产品及服务的提供过程。饭店业的竞争和现代科学技术的进步也促进了饭店的持续发展和改进。

3. 预防饭店不合格产品的产生

“预防为主”的管理是 GB/T 19000 质量标准管理体系一再强调的观点，也是标准质量管理与传统质量管理的重要区别点。“预防为主”就是要变“事后把关”为“事前预防”为主，把管“结果”变为管“过程”和“管因素”，使质量问题消失在质量的形成过程中，做到防患于未然。正如 GB/T 19000 质量标准管理体系所强调的那样：“质量体系应该强调预防性活动以避免发生问题，同时在一旦发生故障时，不丧失作出反应和加以纠正的能力。”

（三）质量管理的八项原则

八项质量管理原则是 2000 年版 GB/T 19000 的理论基础，又是企业的管理者进行质量管理的基本准则，也是饭店质量控制必须遵循的原则。

1. 以顾客为关注焦点

顾客是饭店的衣食父母，因此饭店必须理解顾客当前和未来的需求，满足顾客的要求并争取超越顾客的期望。

（1）了解和掌握顾客对产品的特性（产品、交货、价格、可靠性）的需求和期望。

（2）确保组织的目标与顾客需求和期望相结合，质量目标体现顾客需求。

（3）确保顾客需求和期望在整个组织内部得到沟通并执行。

（4）测量顾客满意度并根据结果采取相应的改善措施。

（5）加强与顾客的关系。

（6）兼顾顾客与其他相关方之间的利益。

2. 领导作用

饭店的决策者必须做好确定企业发展方向、策划未来、激励员工、协调活动和营造一个良好的内部环境，为员工提供所需的资源，并在饭店所有层次上创造并坚持一种共同价值观，形成企业的精神和文化。

3. 全员参与

饭店的全体员工是企业之本。全体员工是组织之本，要对员工进行质量意识、职业道德、以顾客为中心的意识及敬业精神的教育，激发他们的积极性和责任感；员工应具备知识、技能、经验，才能胜任工作，实现充分参与。

4. 过程方法

将活动和相关资源作为过程来管理，可以更高效地得到期望的结果。

（1）基本点。

① 任何利用资源并通过管理，将输入转化为输出的活动，均可视为过程。

② 系统地识别和管理组织所应用的过程，特别是这些过程之间的相互作用，就是“过程方法”。

（2）主要措施。

应用“过程方法”的原则，组织必须依次实施下列主要活动，实现预期结果。

① 使用已建立的方法和确定关键活动；

② 明确职责和权限；

③ 了解和测定关键活动的能力（数据、信息的获得能力，评估能力）；

④ 识别关键活动的接口（结合部）；

⑤ 重点管理关键活动的各种因素，如资源、方法等；

⑥ 评估风险以及对顾客、供方和其他相关方产生的后果和影响（内部审核及管理评审活动）。

5. 管理的系统方法

将相互关联的过程作为系统加以识别、理解和管理，有助于组织提高实现目标的有效性和效率。其基本点是：

① 相互关联或相互作用的一组要素就是系统。

② 系统方法包括系统分析、系统工程和系统管理三大环节。

③ 系统方法着眼于过程之间的相互协调和相容，过程方法着眼于具体过程的控制。

6. 持续改进

持续改进整体业绩应当是组织的一个永恒目标。

（1）持续改进作为组织的一项根本制度。

（2）对员工提供关于持续改进的方法和工具的培训。

（3）使持续改进成为组织内每个员工的认同。

（4）确立目标以指导、测量和追踪持续改进。

（5）激励。

7. 基于事实的决策方法

有效的决策是建立在数据和信息分析的基础上。

（1）确保信息和数据的足够、精确、可靠。

（2）明确规定收集信息的种类、渠道和职责。

（3）基于事实分析、权衡经验和直觉，作出决策并采取措施。

8. 与供方互利的关系

组织与供方是相互依存的，互利的关系可增强双方创造价值的能力。其基本点是：建立互利的关系，对组织和供方均有利。

（四）饭店服务质量控制的运作

饭店服务质量的控制是一种反馈系统，它的反馈回路如图 6-3 所示。

质量控制有三个步骤：制定标准；评价符合标准的程度；采取质量激励措施。这个过程中涉及员工、管理者及顾客三个要素。下面借助图 6-4 服务质量管理模型来说明。

1. 制定标准

如前所述，质量标准来源于顾客需求、行业规范及饭店的内部要求。为获得这些质量信息，必须建立质量信息系统，内容包括：

（1）通过传统的市场调查分析顾客需求；

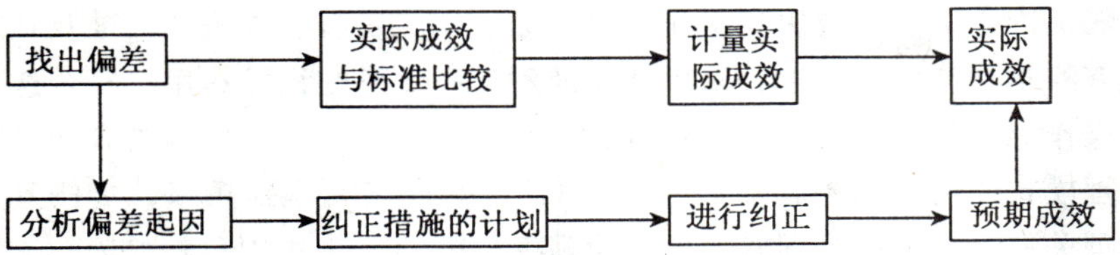

图 6-3 管理控制反馈回路图

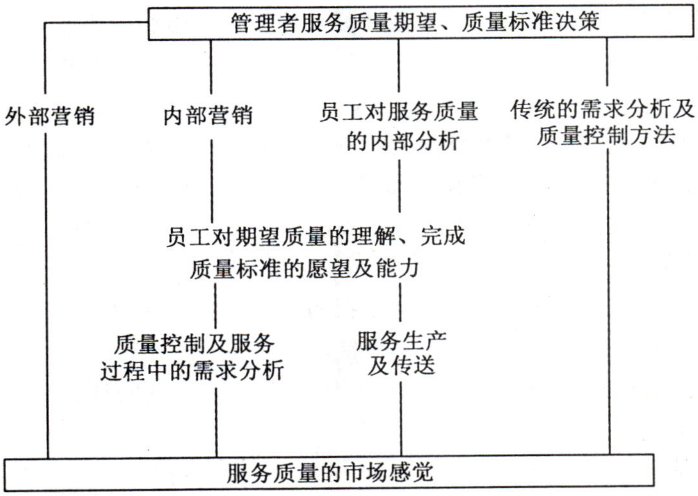

图 6-4 服务质量管理模型

（2）员工在与顾客的服务接触中了解客人的需求，并将信息反馈给管理者；

（3）管理者获得来自企业内部的质量信息及来自企业外部的质量信息后，总结、制定并修正标准。

而质量信息系统运转是否有效取决于：

①企业内部质量信息的沟通机制完善与否，即一线员工作为质量信息接收员作用的发挥程度，具体体现在企业是否具有“人人是质量管理主体”的质量文化，是否具有完善的合理化建议制度，上、下级及部门间沟通制度等管理标准作为保障。

②质量标准的制定是否能“从下而上”，即质量标准由各业务部门制

定，所涉及的基层管理者必须参与，质量管理部门予以指导和修正。

③标准是否能有效提高工作效率。标准化的发展要求服务标准及管理标准具有科学性和可操作性，以保证标准对提高效率的积极作用。符合这一要求的操作标准应具体到程序、语言、动作、时间和结果，如国内有些星级饭店管理模式中的"服务程序与标准"；管理标准应具体到频率、责任人、层级管理关系，如深圳银湖旅游中心管理模式中的"工作项目核检表"。

2. 质量检查

①每一级管理人员对下级质量标准（包括服务标准及管理标准）的执行情况进行检查、督导，发现问题及时解决。

②饭店服务质量控制的特殊性和复杂性要求加强服务现场督导，营业部门（如餐饮部、康乐部）主管、领班的工作地点应在服务现场，进行现场督导。

③由于饭店产品生产和评价的特殊性，不能通过事后检查进行服务质量控制。错误的发生将不可避免地影响质量成本，故要加强服务员工对"真实瞬间"的自我质量控制。

3. 问题的分析及解决

①将质量检查过程中发现的问题在例会、晨会等各级会议上提出，分析原因，并采取改进措施或修正质量标准。

②通过质量圈（Quality Circle）小组活动帮助发现问题，分析原因，提出解决方案。

4. 质量培训

在质量理念的操作模式中提到的内部营销，即将质量管理工作销售给员工这一过程，可以通过质量培训的方式进行，包括：

①入店培训。帮助员工树立服务意识、质量意识，了解行业行为规范。

②在职培训。由各部门向员工传授质量标准，使质量标准取得员工理解，从而使各级员工具有完成质量标准的愿望及能力，并缩小管理者期望的服务质量与员工期望的服务质量之间的差距。

③考核、评估。培训后进行考核，考核合格后持证上岗；考核结果报人力资源部备案，作为评估依据。

总之，饭店服务质量的管理与控制的过程，实际上就是在"通过追求业绩持续改进"，不断提高饭店服务与管理水平、市场竞争力的过程。具备适应饭店运行的有效的管理制度和作业标准，有培训、检查、督导及处理措施和质量记录，是饭店服务质量的保证。

第三节 饭店的财务控制

财务控制是饭店组织对其经营的财务成果的综合控制，它是饭店对其经营活动成果进行控制的最主要方法，也是对财务工作本身的控制。财务控制的主要方法有预算控制、损益平衡分析、财务报表分析等。

一、预算控制

预算控制是以预算指标为控制标准，通过分析对比，找出差异，并加以改进的一种控制方法。预算不仅是限制成本费用开支的手段，更是提高饭店经济效益的有效措施。

（一）预算的种类

不同的组织，其预算会各有特色，即使在饭店内部的不同部门，也会有各式各样的预算，但归纳起来，基本有以下几种。

1. 收支预算

它是指饭店在预算期内以货币单位表示的收入和经营费用支出的计划预算，也称营业预算。

2. 实物量预算

由于以货币量表示的收支预算受产品价格波动的影响，可能会造成收支预算与实物量投入产出计划的不一致，因此，通常需要有实物量预算来作为货币量收支预算的补充和印证。饭店常用的实物量预算是客房出租数、接待人数、原材料数量与品种等，此外，用人工小时或人工日来预算所需要的劳动力也是很普遍的。

3. 投资预算

投资预算是饭店为更新或扩大生产能力而计划投资新建客房、添置机器、设备等其他有关设施、增加固定资产的各项支出。

4. 现金预算

现金预算表明在预算期内对现金的需要量，它是以收入和支出预算中的基本数据为基础编制的。预算现金需要并不一定能显著改变企业的利润额，但它有助于保证企业有流动性头寸，而这又被认为是谨慎管理的标志之一。

5. 预算汇总

这是一种对预算期的最后一天，通常是会计年度结束时的财务状况的预测。它作为资产与负债之间关系的对照说明，不需要编制任何附加的预算，而是所有上述预算的汇总。

（二）预算编制的方法

编制预算的方法很多，有固定预算、弹性预算、零基预算、滚动预算和概率预算等。无论采用哪一种编制方法，都应该以明确的经营目标为前提，做到全面、完整、积极、可靠，并留有一定余地。

1. 零基预算

零基预算法的基本原理是：对任何一个预算期、任何一个项目的预算支出都以零为基底，不考虑其以往的情况如何，从根本上研究、分析每项预算有无支出的必要和预算支出规模的大小。这种预算方法是针对传统的增量或减量预算法的缺点进行的改革，它不以历史为基础，修修补补，而是以零为出发点，一切推倒重来，零基预算法因此而得名。零基预算的具体步骤如下：

（1）组织饭店内部各有关部门，根据计划期内战略目标的具体任务，对每一项业务说明其性质、目的，以零为基础，详细提出各项业务所需要的开支。

（2）由饭店的决策层对各部门提出的预算方案进行“成本—效益分析”，进行比较评价，然后权衡各预算项目的轻重缓急，按所需经费的多少分成等级，排列顺序。

（3）按照第二步所定的层次，结合可动用的资金来源分配资金，落实预算。

2. 滚动预算

滚动预算又称永续预算，其主要特点是预算期是连续不断的，如总是保持12个月，每过去1个月，就根据新的情况调整和修订后几个月的预算，并在原来的预算期末随即补充1个月的预算。这种预算要求在一年中头几个月的预算要详细完整，后几个月可以略粗一些；随时间的推移，原来较粗略的预算逐渐由粗变细，后面随之又补充新的较粗略的预算，如此往复，不断滚动。

（三）预算的控制作用

预算控制的作用有以下几点。

（1）明确。预算控制使饭店的各项工作成果数字化，使人一目了然。

（2）方便。饭店的任何活动最终都会反映到财务上。

（3）便于授权。凡是预算内批准的项目，即可授权下级处理。

当然，预算仅仅是控制的一种手段，不能代替管理工作。预算也有其局限性，通常的缺点是预算偏大、偏细、偏死，因此应强调预算是可以变动的。预算只是一种工具，工具要为饭店的任务和管理服务。

二、损益平衡分析

损益平衡分析主要是分析饭店的经营业务量、成本和利润三者的依存关系。这种方法首先把总成本分为成本（变动成本和固定成本）和费用，通过分析收入、成本、费用的变动对利润的影响来达到控制的目的。一般说来，有了损益表、资产负债表再加上相应的附表，就足以评价一个企业的财务和经营的全面情况。

（一）损益表

损益表又叫收益表（Profit and Loss Statement）。它是反映饭店一定时期内的成果（即盈亏状况和形成的来龙去脉）的一种动态报表，它是根据收入与支出相配比的会计原则而设计的，包括五大部分：营业收入、经营利润、营业利润、利润总额和净利润。损益表为饭店的投资者和管理者提供了有关饭店的获利能力、利润变化原因、企业利润发展趋势等方面的大量信息，是考核饭店利润计划完成情况和经营水平的重要依据（如表 6-1 所示）。

表 6-1　　**损益表**

编制单位：　　2004 年度　　单位：元

项　目	行次	上年数	本年数
一、汇编企业户数	1		
二、营业收入	2		
减：营业成本	3		
营业费用	4		
营业税金及附加	5		
三、经营利润（亏损以“-”填列）	6		
加：其他业务利润	7		
减：管理费用	8		
财务费用	9		
四、营业利润（亏损以“-”填列）	10		

续表

项　目	行次	上年数	本年数
加：投资收益	11		
补贴收入	12		
营业外支出	13		
减：营业外支出	14		
加：以前年度损益调整	15		
五、利润总额（亏损以“－”填列）	16		
减：所得税	17		
六、净利润	18		

制表人：　　　　　　　　××省财政厅统一印制

如表 6-2 所示为某饭店的损益表。

表 6-2　　　　　　　　××饭店损益表　　　　　　　　单位：元

经营部门	营业收入	原材料成本	工资和有关费用	其他费用	经营利润
客房	$120 000		$30 000	$30 000	$60 000
食品	50 000	20 000	15 000	8 000	7 000
租金和其他收入	10 000				10 000
经营部门总计	180 000	20 000	45 000	38 000	77 000
未分配经营费用					
行政管理费			20 000	2 000	22 000
市场营销				5 000	5 000
财产管理与维修			5 000	3 000	8 000
能源成本				12 000	12 000
未分配经营费用总计			$25 000	$22 000	$47 000
在减去固定费用前的收入	$1 800 000	$20 000	$70 000	$60 000	$30 000

续表

经营部门	营业收入	原材料成本	工资和有关费用	其他费用	经营利润
租金、财产税和保险费					7 000
利息费用					5 000
折旧费					10 000
在销售财产收益和缴纳					8 000
所得税前收入总计					
销售财产收益					2 000
所得税前的收入					10 000
所得税					3 000
净利润					$7 000

(二) 资产负债表

1. 资产负债表

资产负债表是反映在某一特定日期饭店财务状况的财务报表，它提供的重要信息包括：饭店在指定日期所掌握的资产、所负担的债务、饭店所有者在饭店所持有的权益以及饭店的偿债能力等。资产负债表揭示了饭店财务状况在某一天的“即时”情况，用以显示饭店以往发生的经济业务的累积影响，是一种静态的财务报表（如表 6-3 所示）。

表 6-3 **资产负债表**

编制单位： 2004 年 12 月 31 日 单位：元

资　产	行次	年初数	年末数	负债及所有者权益	行次	年初数	年末数
流动资产：				流动负债：			
货币资产	1			短期借款	29		
短期投资	2			应付账款	30		
应收账款	3			其他应付款	31		
减：坏账准备	4			应付工资	32		
应收账款净额	5			应付福利费	33		

续表

资　产	行次	年初数	年末数	负债及所有者权益	行次	年初数	年末数
应收补贴款	6			未交税金	34		
其他应收款	7			未付利润	35		
存货	8			其他未交款	36		
待摊费用	9			预提费用	37		
待处理流动资产净损失	10			一年内到期的长期负债	38		
一年内到期的长期债券投资	11			其他流动负债	39		
其他流动资产	12			流动负债合计	40		
流动资产合计	13			长期负债：			
长期投资：				长期借款	41		
长期投资	14			应付债券	42		
固定资产：				长期应付款	43		
固定资产原价	15			其他长期负债	44		
减：累计折旧	16			其中：住房周转金	45		
固定资产净值	17			专项应付款	46		
固定资产清理	18			长期负债合计	47		
在建工程	19			递延税项：			

续表

资　产	行次	年初数	年末数	负债及所有者权益	行次	年初数	年末数
待处理固定资产净损失	20			递延税项贷项	48		
固定资产合计	21			负债合计	49		
无形资产及递延资产：				所有者权益：			
无形资产	22			实收资本	50		
递延资产							
无形资产及递延资产合计	23			资本公积	51		
其他资产：	24			盈余公积	52		
其他长期资产				其中：公益金	53		
其中：存取保证金	25			未分配利润	54		
递延税项：	26			所有者权益合计	55		
递延税款借项	27						
资产总计：	28			负债及所有者权益总计	56		

制表人：　　　　××省财政厅统一印制

如表6-4所示为某饭店资产负债表。

某饭店资产负债表

表 6-4　　2004 年 12 月 31 日　　单位：元

	年初	年末		年初	年末
资　产			负债和所有者股本		
流动资产			流动负债		
现金	$5 000	$9 500	应付款	$30 000	$60 000
应收款	10 000	12 000	应付工资	2 000	2 000
食品储存	2 000	2 000	应付抵押贷款——流动部分		5 000
预付费用	2 000	1 500	总计	9 000	13 000
总计	19 000	25 000	长期负债		
财产和设备			应付抵押贷款	100 000	95 000
以成本计					
土地	50 000	50 000	票据——地方银行	0	7 000
建筑	400 000	400 000	总计	100 000	102 000
累计折旧——建筑	(300 000)	(307 000)	负债总计	109 000	115 000
家具和设备	40 000	48 000	资本	10 000	10 000
累计折旧——家具和设备	(30 000)	(25 000)	储存利润	60 000	66 000
总计	160 000	166 000	所有者股本总计	70 000	76 000
资产总计	$179 000	$191 000	负债和所有者股本总计	$179 000	$191 000

2. 资产负债表的作用

资产负债表能够提供资产、负债和所有者权益的全貌。其作用主要为：

（1）通过编制资产负债表可以提供某一时期资产的总额，表明饭店拥有的经济资源及其分布情况，是分析饭店经营能力的重要资料。

（2）通过资产负债表，可以反映某一时期的负债总额及其结构，表明饭店未来需用多少资产和劳务清偿债务。管理者需经常将流动负债总额与流动资产总额相比较，来检查饭店是否保持了足够的流动资本和足够的偿债能力，以确保饭店顺利维持经营。

（3）通过资产负债表，可以反映所有者权益的情况，表明投资者在饭店资产中所占的份额，了解权益的结构情况。

（三）现金流量表

现金流量表是动态地反映企业财务状况的会计报表（如表 6-5 所示）。企业通过对现金流量表的分析，了解企业一定时期有关现金流入、流出的信息，并通过与利润表的结合，计算企业建立在收付实现制基础上的有关盈利能力、股利支付能力和营运能力的指标。

表 6-5 现金流量表结构

项　　目	金额（元）	流入结构（%）	流出结构（%）	流入流出比
经营活动现金流入量	18 984	95		2
经营活动现金流出量	9 534		44	
投资活动现金流入量	610	3		0. 46
投资活动现金流出量	1 370		6	
筹资活动现金流入量	300	2		0. 03
筹资活动现金流出量	11 000		50	

现金流量表中现金的概念是现金及其等价物，在我国主要包括：库存现金、银行存款、其他货币资金及现金等价物。

（1）不能随时提现的银行存款和其他货币奖金不包含在现金内。

（2）现金等价物是指随时能变现的短期有价证券，一般是指 3 个月内即到期或转换成现金的投资。

现金流量表的作用有以下 4 点。

（1）得到本期现金流量的实际数据：现金流量表清楚地列示了企业一个会计期间，各种现金的流入和流出量，报表使用者通过阅读现金流量表可直接获得现金流入、流出的数据。

（2）评价本期收益的质量：现金流量表是建立在收付实现制基础上的。用收付实现制计算出来的净利润较权责发生制计算出来的净利润对企业来说更可靠。

（3）评价企业的财务弹性和流动性：现金流量表能反映企业一定时期的现金流入、流出状况，通过一系列指标的计算，可以评价企业资产的变现能力和适应经济变化的能力。

（4）预测企业的未来现金流量：预测未来是报表分析的一大功能，报表使用者可以通过对企业现在现金流量的状况预测其变化发展趋势。

三、财务报表分析

财务报表分析主要涉及三种报表：资产负债表、损益表、现金流量表。这些报表可以揭示饭店的财务实力、经营成果和营运资金的支付能力，被视为饭店的基本财务报表。

1. 现金流量表结构分析

现金流量表结构（如表6-5所示）分析包括流入结构、流出结构和流入流出比分析。

（1）流入结构分析。

流入结构分析分为：总流入结构和三项（经营、投资和筹资）活动流入的内部结构分析。

该公司的总流入量中经营流入量占95%，是其最主要来源；投资流入量占3%，筹资流入量占2%左右，无足轻重。

（2）流出结构分析。

流出结构分析分为总流出结构和三项活动流出的内部结构分析。

该公司的总流出量中经营活动流出量占44%；投资活动占6%；筹资活动占50%。这说明公司现金流出中用于筹资的支出占很大比重。

（3）流入流出比分析。

经营活动流入流出比为2，表明企业1元的流出可换回2元现金，此比值越大越好。

通过与流入、流出结构的历史比较和同业比较，可以得到更有意义的信息。

对于一个健康的正在成长的企业来说，现金流量是饭店的血液，现金流入量必须要大于现金的流出量，否则饭店就会陷入财务危机。经营活动的现金流量应是正数，投资活动的现金流量是负数，筹资活动的现金流量是正负相间的。

增减分析。财务报表分析的一种方法是对基本财务报表中的数据进行直接的增减分析，如表6-6所示。

报表增减分析

表 6-6　×饭店损益表　单位：千元

项目	本年	上年	变动额
销售净额	8 250	8 000	+250
减：销售成本	5 100	5 000	+100
管理费	1 750	1 680	+70
利息费	210	210	——
其他费	420	390	+30
税前利润	770	720	+50
减：所得税	360	325	+35
税后利润	410	395	+15

表 6-6 对损益表数据进行了增减分析。这种分析是对比两个会计期间的报表数据以及它们之间的增减变动差额，编制出比较对照表，通过很直观的差额分析，对企业的财务状况和经营成果进行评价。表 6-6 的增减分析属于报告的纵向比较分析。

2. 构成比率分析

财务报表分析的另一种方法是对各类数据的构成比率进行分析（如表 6-7 所示）。

表 6-7　损益表构成比率对比分析

项　目	本　年（千元）	本年比率（%）	上年比率（%）	差异
销售净额	8 250	100	100	
销售成本	5 100	61.8	62.5	-0.7
管理费	1 750	21.2	21	+0.2
利息费	210	2.5	2.63	-0.13
其他费	420	5.1	4.87	+0.23
税前利润	770	9.33	9	+0.33
所得税	360	4.36	4.06	+0.30
税后利润	410	4.97	4.94	+0.03

表 6-6 与表 6-7 分析的损益表数据是相同的，但表 6-7 采用的方法是构成比率分析法，也称做百分率分析法。在进行对比分析时，表中只列出各数据占相应总额的百分比，对比找出各组比率的变化。这种分析是将分析对象（如销售净额）列为 100%，这样比较的基础和企业自身的规模大小无关。因此，它既可用于企业自身状况的分析，也可用于同行业平均水平的对比分析（如表 6-8 所示）。表 6-8 属于横向比较分析。

表 6-8　　　　损益表构成比率对比分析（横向）

项　目	本年（千元）	比率（%）	同行业一般水平比率（%）	差异
销售净额	8 250	100	100	
销售成本	5 100	61.8	60	+1.8
管理费	1 750	21.2	16	+5.2
利息费	210	2.5	3	-0.5
其他费	420	5.1	7	-1.9
税前利润	770	9.33	12	-2.67
所得税	360	4.36	5.4	-1.04
税后利润	410	4.97	5.6	-0.63

从表 6-7 中看到，成本虽然有所增加，但由于销售收入增加，实际上的成本比率是下降了，在表 6-7 中可看到下降了 0.7，最终导致利润比率有所上升；但是从表 6-7 中也可看出由于管理费用和其他费用的比率上升，使利润比率的上升大为减少。从表 6-8 的分析来看，成本比率高于行业一般水平，尤其是管理费用比率高出较多，因此造成利润比率低于行业一般水平。从表 6-6、表 6-7 和表 6-8 的分析实例，可以了解到构成比率分析有其特殊的优越性，可用于横向对比分析。

3. 横向分析和纵向分析

无论是报表的增减分析还是构成比率分析，在列出两组数据进行比较时，如果选择饭店外部的同期数据作对比，称为横向比较分析；如果选择饭店内部的不同期数据作对比，称为纵向比较分析。

两种不同方向的分析，其意义显然不同。一般地讲，横向分析便于发现饭店与同行的差距，而纵向分析便于发现饭店内部在不同时期的变化。两种分析都是常用的方法，构成比率分析方法在横向分析中更具有优势。

四、趋势分析

在资产负债表和损益表中，金额栏内都有期初与期末的对比，这种对比反映了各个项目增减变化情况。将连续数年的财务报表有关项目进行顺序排列，然后对各个数字的绝对值和变化值进行对比，形成经济活动项目连续变化及发展趋势的分析方法，称为趋势分析法。趋势分析法有助于经营管理人员了解和掌握财务现状和未来的发展方向，有利于在决策中实施正确的管理和干预措施，保持经营发展的良性循环。

1. 经营业绩对比

很多饭店在其年度财务报告中都要提供过去 5 年或 10 年的数据，这些提供的信息能使财务分析人员观察比较一段较长时间内的数据变动，从而作出判断。如 B 饭店过去 5 年的销售收入和净收益的分析如表 6-9 所示。

表 6-9　　**B 饭店 5 年经营业绩对比**　　单位：千元

项　目	第一年	第二年	第三年	第四年	第五年
销售收入	2 020	1 750	2 430	3 200	4 150
净收益	109	103	135	154	188

尽管从表 6-9 中可以看到 B 饭店的业绩变化呈上升趋势，总的情况令人满意，但是更好的比较方法是采用趋势百分比的计算来列表，如表 6-10 所示。

表 6-10　　**B 饭店 5 年经营业绩的基年百分率对比**　　单位:%

项　目	第一年	第二年	第三年	第四年	第五年
销售收入	100	87	120	158	205
净收益	100	94	124	141	172

从表 6-10 中可以看到 B 饭店在第二年、第三年时，其净收益的增长高

于同期销售收入的增长，业绩突出，而第四年、第五年净收益的增长低于销售收入的增长，其中第五年已出现二者增长很不相称的局面，情况不容乐观，必须认真分析净收益增长率下降的原因，及时采取对策。

表 6-10 这种采用基年百分比计算的趋势分析更能科学地揭示出事物的变化，而且这种方法的对比数据是百分率，所以又可以用于进一步和行业内其他饭店的对比分析，或是和行业平均水平、行业最佳水平进行比较分析。

2. 利润构成趋势表

下面为 A 饭店的利润构成趋势表（如表 6-11 所示）。

表 6-11　　A 饭店 2000 ~ 2003 年利润构成趋势表　　单位：万元

项　目	2000 年	2001 年	2002 年	2003 年
一、营业收入	100	134.20	166.4	199.60
营业税金	100	122.50	252.6	306.10
营业成本	100	137.10	156.50	184.0
二、经营利润（毛利）	100	133.40	142.30	199.80
管理费用	100	135.60	159.50	201.40
财务费用（利息支出）	100	112.30	121.00	335.60
三、税前利润	100	135.60	129.30	189.70
所得税	100	133.40	128.60	194.30
四、税后利润	100	132.90	127.50	301.50

表 6-11 将 A 饭店经营损益表与利润构成表进行连续 4 年排列，将基年数字全部取标准值 100，通过在基年基础上 4 年各项目的逐项变化，揭示各项目的变化趋势。从表 6-11 可看出，A 饭店除 2003 年因为向银行借款而使利息比 2002 年有增加以外，其他各项收入和费用在 2000 年的后 3 年间变动的趋势较为平缓，只有 2003 年税后利润增长较快。

3. 资产负债趋势表

下面分析 A 饭店 2000 ~ 2003 年资产负债趋势表（如表 6-12 所示）。

表 6-12　　**A 饭店 2000～2003 年资产负债趋势表**　　单位：万元

项　目	2000 年	2001 年	2002 年	2003 年
流动资产				
现金和银行存款	100.00	106.70	121.30	110.20
应收账款	100.00	214.70	308.80	275.80
存货	100.00	163.40	222.20	312.30
小计	100.00	165.30	216.70	312.40
固定资产净值	100.00	105.20	124.90	186.40
无形资产和递延资产	100.00	156.30	223.10	341.70
资产总额	100.00	133.60	168.90	246.90
流动负债				
应付票据	100.00	151.30	202.40	123.10
应付账款	100.00	413.60	813.50	713.70
其他应付款	100.00	201.00	403.30	504.50
小计	100.00	253.10	457.30	412.60
长期借款	100.00	100.00	100.00	335.10
负债合计：	100.00	167.30	256.40	365.80
业主权益				
业主资本	100.00	129.10	136.20	210.50
负债和业主权益	100.00	133.60	168.90	246.90
总额	100.00			

表 6-12 中，全部资产的总额在 2000～2003 年的 4 年中，2001 年比 2000 年增长了 33.60%，2002 年比 2001 年增长了 26.42%，2003 年比 2002 年增长了 46.18%，这是一种稳步增长的趋势。再分析流动资产，其中 2001 年比 2000 年增长了 65.30%，2002 年比 2001 年增长了 31.09%，2003 年比 2002 年增长了 44.16%。总的来说还算正常，但 2003 年比 2002 年的存货增加了 1.4 倍，应值得研究，要注意分析原因。

流动负债的增势比流动资产要猛，尤其是应付账款和其他应付款的增加趋势很不正常，资产的增加显然与长期负债的增加有关。

再从业主权益来考察，从 2000 年到 2003 年，资本的增加和资产的增长趋势比较协调。

总之，进行趋势分析至少要选取4组以上的数据，因为数据过少很难看出它的变化趋势。在实际工作中，人们一般使用5年以上的数据进行趋势分析。在进行趋势分析时，必须注意剔除各种不可比因素，如偶然事件的影响、通货膨胀的影响，特别是调整会计方法（如调整折旧计算方法）带来的影响。

思考与练习

1. 如何理解饭店控制职能的目的？饭店控制工作有哪些类型？
2. 怎样理解饭店质量控制的三大目标？
3. 饭店服务质量有哪些构成要素？
4. 为什么说预算是管理控制中运用得最广泛的一种方法？
5. 试述饭店预算的种类及编制流程。
6. 有人说"'适应与适度'相结合是服务质量控制的基本原则"，你认为正确吗？为什么？
7. 现金流量表、资产负债表、损益表在饭店财务控制中的作用是什么？

第七章
饭店的安全管理

安全是饭店一切工作的保障。饭店的安全管理，就是为保障客人、员工及饭店的安全。饭店安全工作的好坏，不仅关系到饭店的正常经营，而且关系到饭店的声誉。饭店安全重于泰山。

第一节 饭店安全管理概述

安全是客人的基本生理需求，保证客人人身及财产安全是饭店的基本职能之一。饭店安全管理所保护的对象可泛指为在饭店内的所有人员及所有财产。

一、饭店安全管理的意义

搞好饭店安全管理其意义是十分重大的。

（一）饭店安全管理，直接关系到我国的声誉

对外开放政策是我国的一项基本国策，随着我国加入 WTO，外国客人到中国旅游的人数剧增，现代旅游饭店也接待越来越多的外国游客。搞好饭店安全，对维护我国声誉有直接关系，不仅会促进旅游事业发展，也有利于我国对外开放政策的贯彻。

（二）饭店安全管理，直接关系到饭店服务质量的好坏

饭店要满足客人的需要，固然需要完善的设施、齐全的项目、优良的服务，还需要有令人放心的安全措施和制度。

安全是客人的基本需求，现代旅游饭店要使客人有“宾至如归”的安全感，就必须做好饭店的安全保卫工作。如果我们只一味追求热情、礼貌、高效的服务，而忽视了必要的安全工作规定，如客人入住登记不核实身份证等有效证件，对非住店客人进入楼层不询问、不监控，那就可能给犯罪分子以可乘之机。所以，如果一家饭店的安全措施和制度残缺不全或形同虚设，监督不力，致使饭店的治安秩序混乱，偷窃案件时有发生，甚至出现火灾及食物中毒事件，客人的生命和财产安全没有保障，这样的服务是无法称之为高质量的服务，客人会因一件安全事故而将对饭店原有的好印象一扫而光。

（三）饭店安全管理，直接关系到饭店的经济效益和社会效益

饭店安全工作管理不力所造成的损失，不仅表现为直接的经济损失，如发生火灾、食物中毒的财产损失，赔偿费的支出等，而且更主要地表现为一种声誉的损害，即形象的破坏。这种损失是无法通过量化而计算的。在当今世界，国外许多游客都把安全系数高低列为选择饭店的主要因素，有的甚至还要专门派人考察饭店的安全系统。所以，饭店的安全管理的好坏，直接关系饭店的形象、声誉，也必然直接影响饭店的经济效益。

（四）饭店安全管理，直接关系到员工的积极性

饭店的安全管理也包括员工的安全。所以，如果一家饭店各种防范和保护措施不力，工伤事故不断，健康状况不佳，就很难使员工积极而有效地工作。

二、影响饭店安全的因素

影响饭店安全的因素一般可分为人为侵害因素和自然侵害因素两大类。

（一）人为侵害因素

由于人为的故障或过失行为而直接侵害饭店安全的，均为人为侵害因素。它又包括违法犯罪行为和非违法犯罪行为两种。

1. 违法犯罪行为

这种行为是人们违反了法律规定，从而侵害饭店安全的行为。

(1) 行为者违反了法律规定，实施了法律所禁止的行为，或不去实施法律规定必须实施的行为。

(2) 行为者都是以饭店和客人的人、财、物作为侵害目标，作案地点大多在饭店及客人活动的范围之内。

(3) 行为者的心理状态大多为故意，即明知自己的行为会产生危害饭店安全的结果，并且希望或放任这种结果发生。除了故意的违法犯罪行为外，也有一些是过失行为引起的违法犯罪活动，如失火、过失伤害等。

(4) 违法犯罪的手法比较隐蔽。由于违法犯罪分子的作案目标明确，作案地点集中，人多眼杂，作案者想要躲过饭店门卫和巡逻人员的视线，避开电视监控系统的追踪，就得伪装成住店客人的模样，混入饭店，以便伺机作案。

因此，饭店安全保卫人员必须随时保持高度警觉，采取切实可行的措施，预防和制止违法犯罪行为的发生。这是饭店安全部门的主要任务之一。

2. 非违法犯罪行为

这种行为多数属于道德问题、思想问题和习惯问题。它并没有违反法律、规范，但确实影响了饭店安全，如扰乱饭店正常秩序，影响工作和营业的正常进行尚未造成严重损失等。对于这些问题的处理，更需谨慎。

(二) 自然侵害因素

由于自然力的作用而直接影响饭店安全的，均是自然侵害因素。自然侵害因素具有很大的危险性，会给饭店和客人造成严重损失。按照人们对自然侵害因素的认识程度又可分为下列3种。

1. 人们可以预料并能预防的自然侵害因素

如房屋年久失修，因自然风化作用造成屋顶泥灰脱落而砸伤客人、大风刮倒了门窗、自动电梯被卡、电源线老化而引起火灾、冰箱食物储藏过久而引起食物中毒，等等。虽然这种自然侵害因素是可以预料和预防的，但由于它们普遍存在，往往不被重视而容易发生。因此要引起安全部门和饭店各有关部门的注意，提高警惕，尽可能地减少和消除这种自然侵害因素。

2. 人们难以预料或不可抗拒的自然灾害

如台风、洪水、雷击、地震等。人们对这些灾害的认识虽然已不是一无所知，但其发生的准确时间、途径、路线和危害程度是难以预料的，人类的力量也难以与之抗衡。这些自然灾害对饭店的损失往往是十分惨重的。因此，饭店要加倍警惕，千方百计采取科学手段和切实可行的措施，尽量减少饭店和客人的损失。

3. 无法预料的自然侵害因素

受社会发展进程的限制，人们对某些物质的特性及其变化尚未认识。这些物质在人们并不知晓的条件下发生变化，从而发生或造成侵害饭店和客人安全的事故。例如，2003 年所发生的波及全世界的 SARS 病毒。对于这种自然侵害因素，人们必须密切注意饭店各方面的变化和加强清洁卫生及安全工作，同时，在这些侵害事故发生之后，要及时总结经验，制定安全防范措施，改进饭店安全管理工作。

饭店的安全管理，就是向这两类侵害因素作斗争，既要预防自然因素对饭店的侵害，又要预防人为因素对饭店的侵害，但就其主要职责而言，应更多地注意同各种人为侵害因素作斗争。

三、饭店安全管理的组织机构

现代化饭店由于其规模越来越大，业务范围越来越广，社会治安情况越来越复杂，对安全保卫工作的要求也越来越高，由此产生了专职的安全保卫人员和安全部这个直接隶属于总经理的职能部门，其组织机构如图 7-1 所示。

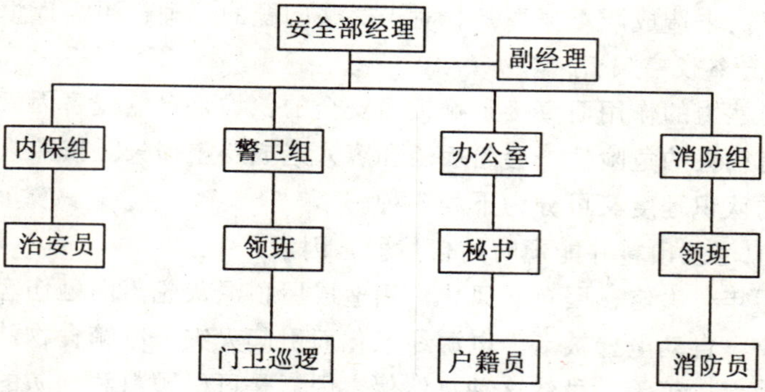

图 7-1　饭店安全部组织机构

饭店安全部一般设有内保组、警卫组、消防组、户籍员等岗位。此外，从岗位的流动性看，又有固定岗位、流动岗位和临时岗位等多种形式。饭店应根据实际情况和工作需要而定，使它们既有利于保卫工作的管理，又有利于饭店的正常营业和生产活动，同时还要考虑到在特殊情况下的应变能力。

需要指出的是，虽然安全部承担了饭店安全管理的许多责任，但饭店安全管理实际涉及饭店各个部门，贯穿于饭店整个业务活动之中。

四、饭店安全部的任务

(1) 经常开展安全和法制教育，不断提高职工对饭店安全保卫工作的认识。

(2) 逐步健全安全防范管理制度，积极推行安全保卫岗位责任制。饭店的安全制度主要有：

① 门卫制度；

② 巡逻制度；

③ 客人住宿验证登记制度；

④ 房门钥匙管理制度；

⑤ 总台安全防范制度；

⑥ 财物保管制度；

⑦ 防火安全制度；

⑧ 访客制度；

⑨ 情况报告制度；

⑩ 通缉协查核对制度；

⑪ 要害部位保安制度；

⑫ 员工更衣箱检查制度；

⑬ 临时工作人员管理制度；

⑭ 交接班制度。

(3) 加强饭店内部的治安管理，维护内部治安秩序。

① 加强对饭店客人登记及下属业务部门如舞厅、KTV包房、音乐茶座的管理。

② 加强对酒吧、咖啡厅、商场、康乐中心等公共场所的治安管理，维护内部治安秩序。

③ 加强对危险物品的管理。

④ 对员工中的轻微违法行为进行教育，严肃查处各种治安案件。

⑤ 配合有关部门做好消防、交通管理，防止火灾与其他灾害事故的发生。

(4) 协助公安机关查处治安案件和侦破一般刑事案件。

(5) 协助公安机关查处破坏性事故和治安灾害事故。

(6) 确保饭店的重点和要害部位的安全。

(7) 保障客人的人身财产安全和心理上的安全感。

饭店安全部在执行上述任务的同时，要处理好安全工作与日常营业的关系，结合饭店的实际，做到“内紧外松”，“宾客至上，安全第一”，“预防为主”，避免造成紧张空气，影响客人的情绪，从而干扰正常的营业氛围。

五、饭店安全设施设备的配备

安全设施设备是指一切能够预防、发现违法犯罪活动、保障客人和饭店、员工安全的技术装备，由一系列机械、仪器、器材等组合而成。要做好安全管理工作，必须对整个饭店安全设施设备的配备情况有一个基本的了解。

（一）电视监控系统

电视监控系统是由摄像机、录像机、手动图像切换、监视器等组成。一般在饭店的出入口处、电梯内、客房走道及其他敏感部位安装摄像头，监视这些场所的活动，从中发现可疑人物或不正常现象，以便及时采取措施。这样可以减少安全部的巡逻人员，同时给饭店及客房区域的安全带来更有效的保证。

饭店监控系统对建立客房服务中心的饭店来讲，是必备的设施设备，其电视监控系统的摄像镜头主要分布在以下几个区域。

1. 大堂

前厅部的大堂是饭店客人出入和集散的重要场所，一般要安装大角度旋转的摄像头，以确保饭店大堂客流情况的控制。违法犯罪分子要到饭店作案，绝大多数会在大堂的监视屏幕出现。一旦发现可疑情况，监控人员要及时通知客房服务中心或楼层服务员进行监视，并立即向保安部报告。

2. 客用电梯

电梯升降时处于封闭状态。当电梯内有违法犯罪行为，如殴斗、凶杀，或侵犯妇女的暴力行为等，被害人无法求援，保安人员也无法掌握和解救。因此，每个正常使用的客用电梯内均要安装摄像头，只要发现可疑现象，即可定点录像取证和跟踪监控。当然，监视人员要正确判断图像，防止不法分子用胶布或其他手段封住摄像头。

3. 楼层过道

这在实行客房服务中心管理的饭店尤其重要，因为楼层没有专职的台班服务员。客房区域的每个楼层过道都应配置摄像头，以保护住店客人的安全，防止盗窃及其他不法分子，或可疑人员在楼面进行不法活动或骚扰住客。

4. 公共娱乐场所

饭店的健身房、舞厅、游泳池等，属于公共娱乐场所，存在着打架斗殴，甚至贩卖毒品的可能性，有必要安装摄像系统，以防止治安事件的发生。

5. 贵重财物集中场所

贵重财物集中场所，如保险柜、收银处、仓库等处是犯罪分子窥视的地方，配备电视监控系统，可及时发现案情。同时，这些地方如果出现无关人员，监控人员应及时通知有关部门询问盘查。

（二）安全报警装置

饭店的一些重要部位，为防盗窃、抢劫、爆炸，必须安装安全报警装置，并将这些安全设备联结成网络系统，以便更有效地保护住店客人的生命财产和饭店及员工的安全，维护饭店的声誉。

1. 饭店常用的报警器种类

（1）微波报警器；

（2）被动红外线报警器；

（3）主动红外线报警器；

（4）开关报警器；

（5）超声波报警器。

饭店可根据报警器的不同性能和实际情况选择和配备防盗、防抢、防爆系统。

2. 安全报警器设置的部位

（1）收存钱款部位。财务部、收银处、保险柜等部位需安装防盗、防抢装置。当白天发生抢劫时，工作人员可通过手掣或脚掣报警；夜间发生盗窃时会自动报警，以便保安部迅速采取紧急措施。

（2）贵重物品和财物集中部位。珠宝柜、商场、贵重物品保管室常是犯罪分子夜间“光顾”的地方，因此这些部位的门窗应分别选择门磁开关、锁钥开关、红外微波探测器和玻璃破碎探测器等防盗报警器材。安全报警装置与电视监控系统配套使用，效果更佳。

（3）消防通道。饭店楼层的消防通道应是昼夜畅通的，客人一般不会从消防通道出入饭店或楼层，但不法分子却会趁通道无人看守之机而出入饭店作案。有的饭店为了防止这一漏洞，夜间采取上锁的办法，但这样做是违反消防安全管理规定的。要解决这一矛盾，最好的办法就是安装报警器和摄像镜头。

（三）自动灭火系统

火灾是饭店最大的致命伤。现代化的饭店一般都为高层建筑，一旦发生火灾，仅依靠饭店外的消防栓供水和当地消防部门救火车的云梯登高救火是不能迅速扑灭大火的。饭店必须建立自身的消防灭火系统。由多种火灾报警器、灭火器、防火门、消防泵、增压风机等组成的自动灭火系统是饭店必备的安全设施。

1. 报警器

(1) 手动报警器。手动报警器一般安装在每层楼的进口处，有楼层服务台的饭店则设在服务台附近的墙面上。当有人发现附近有火灾时，可以立即打开玻璃压盖或打碎玻璃使触点弹出，造成报警。另外，还有一种手压报警器，只要按下按钮，即可报警。

(2) 烟感器。饭店常用的烟感器有两种：电离压力计烟感自动报警器和光电管烟感自动报警器。烟感器常用于客房楼层的报警。

①各类烟感器的工作原理。

a. 电离压力计烟感器。此烟感器使用少量的放射性物质，使烟雾检测器中的烟感装置内的空气发生电离。电离后的空气会传热。当烟雾进入烟感装置后，电流的能级就会减小，减小到事先规定的能级以下，烟感器就会自动报警。为了分辨是火灾引起的烟雾，还是点燃一支烟的烟雾，烟感器中常装有一个电容器来推迟报警时间，以便准确地报警。

b. 光电管烟感器。当烟雾进入烟感装置后，光电管检测器就把被光感装置所接收的光束强度分散，从而使其报警。

②烟感器报警程序。

a. 当楼层或房内烟的浓度达到一定程度时，烟感器的红灯闪亮，表明已经报警。

b. 火警总控制室控制板上显示出报警区和第一次报警信号。

c. 8 分钟内未消除信号，则显示板显示第二次报警信号。

d. 大楼警铃鸣响。

e. 高层消防泵启动。

f. 空调自动关闭，停止送风。

g. 楼层增压风机自动开启。

h. 启用消防电梯。

i. 扑灭火灾后，消除报警信号，将消防电梯恢复到“OFF”位置上，令其他设备恢复正常运转。

③热感器。当火灾的温度上升到热感器的动作温度时，热感器的一弹片便自动脱落造成回路，引起报警。

2. 灭火器

饭店中常用的灭火器种类有喷水灭火器、二氧化碳灭火器、卤化灭火器及干化学药品灭火器（卤化灭火器由于其保质期较短，加上会对环境造成污染，已属淘汰产品）。

（1）喷水灭火系统。喷水灭火系统主要用于A类火灾，如木头、纸等起火的扑灭。它包括自动喷水器、花洒和储水管。这里仅介绍客房常用的花洒自动喷水系统。

①当室内温度达到花洒的启动温度（一般可选择启动温度为57.2～79.4°C）时，便引起花洒器内水银球或酒精球的剧烈膨胀以致爆裂，被球支撑的密封喷水口开放，水便喷到溅水盘上形成均匀洒水。

②洒水面积一般为10平方米左右。

③总控制室显示板上显示喷洒区域并同时报警。

④喷洒泵自动启动补水。

（2）二氧化碳、干化学剂灭火系统。饭店应配备二氧化碳及干化学剂灭火器来防止B类火灾（易燃液体起火）和C类火灾（电起火）。

干化学剂是粉状混合物，能有效地扑灭油脂类易燃液体的起火。二氧化碳能使起火地点的含氧量降低到不能再维持燃烧的水平，达到扑灭火灾的目的。

此外，饭店的自动灭火系统还应包括控制消防水泵、通风空气调节系统和电动防火门、防火卷闸门、防烟排烟设施的配备和装置，等等。

（四）通信联络系统

饭店的通信联络系统是指以安全监控中心为指挥枢纽，通过呼唤机和对讲机等无线电通信器材而形成的联络网络。这个通信网络使饭店的安全工作具有快速反应能力，对保障饭店的安全起着十分重要的作用。

（五）钥匙系统

钥匙系统是饭店最基本的安全设备。沿用了多年的金属和塑料门锁由于易损、易失窃和易仿造等缺陷，已被逐渐淘汰。目前，越来越多的饭店采用了可编程电子磁卡系统，并与饭店其他系统协作或联网，使住店客人感到舒适、方便和安全。

新型门锁系统的核心是安装在房门中的微处理器，它可以单独使用，也可将饭店所有房门中的微处理器连接到一台主机上，形成集中统一的门锁系统。客人开门时不再使用一般钥匙，而是用一种内置有密码的磁卡，使用时只需将磁卡插入门上的磁卡阅读器，若两者密码符合就可将门打开。微处理器和磁卡中的密码都是在客人入住时配置，还可以随时根据需要更改。

电子门锁系统的优点，首先是便于控制，它可以在饭店需要其失效时失效。例如，客人只住宿一晚上，门锁系统就可以预置为一天，客人第二天中午12时以后就无法打开房门。这种“钥匙”是客人不能仿制的。其次，电子门锁系统还具有监控功能。客人和有关工作人员虽都有打开房门的磁卡，但号码不同，因此如果某客房发生失窃，管理人员只要检查门锁系统就可以得到一段时间内所有进入该客房的记录。最后，如果将房门上的微处理器连接到主机上，与饭店其他系统配合，还可提供更多的服务功能。例如，如果与能源管理系统联网，则客人在开门的同时，即可开通室内空调、照明等系统；如果与电视、电话等系统连接起来，服务人员就不能在客房内随意打电话，也不可以收看客人付费的电视节目，因为其磁卡上的密码与客人不同。还可将门锁系统与饭店物业管理系统相连，这时客人的磁卡在饭店中就如同信用卡一样，可以进行从入住登记到结账期间所有消费的结算。

除了已开始采用的电子门锁系统外，随着科技的发展，饭店还可以利用生物鉴别系统来保证客人的安全。这种系统是利用人的生理特征，如指纹、手掌等作为开启门锁的信息。由于这些生理特征比密码更具有惟一性和不可仿制性，因而可以使客人更方便、更安全。

第二节　饭店安全管理的内容与特点

饭店的安全管理，是指为了保障客人、员工以及饭店的安全而进行的一系列计划、组织、指挥、协调、控制等管理活动。

一、饭店安全管理的内容与要求

饭店安全管理的内容主要是：保障客人的安全、保障员工的安全和保障饭店的安全。

（一）保障客人的安全

保障客人的安全，是饭店安全管理的主要任务。然而，要保证客人的安全，首先必须对客人的安全有一个全面的认识。一般来说，客人的安全主要体现在以下3个方面。

1. 保障客人的人身安全

保障客人的人身安全，就是保障客人的人身不受伤害。这是客人最原始、最起码的生理和心理要求。造成客人人身伤害事故的因素主要有自然灾害、公共治安、饭店设备设施安装不当，以及火灾、食物中毒等。其中有些是饭店自身无法控制的。

2. 保障客人的财产安全

财产安全是指客人入住饭店后，随身所带的一切财物的安全，以及委托饭店代为托运、保管的财物的安全。客人的财产损失一般来自火灾事故、盗窃案件和饭店工作中的差错。

3. 保障客人心理上的安全感

心理上的安全感，实际就是客人入住后对环境、设施、服务的一种信任感。有时，虽然客人的人身并未受到伤害，财产也未损失，但客人却时时感到有不安全的威胁，存在一种恐慌心理，这种不安全的威胁，主要表现在：一是设施、设备安装不合理或不牢固，如冷热水龙头装反、电器设备漏电、空调噪声过大、餐厅地砖不防滑等；二是收费不合理，价格不公道，使客人有被“敲竹杠”之感；三是服务人员服务不当，如不敲门进房、随便翻动客人的东西、不恰当的询问、不科学的会客服务方式、不负责的查房等；四是饭店气氛过于紧张，如禁止通行、闲人免进、此路不通的标语随处可见，保安人员表情严肃、态度生硬；五是饭店缺乏必要的防盗和消防设施。心理上的安全感从某种意义上说，比前两项更为重要，但也是最容易忽视的。

（二）保障员工的安全

保障员工的安全，既是社会主义制度的客观要求，也是饭店业务活动顺利进行，并取得良好效益的基本保证。因此，必须引起高度重视。保障饭店员工安全的内容主要包括以下几点。

1. 保障员工的人身安全

保障员工的人身安全，就是保障员工的身体健康，使员工的人身不受伤害。一般说来，影响员工身体健康，造成人身伤亡事故的因素主要有三个方面：一是由于设备不好或操作不当造成的工伤事故，如跌伤、扭伤、割破、烧伤、烫伤、触电等；二是由于劳动保护措施不当引起的各种疾病；三是客人中的个别不法分子无理取闹殴打员工致伤。由此可见，保障员工的人身安全是一项内容广泛和复杂的工作。

2. 保障员工的合法权益

饭店为了正常运转，提高服务质量和经济效益，必须制定严格具体的规章制度。例如，有的饭店规定，在任何情况下都不能和客人争吵，员工出入员工通道，应自觉接受门卫的检查等，为此，在工作中难免会受到各种委屈和没有修养的客人的刁难。所以，作为饭店的管理者和安全部门，必须坚持依法办事，主持公道，保障员工人身权利不受侵犯、人格不受侮辱。

3. 保障员工的心灵不受不良影响

有些涉外饭店接待的对象主要是外国人、外籍华人、华侨、港澳台同胞。客人的到来给饭店带来了收入，但同时也带来了西方的一些不好的东西，这就不可避免地会对饭店员工的思想和行为产生影响。如果不加控制，就可能产生质的变化，造成严重的后果。所以，如何采取有效措施，防止精神污染，也是员工安全管理不可缺少的组成部分。

（三）保障饭店的安全

保障饭店的安全，首先表现在为了维护饭店的形象不受破坏而进行的一系列工作。例如：有的客人在公共场所酗酒、大声吵闹，或衣冠不整、行为举止不雅等，就会影响饭店的格调，损害饭店的形象。对此，饭店的保安人员就必须及时加以劝说或阻止。其次表现为保障饭店的财产不受损失，例如预防和打击内偷外盗行为等。

二、饭店安全管理的特点

现代饭店是一个综合性的经营服务单位，它不仅是客人食宿的地方，而且还是客人进行商业活动、社交活动和娱乐休憩的场所。若想使客人吃好、住好、玩好，必须加强饭店的安全管理工作。安全管理工作的特点如下。

（一）管理难度大

饭店安全管理的难度主要表现在：一是饭店作为公共场所，具有客流量大、人员复杂、客人彼此不相识的特点，因而往往是犯罪分子作案的理想目标和隐藏匿居的地点，发案可能性较大。二是饭店安全管理以设施、设备和安全措施为主要对象，而饭店的设施、设备种类多、分布广，且属于各个不同部门管理，有些设施、设备属于直接供客人使用，安全部门不直接管理，这就给制定和落实安全措施带来了一定的困难。另外，高星级饭店目前接待数量较多的外籍客人，其中有政府官员，也有知名人士和普通旅游者，还接待港澳台同胞、华侨以及知名度较高的各界民主人士，因此，饭店安全保卫人员必须懂得各方面的政策，才能妥善处理好各类问题。

（二）服务性强

饭店安全管理，不同于工厂、政府部门的安全保卫工作。饭店的安全部门与其说是个执法部门，倒不如说是个服务部门。因为它固然需要维护饭店的治安，处理各种违纪事件，但更多的则是为客人和饭店其他部门提供服务。所以，饭店的安全管理既要积极防范，又要内紧外松，不能戒备森严，气势吓人；既要监督各部门严格执行安全规定，又要尽量简化手续，努力为他们提供方便。作为一名保安人员，既要有公安人员的警惕性，又要有服务人员的和颜悦色；既要坚持原则，按制度办事，又要文明礼貌，乐于助人。

（三）管理幅度大

饭店的安全管理不仅包括保障客人的人身、财物安全，而且包括保障客人的心理安全及员工和饭店的安全，其管理幅度和内容，几乎涉及饭店的各个部门和饭店工作的各个方面。不仅如此，除了做好饭店内部工作外，还要做好社会工作，同社会有关方面保持联系，尤其是公安、消防、卫生防疫等部门的联系。

三、饭店安全管理的基本原则

饭店安全管理的基本原则主要有以下几个。

（一）宾客至上、安全第一原则

“宾客至上”，是指饭店的一切工作都是为了客人。为客人服务，使客人满意，是饭店一切工作的宗旨，因为没有客人，饭店就失去了存在的意义。“安全第一”，是指饭店安全工作是其他一切工作的前提。如果没有安全作保障，饭店的其他工作就无法顺利进行，所以，安全工作是饭店“第一位”的工作。

（二）预防为主原则

所谓预防为主，就是集中主要精力做好积极主动的防范工作，防止治安案件、刑事案件和治安灾害事件的发生。预防为主，一是要加强防范，堵塞各种空隙漏洞，不给任何违法犯罪分子以可乘之机，把违法犯罪活动制止在预谋阶段；二是要定期进行安全检查，及时发现并消除各种不安全因素和事故的苗头，把各类事故消灭在萌芽状态。

（三）外松内紧原则

外松内紧是涉外保卫工作和其他单位保卫工作的一条共同原则。所谓外松，是指安全工作在形式上要自然，气氛要和缓，要适应环境，顺其自然；所谓内紧，是指安全保卫干部有高度警觉，要做好严密的防范工作，要随时注意不安全因素和各种违法犯罪的苗头和线索，保证安全。外松是形式，内紧是实质。外松和内紧是不可分离的统一体，一方面要使客人感到舒适、方便、宁静、安逸；另一方面要有高度警惕，防止坏人和其他侵害因素的破坏。

（四）群防群治原则

群防群治，就是依靠广大员工做好饭店的安全工作和内部治安管理工作。饭店员工是饭店的主人，最熟悉饭店的内部情况，深知饭店的不安全因素和保卫工作的薄弱环节，只有依靠他们，才能采取切实可行的措施去堵塞漏洞、消除那些不安全因素。另外，饭店客人与饭店的安全工作也有着直接的利害关系，要发动并依靠客人共同做好安全保卫工作。

（五）谁主管谁负责的原则

谁主管谁负责，其基本精神是分清层次，各司其职。饭店的安全工作，总经理是总责任人，各部门经理也要分级负责。安全部的主要职责是，在总经理的领导下，主管饭店安全保卫，并督促、检查、指导饭店各部门的安全保卫工作，依照法定的职责权限对各类违法犯罪行为和各类事故进行调查和处理，并根据存在的问题提出整改建议，改进安全保卫工作。安全是一个综合性指标，光靠安全部门很难把安全工作做好，必须是各部门一起努力，才能把饭店安全工作做好。

第三节　饭店安全管理的基本环节

饭店安全管理工作意义大、范围广、要求高，要做好这项工作，必须抓住重点。

一、饭店的消防管理

饭店的消防管理工作主要包括火灾的预防和火警、火灾事故的处理。火灾是饭店安全管理的最大“敌人”。因火灾而造成饭店重大损失和人员伤亡的事件时有发生。我国的现代化饭店内部设施完善，建筑费用高，装饰豪华，流动资金和各类高档消耗品储存较多，一旦发生火灾，其直接经济损失也非常大。这不仅给人民的生命财产带来了损害，还会在国内外造成不良的社会政治影响，所以，饭店火灾危害极大。

（一）消防的基本知识

火灾是因失火而造成人员伤亡及财产损失的灾害。按照灾害程度，火灾一般可分为三级：一般火灾是指财产损失在5万元以下，人员死亡1～2人，或伤不到10人；重大火灾是指财产损失在5万元以上50万元以下，或人员死亡3人以上，不到10人，或伤10人以上，或虽未达到上述数字，却危及人们安全，造成严重不良社会政治影响的；特大火灾是指财产损失在50万元以上，或人员死亡10人以上。

1. 防火灭火的措施

防火灭火的主要措施是把燃烧三要素（可燃物质、助燃物质和着火源）分隔开来。防火的办法是：

（1）减少可燃物质。指室内装修应当采用非燃或难燃材料，尽可能减少使用可燃材料。

（2）防着火火源。指严格控制明火的使用，维修、施工动用明火，需经有关领导批准，并在防火员监督下进行。

（3）建立防火分隔。指饭店在建筑时要按规定，将建筑物按防火要求使用防火墙及防火门等，将建筑物分隔成若干防火防烟分区，每层楼之间也要有防火防烟分隔设施，万一发生火灾，便于控制，防止蔓延。

2. 灭火方法

（1）冷却灭火，指将燃烧物的温度降到燃点以下，使燃烧停止。

（2）窒息灭火，指采用隔绝空气的办法来停止燃烧。

（3）隔离灭火，指把正在燃烧的物质同未燃烧的物质隔离开来，使燃烧停止。

（4）抑制灭火，指用有抑制作用的化学灭火剂喷射到燃烧物上而使其停止燃烧。

（二）消防管理

做好饭店的消防管理工作，必须做到计划落实、组织落实、措施落实。要切实落实消防安全责任制，制定防火工作措施，并要配备必要、完好的消防设施，群策群力，共同做好消防管理工作。

1. 落实消防安全责任制

根据《中华人民共和国消防条例》的规定，饭店应建立饭店、部门、班组三级防火组织，并确定相应的防火负责人。通常，一级防火负责人由饭店总经理担任，二级防火负责人由各部门经理担任，三级防火负责人则由各班组领班担任。

各级防火负责人的基本职责是：认真执行消防法规，领导饭店、部门、班组的消防安全工作；组织制定和贯彻执行消防规章制度及灭火方案；组织实施防火责任制和岗位防火责任制；立足自防自救，对员工进行防火安全教育，组织义务消防队或所属员工进行消防演练；布置、检查、总结消防工作，定期向公安消防监督机关或上级部门报告工作情况；组织防火安全检查，督促消除火险隐患，组织扑救火灾事故。

2. 制定防火工作措施

饭店引起火灾的原因较多，但以吸烟、使用明火不当、电器设备故障、厨房起火居多。所以，饭店要做好消防工作，必须制定严格的防火措施，其中包括使用明火规定，煤气运输、储存及使用规定，电器设备的安装、检修规定，客房安全管理制度，厨房防火制度等。以确保消防工作有标准、有依据。

3. 配备必要的完好的消防设施

4. 发动群众，及时消除火灾隐患

二、饭店治安管理

治安管理是指饭店为防盗、防破坏、防流氓活动、防自然灾害事故而进行的一系列管理活动。其目的是为了保障客人、饭店和员工的财产不受损失，客人及员工的人身不受伤害。饭店的治安管理，既要参照国外先进饭店的管理经验，遵循国际惯例，又不能违反我国的治安管理条例。要真正把治安管理和优质服务有机地结合起来，达到内紧外松、确保安全的目的。

（一）饭店常见的违反治安管理的行为及处罚

饭店常见的违反治安管理行为有以下几点。

1. 扰乱公共秩序的行为

饭店容易发生的扰乱公共秩序行为有：扰乱餐厅、酒吧、咖啡馆、舞厅、娱乐场所等公共场所的秩序；侮辱妇女；结伙斗殴。

2. 侵犯公私财物的行为

这是指以非法占有为目的，偷窃、骗取、抢夺少量公私财物和故意损坏公私财物的行为。

对于上述行为之一，尚不够刑事处罚的，要处拘留、罚款或警告。

3. 卖淫和嫖宿暗娼行为

4. 制作、贩卖和传播淫秽物品的行为

对于上述行为之一，根据情节严重，给予刑事处罚；对尚不够刑事处罚的，要处拘留、罚款或依照规定实行劳动教养。

（二）饭店常见的犯罪行为

饭店常见的犯罪行为有危害公共安全罪、侵犯财产罪和妨害社会管理秩序罪等。

1. 危害公共安全罪

这是指故意或者过失实施危害多数人的人身和公私财产安全的行为，种类有：放火罪、失火罪、爆炸罪、投毒罪等。对于这类犯罪分子，要依照我国刑法的规定，处有期徒刑直至死刑。

2. 侵犯财产罪

这是指以非法占有为目的，攫取公私财物，或者故意、非法地毁坏公私财物的行为，种类有：抢劫罪、盗窃罪、贪污罪等。对这类犯罪分子，也要依照国家法律予以惩处。

3. 妨害社会管理秩序罪

这是指故意妨害国家机关对社会的管理活动和正常秩序，情节特别严重的行为，种类有：妨害公务罪、流氓罪、赌博罪、贩卖毒品罪等。对这类犯罪分子的处理要依照国家刑法的规定，予以严惩。

（三）加强饭店的安全管理

为了防止违法犯罪活动的发生，饭店必须加强防范，制定各项管理制度，配备必要的安全设施。搞好安全管理，需要做好以下几项工作。

1. 加强对客人的管理

（1）制定科学、具体的宾客须知，如住宿须知、舞厅须知等，明确告知客人应尽的义务和注意事项。

（2）加强入住登记工作，严格执行公安部门的凭有效身份证件登记入住的规定，并切实做好验证工作和制定客人领取钥匙的规定。

（3）建立和健全来访客人的管理制度。应明确规定接待来访客人的程序、手续和来访客人离店时间，严格控制无关人员进入楼内。限制进入，可以给罪犯造成一种心理上的压力，同时也是一种无声的警告。让外来者知道本店已采取了安全防范措施。

（4）加强巡逻检查，发现可疑和异常情况及时处理。

2. 配备必要的设备

为了有效防止失窃、凶杀等案件的发生，饭店除了增强全员安全意识外，首先要注意配备必要的防盗、防暴设备，如闭门器、门窥镜、防盗扣（链）、防盗报警装置、闭路电视监控系统等。有可能的话，最好配备双向电子锁系统。明亮的灯光对罪犯有一种心理上的威慑作用。因此，要保证夜间公共区域的灯光明亮，并要对其设施进行检查。停车场必须加以监控，要提供足够的照明设备和进行闭路电视监控。

3. 健全员工的管理制度

对员工的管理，关键是要制定明确的岗位责任制和行为准则，并加强对员工服务过程的管理。主要有：员工出入饭店大门及携带物品的规定，员工更衣室的管理制度，员工进入客房及在房内服务的规定，员工领用钥匙的程序和手续等。此外，还必须加强对外来施工人员的管理，如审批手续、凭证出入、规定行走路线和活动地点，进行安全教育等。

4. 建立财物管理制度

为了使客人和饭店的财物不受损失，饭店必须建立和健全以下管理制度：贵重物品保管及保险箱的管理制度，行李寄存及行李房管理制度，拾遗物品的管理制度，要害部门的管理制度，各种物品的存放和领用制度，现金管理制度和对超限额消费和欠账客人的管理办法等。

5. 突发事件的处理

饭店纵然防范很严，但也难免会发生一些诸如打架、卖淫、盗窃等违法犯罪活动。所以，饭店除加强预防外，还必须制定处理突发事件的有关规定，如报警、现场保护、急救、饭店重点部位消防预案、事故档案等，以便把损失降到最低，并为破案提供有利的线索。

（四）卫生防疫

从饭店的现实情况看，卫生防疫工作并不属于安全管理的范畴，但从保障客人和员工的人身安全角度出发，同样不能排斥在安全管理之外，特别是“SARS”病毒事件出现后，更应引起饭店的高度重视。

三、劳动保护

劳动保护，就是为了保护员工在劳动过程中的安全与健康采取的各种技术措施和组织措施的总称。搞好劳动保护，关键应抓好以下四项工作。

（一）坚持安全生产，防止工伤事故

人们往往认为在饭店工作是安全的，但事实并非如此。有关调查证明，在饭店事故原因中，绝大部分工伤事故是人为因素造成的，所以，要防止工伤事故，就必须坚持安全生产。具体要求如下。

（1）设施设备安装要合理完善，如设置防护、保险、信号、危险牌示、识别标志等安全装置。配备现代化的劳动工具，同时要加强对设备和工具的检修保养，严禁带“病”操作。

（2）制定必要的规章制度。如安全用员制度，高空作业安全规定，厨房安全管理制度，锅炉操作规程等，并要严格按规程办事。

（3）加强安全检查，对违反安全条例者，应按章处罚。

（二）改善工作环境，预防职工疾病

饭店工作环境的好坏，不仅影响到员工的工作热情和工作效率，而且也关系到员工的身心健康。如果员工长期在嘈杂、阴暗、潮湿、高温等的环境下工作，将会导致一些职业病的发生。尽管饭店的工作环境一般优于其他行业，但如锅炉房、厨房、洗衣房等场地的环境也是不容忽视的；另外，还要注意对员工定期进行健康检查，建立健康档案。

（三）实现劳逸结合

实现劳逸结合，就是既要为企业和国家多做贡献，又要保证员工的休息娱乐。为此，饭店必须合理组织、科学安排员工的工作时间，尽量避免加班加点，保证员工有足够的休息时间；同时，还要注意组织各种文体活动，增强员工的体质。

（四）注意保护和保障女工的健康

女员工由于生理特征，特别在孕、产、哺乳期，比男员工更易疲劳和患病，所以，为了保护女工和下一代的健康，饭店必须对女员工实行必要的特殊政策。

思考与练习

1. 饭店安全管理包括哪些内容？
2. 饭店有哪些保安设施？
3. 饭店常见的火警、火灾原因是什么？怎样预防？
4. 饭店应有哪些基本的消防管理制度？到一家饭店调查，该饭店是怎样制定消防预案的？
5. 饭店应采取哪些基本措施来防止违法犯罪活动的发生？

参 考 文 献

1. 齐善鸿．现代饭店管理新原理与操作系统．广州：广东旅游出版社，1999

2. 朱承强．现代饭店管理．北京：高等教育出版社，2003

3. 黎洁．饭店管理概论．天津：南开大学出版社，1999

4. 傅启鹏．饭店管理概论．北京：旅游教育出版社，2004

5. 王捷二．现代饭店规划与设计．广州：广东旅游出版社，2002

6. 黎洁．旅游企业经营战略管理．北京：中国旅游出版社，2000

7. 赵西萍．旅游企业人力资源管理．天津：南开大学出版社，2003